博学切问

凤凰树下随笔集

周昌乐 著

厦门大学出版社
XIAMEN UNIVERSITY PRESS
国家一级出版社
全国百佳图书出版单位

图书在版编目(CIP)数据

博学切问/周昌乐著.—厦门:厦门大学出版社,2015.9(2018.7 重印)
(凤凰树下随笔集)
ISBN 978-7-5615-5566-8

Ⅰ.①博… Ⅱ.①周… Ⅲ.①随笔—作品集—中国—当代 Ⅳ.①I267.1

中国版本图书馆 CIP 数据核字(2015)第 134211 号

出 版 人 郑文礼
责任编辑 吴鲁薇 薛鹏志
装帧设计 李夏凌
责任印制 朱 楷

出版发行 厦门大学出版社
社 址 厦门市软件园二期望海路 39 号
邮政编码 361008
总 编 办 0592-2182177 0592-2181253(传真)
营销中心 0592-2184458 0592-2181365
网 址 http://www.xmupress.com
邮 箱 xmupress@126.com
印 刷 厦门集大印刷厂

开本 720 mm×1 000 mm 1/16
印张 17.5
插页 2
字数 262 千字
印数 5 001～7 000 册
版次 2015 年 9 月第 1 版
印次 2018 年 7 月第 3 次印刷
定价 39.00 元

厦门大学出版社
微信二维码

厦门大学出版社
微博二维码

编者的话

厦门大学，一所闻名遐迩的高等学府，经过近百年的岁月洗礼，她根深叶茂，茁壮成长。厦大校园背山面海、拥湖抱水，早年由南洋引入的凤凰木遍布校园的各个角落，于是，一级又一级的海内外求知学子满怀憧憬地相聚在凤凰树下；一届又一届的毕业生依依惜别于凤凰树下。“凤凰花开”成了学子们对母校的青春记忆，“凤凰树下”成了厦大人共同的生活空间。

建校近百年的厦门大学现已成为学科门类齐全的国家“211”、“985”工程重点大学。厦大人秉承“自强不息，止于至善”的校训，铭记校主陈嘉庚建设一流大学的嘱托，在较少政治喧闹、较多自由思考的相对安静环境中，做着相对纯粹的真学问，培育着一代代莘莘学子。一大批厦大人在不同的学术领域里成果卓著，他们除了发表论文、出版专著，贡献自己高深的科研成果之外，亦时有充满灵性的学术感悟文字、感时悯世的政治评论短札，时有思索道德人生的启示益智言语、情感迸发的直抒胸臆篇什。这些学术随笔其文字之精练，语言之优美，内容之丰富，思想之深刻，不仅体现了厦大学人深厚的学术积淀，而且也是值得传承的丰富文化宝藏和宝贵的出版传播资源。

厦门大学出版社秉承“蕴大学精神，铸学术精品”的出版理念，注重挖掘厦门大学的学术内涵。我们将以“凤凰树下随笔集”的形式，编辑出版厦大学人的学术随笔、学术短札，在凤凰树下营造弥漫学术芬芳的书香氛围，让厦大校园充满求真思辨的探索情怀。年轻学子阅读这些书札，或能获得体悟，受到激励，走向深邃的学术殿堂；社会大众阅读这些书札，或能更加切实地品读我们这所大学的真实内涵，而不至于停留在“厦门大学是个大花园”的粗浅旅游观感层次。

我们更期待《凤凰树下随笔集》走出校园，吸引全球更多的学者走入这片凤凰树下，让读者感受到这些学者除了不断有高精尖的科研成果问世外，还有深沉的文化艺术脉搏在跳动，还有浓郁的人文精神、科学精神在流淌。

厦门大学出版社

Contents
目　录

三　心脑科学

四　机器智能

五　音乐审美

六　国故新知

七　禅学蠡测

八　诗文拾零

序

文集何旨

我的专业主要跟机器、智能和心脑有关，但由于这些主题往往涉及人类心智表现的众多方面，比如语言、艺术、哲学等，加上自小就喜欢中国传统文化，久而久之，思考和研究的领域就变得越来越博杂了。

当然，人的精力是有限的，博杂了则难免浅尝辄止，难以深入。因此，对我所涉及的众多领域，也就都算不上什么专业了，顶多给出自己某个侧面研究的一管之见。好在“博学而无所成名”的大哉孔子也说过“君子不器”，因此我对自己这样百无一长的状况，倒也心安理得。

不过，百无一长归百无一长，我对于研究学问的态度还是非常坚定虔诚的。可以说，自从上了大学之后，我的兴趣爱好就再也没有离开“学问”两字。在《论语》中记录有子夏的这么一句话：“博学而笃志，切问而近思，仁在其中矣。”可以说是我一直遵循从事学问探讨研究的原则。所以当我把从事学问研究之余写就的这些随笔结集出版之时，自然也就将书名取为“博学切问”了。

是的，作为一位学者，自当按照《中庸》所说的原则，努力做到“博学之，审问之，慎思之，明辨之，笃行之”。本书中的学术随笔，可以说就是在这样的原则指导下，在人文与科学之间，陆续形成的点滴思考与随想花絮。

当然，文科和理科，或者说是人文与科学，无论是研究对象、研究方法，还是研究取向等方面，都有很大不同。对此，我曾经就文理各自的特点写过一副对联：

文以载道，但凡闲邪可存诚，便是尊德性；

理必引证，唯有格物能致知，所谓问道学。

横批：

博学切问。

诚然，要在文理两者之间架起沟通的桥梁是一件非常艰难的事情，只有深耕于“文道理证”，用心去“博学切问”，才有融合的可能。好在目前国际学术界文理融合发展已经成为不可阻挡的趋势，并形成了所谓的第三种文化。而我的这些随笔，便是在这样的大背景下写成的，是文理交融的产物。

学术随笔写作不易，面向广大普通读者而写的，更是如此。首先，既然叫学术随笔，自然要具备一定的学术性，而不是琐碎读书治学之笔录。其次，学术随笔当然是随笔，因此也不能让人感到晦涩难懂，而应该是深入浅出，甚至风趣诙谐，引人入胜。最后，学术随笔所讲述的知识、阐发的思想、形成的观点，要具备一定教化民众的作用，能够对民众幸福生活产生积极影响。

正是出于上述考虑，兼顾学术性、思想性和趣味性，我按照易卦陈列，分为8个部分，每部分又各收8篇，将读书治学之余撰写的学术随笔，加以选择辑录，形成这部文集。为了方便读者阅读，下面对所选择的学术随笔，按照划分的部分，简要介绍。

第一部分是“学问踪迹”，讲述的是个人求学、读书和治学之“进德修业”的历程，诸如读书生涯、导师纪念和学术兴趣方面的内容，有些体现在收录的访谈之中。希望读者一开始就能够了解作者的学术背景和兴趣爱好，为阅读整部文集提供一种导引。

语言文字自然是“朋友讲习”交流思想与情感之工具，但大多数读者往往是知其然，不知其所以然。我在从事语言学研究之余，也写过一些随笔，都安排在“语言探微”这一部分之内。这部分随笔，从文字到话语，从形式到意义，从现象再到本质，都有涉及，但愿对读者了解语言的一些基本问题有所帮助。

“心脑科学”部分主要收录一些对民众生活产生影响的心脑科学前沿话题，也包括人文学者应该关注的哲学实验方法介绍，读起来会稍微艰涩难懂一点。不过，21世纪是心脑科学“化成天下”而“照于四方”的时代，对于普通民众而言，多少了解一些这方面的知识还是非常有益的。

“机器智能”则是我长期从事的主要研究领域，平时写的随笔比较多，但考虑到技术性较强，这里收录的都是一些比较通俗有趣的部分。当今，机器智能的成就早已“震惊百里”了，但对于普通读者而言，最为关心的可能还是“机器能否超越人类”这样的话题，对此我也给出不少随笔。

“音乐审美”部分估计是最受读者欢迎的内容，收录在这部分的随笔，主要是关于音乐，包括古琴音乐的一些研究心得。音乐“中正而志行”，读者不仅可以从中了解有关音乐科技研究的最新动向，更重要的是，还可以明白如何利用科学研究的成果来为我们培养儿童素质、陶冶生活情趣、提高生活质量等提供指南。

“君子以常德行习教事”，最近几年，由于较系统地开展“国故新知”方面的研究工作，并在厦门大学、汕头大学和重庆大学同时开设过一门“跨界论道”的通识课程，因此想写的东西就比较多。这里主要选择一些读者比较关心的话题，以当代科学思想为指导，从圣学要义、破除迷信、修身养性等方面阐释了中国传统文化的精华内容。

还有就是“禅学蠡测”部分。对于禅宗思想的研究，是我除了机器智能研究之外最为深入系统的部分。不但撰写过《禅悟的实证》这样的学术专著，发表过许多学术论文，而且还写过众多有关禅宗史迹、禅修方法和禅思随想之类的东西。这里收集的主要还是一些有助于读者更加幸福自在生活的篇目。“君子以思不出其位”，这样选择，也是希望读者稍微了解一点“艮背行庭”之旨，能够在喧嚣的尘世，坚守一份内心的宁静。

最后想说的是，我年轻的时候喜欢舞文弄诗，当然都是一些不太成形的东西。但是这样的喜好，一直延续到了现在。因此，为了更全面地体现个人的研究经历和情怀，本书有选择性地辑录了“诗文拾零”部分，虽然谈不上“美在其中”，但“含章可贞”，还是能反映出个人的一些思想观念取向。

出版一部学术随笔集，能够反映自己的一些主要学术思想、读书心得和生活感悟，并用通俗的语言向普通读者作介绍，这是我一直希望实现的梦想。只是由于治学事务繁忙，始终没有提到日程之中。感谢厦门大学出版社的邀请，使得我的这个梦想能够变成现实。我真切希望，结集出版的这部学术随笔集，能够受到广大读者的喜爱！

乐　易

2015 年 2 月 28 日于厦大寓所

一 学问踪迹

我的读书生涯

我喜欢读书。大约从6岁起，就开始了我的读书生涯。先是小人书，然后是四书五经之类的经典童蒙之书。上了学之后，虽然学工、学农、学军，忙得不亦乐乎，还是经常把一些古典小说拿来偷着读。特别是《水浒》、《三国》与《西游》，不知读了多少遍，里面的人物，如数家珍似的经常挂在嘴边。这些都是小时候的情景，其实也都已经成为过眼烟云，当时的心情也已变得十分模糊了。

改变我读书趣味的是在知青时期。那时我不满17岁，就毅然响应毛泽东的号召，上山下乡，到我父母的老家山东插队，成了一名“滚一身泥巴，练一颗红心”的知识青年。生活艰苦倒还是小事，对我而言，主要的问题就是找不到书读。好在我哥哥在县城当工人，可以在图书馆借书，所以来看我的时候，总会带几本书给我读。有一次，带来的一本书叫《伊加里亚旅行记》，是一部空想社会主义的名著。读过后，对我的思想产生了重要影响。从此，就开始对西方哲学思想产生了长远的兴趣。

感谢邓小平的改革开放，让我们这批上山下乡的所谓“知青”，有了上大学、成为真正知青的机会。上了大学，对我来说就意味着可以系统地阅读西方名著了。因此，在大学期间，学校的图书馆阅览室是我经常光顾的场所，凡是西方经典名著，几乎读了个遍，受到许多西方哲学思想的影响。当然，大学期间也读了不少杂书，像《本草纲目》之类的中医书籍，《甲骨文》之类的文字学书籍，《史记》与《资治通鉴》之类的史书，还重温了儿时熟记但并不领会要义的“四书五经”，外加其他诸子之书。

大学毕业后，读了研究生。在学期间，除了专业研究外，读书方面的兴趣主要是马克思、恩格斯的著作，以及一些管理学方面的书籍。经过那段时间的阅读，基本上对马克思主义的原生态理论与思想有了比较清晰的了解。

之后，主要的精力放在专业教学与科研方面，直到 1987 年我到北大读博。

20 世纪 80 年代末，北大的学术思想异常活跃，校园里有各种学术讲座、讨论，甚至辩论，还有各种形式的读书会。对于一位读书人而言，浸泡在这样的氛围里，自然是求之不得的事情。机缘凑巧的是，当时的出版界正好出版了一批又一批译介各种西方学术思潮的丛书，读起来既方便又系统。应该说，正是我在读博期间，才对现代西方思想体系有了一个比较系统的了解。然而，博士毕业后，带着这样的了解，我却到了一个佛教比较盛行的地方——杭州工作。

杭州，我统共待了 11 年，就读书生活而言，大致可以分为两个阶段。第一个阶段，用我自己写过的诗句来形容，就是“移情书海淡生涯”的阶段，共有 8 年的美好时光。应该说，杭州这个城市是个非常适宜读书的地方。一则有悠久的读书文化传统，二则开设有众多颇有特色的书店，三则有湖光山色为之添彩。在这样好的环境中读书，是一件非常惬意的事。所以这段时间，我不但阅读的书最多，购买的书最多，而且读书的收益也最大。

读书最多，真可谓是无所不览，后来我被人誉为“杂家”，就跟这段时间的读书经历有关。买书最多，到了倾囊寻觅的地步，几乎每个月的工资，除了日用开支，通通转换成了一排排的书，以致后来还专门订制书架，把一个小小书斋的四壁，全都装点成为“书墙”。当然，有勤奋就有收获，物质变精神，收益最大，是指精神境界的升华。

通常，那段时间的读书生活是这样，如果没有讲课任务，经常是携书一本，径上宝石山，或在初阳台上，或在抱朴道院右前向的小亭子里，一读就是半天。如果是周末，有时还会跑到更远的地方去读书，孤山公园、灵隐寺后山、玉皇山顶、凤凰岭、植物园等处，都是常去的地方。

那是一段难忘的愉快时光，但光阴飞逝，8 年很快就过去了。在当上教授之后，读书生活突然间换了一种新的局面。学术性事务越来越多，读书的时间则越来越少。教学、科研，有时还要做一些行政管理工作，于是我在杭州的读书生涯进入了第二个阶段。这一阶段的主要收获，就是写了《无心的机器》一书，并于 2000 年正式出版。

写《无心的机器》可能算是一种奇迹，不但几乎是一气呵成，而且引用全从脑中记忆而来，不查阅引著。虽然没注出处被读者诟病，说不合学术规范，但引述内容居然很少有记错的地方。此书出版后，没过多久，杭州 11 年的读书生涯也就结束了。2001 年，我调到厦门大学工作。

到厦门后，清闲了半年，便开始忙于学院的行政事务。先是创办软件学院，后是接管信息学院，淡定读书的时光不再了。好在还有老本吃，加上所指导的研究生们的努力，写书的成果倒是斐然。逻辑、心脑、禅宗、中医、语言以及古琴，都有涉猎。

或许是厚积薄发，或许是到了收获的季节，总之，在厦门的 10 年间，主要是教书与写书，而不是读书。当然，零零星星，书还是读了不少的。这期间读书的类型主要是随著述的需要而变，大致以科学读物、语言哲学、禅宗经典、心脑科学、中医经典以及古琴艺术等图书为主。

可能是当时思想已经比较成熟的缘故，经常出现的现象是书读不到一半就弃之不顾了。总会有一种书越来越不耐看的感觉，可能是学风日下，市面上销售的图书都比较急功近利的缘故吧！

终于有一天，发现自己不能再容忍将大把时间消耗在行政事务之中了。于是请了学术假到美国去游学了一年。由于熟人几乎没有，在美国的一年，又进入了读书人本有的生活之中。一天到晚，除了起居生活，时间全部用于读书之中。

美国的图书馆藏书不但非常丰富，而且几乎没有什么“禁区”，学者们研究什么的都有，这自然大开了我的眼界，也大饱了我的眼福。不过，我最关心的还是学术书。记得在哈佛读了几天书，得出了这样一个结论。一方面，美国的自然科学图书都非常优秀，成果前沿、思想活跃、语言生动，一看就知道饱含了作者对所探索问题的满腔热忱与执着信念，这与国内功利性的现象形成了鲜明对比。另一方面，就人文著述方面，虽然也一样都是作者满腔热忱与执着探究的结晶，但其思想的深度与境界，与中国传统人文思想的深度与境界相比，却无法同日而语。

因此，在美国的最后几个月，利用便利的网络资源，我居然将大藏经中有关禅宗的典籍统统研读了一遍，收益颇丰。感谢美国一年的访学经历，我是满载而归。现在好了，我已经不再担任行政职务，又可以“移情书海淡生涯”了。

这就是我读书生涯的粗略勾画，细节全无，容日后具体“就事而论”时再做补充吧。

2012 年 3 月 18 日，厦门

闲话书斋

独门单间，三米宽、五米长。十五平方米一个人住，一张床是少不了的。不知是习惯还是懒惰，抑或是习惯养成的懒惰，床上的被，总是零乱的时候多而齐整的时候少。读书人总有满脑子的理由这样不拘小节，拖里沓拉。

说到读书人，书自然是少不了的。瞧，满满六书架的书，少说也有三千册！真让人怀疑是否都读过！说不准，读书人爱用书来装门楣，摆样子，炫耀自己有才学也是常有的事。就像女孩子爱打扮爱漂亮一样，读书人的这点虚荣说不定也是免不了的。

躺在床上看，六个书架是绕床丁字排开的。所以，早上醒来的第一眼是满眼的书，而睡前自然也是带着满眼的书进入梦乡的了。真不敢想，要是没有了书，这读书人的日子可怎么捱捏？幸好，不管是秦皇还是"文革"，书不但没有烧绝，反而年复一年，越发泛滥了起来。当然，书泛滥了也未必是件好事。

除了读书，大抵读书人所爱好的不外乎就是书本上提倡的那些琴棋诗画陶冶性情之类的玩意儿了。顶多翻翻花样，在古老传统上再添加些现代气息罢了。果不其然，除了琴换成了音响外，八九不离十，不但墙上有画，画上有诗，而且枰上有棋，桌上有牌，地上有球拍……小小书斋，颇有几分才华横溢的氛围哩。

不过，画桌却有些寒碜，油腥腥的，看得出来，也是用餐的地方。如若跟人讲，那幅刚画出的《荷花》，就是在这污秽的油桌上画成的，人家未必肯信。可话又说回来，人总要生活，即使是吃精神食粮的读书人，肚皮饿极了，靠书也是充不了饥的。于是，画桌对面的冰箱餐具，占据着不能再小的一角，便是生活的必需！不时，这种必需，通过油香辣味，还会侵染画桌书架，甚至弥漫整个书斋。这未必不是一件好事！说来也奇怪，人俗一点要比雅一点好。

可是，一道屏风式的书架把书斋割据为二，可见读书人那种渴望雅俗界限分明的清高心迹。毫无疑问，这便是读书人致命的弱点！我说，非凡的读书人便是在心底化去了这道屏风。

“屏风”之外，放着一台读书人赖以谋生的台式电脑。虽说对此道是学有所成，但心底里却总是疙疙瘩瘩，对此一技之长惕然不喜，倒是对书斋中的书桌，反而珍爱不已。可别小看这不起眼的书桌，它可是书的正宗“出版社”！且不说那些发表了没人看，或被人随意拿作他用的书刊，就是千百年来被奉为神圣的经典，亿万人百读不厌的妙文，哪一篇哪一部不是在书桌上写成？当然不是在这儿，这儿的书桌可没有那么大的神通，除了日常文书以及偶尔写出的正式文稿外，就算只有几篇私下读了可以破闷发笑的怪文歪诗了。当然，诗文总还是自己读来才有趣，无须发表，不是吗？

这便是对小小书斋的全部描绘。读书、教书、写书，在这小天地里，读书人虽然生活清贫，可也是有情有意有趣有味的。倘若有一天，颜回变成子贡，读书人过上大富大贵的日子，千万一定也把书斋的情趣意味带上。如是，读书人之愿足矣。

1993 年 8 月 11 日，杭州

纪念我的导师马希文先生

有些人尽管与之交往频繁，对你一生的影响却微不足道；有些人尽管与之交往无多，对你一生的影响却深刻久远。我的博士生导师马希文先生就属于后者。现在回顾起来，除了另有所承的禅宗之外，我学术上涉足的所有领域及思想，直接的或间接的，无不深受恩师马希文先生的影响。

今天是恩师马希文先生的诞生纪念日，不由自主地引发了我的追思之情、怀念之情和感恩之情。因此，怀着崇高的敬意，我决定撰写这篇纪念性文章。

马希文先生生于1939年5月23日，卒于2000年12月22日，享年61岁。先生一生从容治学，自北京大学毕业(时年仅19岁)留校以来，从事学术和教育事业凡42年，文理贯通，在数学、逻辑学、语言学、计算机科学、医学和哲学等方面均有独到精辟的建树，并在开拓文理学科交叉的新领域方面做出特别的贡献。迄今许多学术思想和观点，依然恩泽我辈后学，影响着相关学科方向的发展。

自西学东渐以来，大凡论及学问，最受推崇的要数那些会通中西的大师们，如章太炎、王国维、傅斯年、陈寅恪、胡适和钱锺书等先辈。他们熔铸古今，并蓄中西，论学之博大精深，后人难以望其项背。但若论及兼通科学方面，即使像钱锺书这样的大学者，也难免有所偏废，鲜有贯通文理的大师。而马希文先生正是在这个意义上，胜过无数国学大师，成为一代文理融通的学者。世上之事，添砖加瓦者易，开拓垦荒者难。先生的学问建树，贵在开时代之先河。细读先生留给我们的那些闪耀着智慧的论著，字里行间无不体现出文理融合的开拓气息。

当然，先生成为贯通文理的一代学者，不仅仅在学问上为人师表，更在于为人上也堪称学界楷模。先生对生活要求的简朴，对荣华富贵的淡漠，对学问的孜孜追求和锲而不舍，对追求真理的矢志不渝，都给人留下深刻的印象。我相信，同先生的学术思想一样，这也将是影响后学的一份精神财富。

今天，在先生诞生纪念之日，作为学生，对于先生的恩泽无以为报，唯有继承先生的遗愿，将先生一生为之追求与探索的学术思想加以发扬光大。可以预知，先生独到的学术思想和建树，不仅影响当代，随着时间的推移，也必将对未来的学术思想的发展产生重要而深远的影响。寄斯言于此，以为后人鉴！

2012年5月23日，厦门

接受学生采访对话录

按：数年前厦门大学《凌云报》记者采访我，并在该报官方微博上发表了这篇博文，我将其收录在自己的随笔集中。

学生记者(记者)：乐易教授，非常感谢你能够接受我们的采访。许多同学都对你充满了好奇。你是信息科学与技术学院的院长，工学、理学、医学、文学、哲学五个不同学科门类的博士生导师。你是一名科学家，又在研究禅宗……种种这些，都让人在敬佩的同时充满了好奇，乐易教授到底是一位什么样的人？所以，我们希望今天你能够给我们解答一下。

乐易教授(教授)：用我女儿的话说，我是一个书呆子。我搞的学科很多，主要是因为我喜欢读书。我什么书都喜欢读，又比较好奇，所以书看多了，研究到一定深度就变成做学问了。

记者：你说你喜欢读书，那你是从小就喜欢读书吗？

教授：对。我的父亲小时候受的是私塾教育，"文革"的时候被打成了走资派。所以，父亲就在家里教我读书，四书五经之类的都读过不少。

记者：听说你有过目不忘的本领，不知道是不是真的？

教授：这个过奖了，我的记忆确实是还可以。上大学的时候看过的东西基本上都能记住，能做到所谓的过目不忘。但现在岁数大了，这个功能不如以前了，但还是不错。比如说我们开会，我基本上不会带笔记本记任何东西，但都能记住。这个应该是和小时候所受的教育有关。我是搞脑科学的，知道人的记忆力实际上是可以培养的。如果经常记、背东西，记忆力会越来越好的。40 岁以前，记忆力基本上都可以培养。

记者：那你在大学里是个怎样的学生呢？是我们现在所谓的"好学生"吗？

教授：当时成绩还可以，特别喜欢看书。我基本上把学校图书馆社科类的书都翻了一遍。经常“逃课”，上课之前把课本预习一遍，如果都看懂了，就不去上课了，而是去图书馆看书。当时最感兴趣的是古希腊哲学和西方哲学。中国经典著作小时候都读过，到大学又温习一遍，但真正理解它的意思还是在大学。

记者：你觉得大学给予你最重要的是什么？

教授：好的条件和一批优秀的老师。大学最重要的不在于知识，而是了解一些学者的风范，从近距离的接触中了解他们的为人，了解他们对待事物的态度，我觉得这些东西比一些纯粹的知识更重要。

记者：就如你曾经所说的，“忘记的是知识，留下的是素质”。那你觉得你作为教授，更多的是在“授业”，还是“传道”？哪个更重要？

教授：我喜欢传道。我开了一门课叫“双丰讲座”，是全校公选课。里面就主要是在传道。这门课是给漳州校区的一、二年级同学开的，我觉得他们刚进入大学，应该首先给他们传道。这门课主要是用一些深入浅出的方法讲一些道的东西，比如大学之道、科学思想等。授业，主要是指要学生掌握一门专业知识。其实解惑也是大学里最重要的，而我们现在的大学都把这点忽略掉了。很多大学生现在都很迷茫，不知道大学要干什么，所以更需要有人为他们解惑，解决人生之惑。

记者：不知乐易老师可否给我们这些还在学校的同学一些建议，怎样充分利用自己的大学时光？

教授：有明确的目标是最重要的。以前浙大的校长竺可桢有两句名言：诸位同学，首先应该明确自己来这里干什么？第二将来做什么样的人？这两个问题看似简单，却是大学里最基本的两个问题，如果你这两个问题不明确，那你肯定会感到迷茫的。只有把这两个问题明确了，你才能够有目标和动力，才能够充分利用好大学时光。

记者：你当时读大学的时候有很明确的目标吗？

教授：明确，就是做学问。我们那个时候整个社会都崇尚做学问，所以目标很明确，就想一心一意学习、搞学问。后来，改革开放，实行市场经济，也有一些机会从商，但是我都拒绝了，我这个人生来就是喜欢做学问。做学问就要耐得住清贫，否则你肯定做不好。话又说回来，做学问又是最容易的。最难的不是做学问，是从政，你要和不同观念、思想的人去斗争。做实业也很难，弄不好你就倾家荡产了。做学问只要你耐得住寂寞就行，不要羡慕别人，做学问的修养功夫很重要。外面的世界很喧嚣的时候，你能够保持一颗平常心，能够静下心来读书。做学问就靠读书，谁读的书多，谁的学问就好。现在物化的社会，人心都比较涣散，而我们那代人没有什么诱惑，等到诱惑来了，我们也已经成熟了。

记者：你能够静下心来读书，做学问，想必是从中得到一些乐趣，不知你的乐趣来自哪里呢？

教授：读书当然是有乐趣的。你会发现，某个领域，有这个想法的人，你是第一个。你发表了一篇论文，这篇论文是独创的，甚至你还提出了一些让大家都跟着你做的东西，这就是一种愉悦感。同时，这也考验一个学者的前瞻性和洞察力。学问这个东西跟别的东西不一样，只有第一名，没有第二名。

记者：你研究的数字化古琴，要把减字谱做成计算机程序，不知道我理解的对不对？

教授：减字谱比较特殊，它是将汉字减掉笔画拼起来表达古琴的一个弹奏指法。现在汉字的录入系统都没法处理的。所以必须重新做一个软件，把这些谱字也能够录进去进行编辑，这是第一步。第二步，录入琴谱以后，计算机能够自动解读它，把它变成古琴的音乐播放出来，这样就更好。当然不会让计算机代替人，只是用计算机的手段来解决古琴中的一些问题。比如，做一个古琴的计算机辅助打谱系统，这样可以提高打谱速度，对古琴家也是一个好事情。有些小孩买不起古琴，可以在电脑上虚拟指法练习。但最终还是不能替代古琴，古琴的音质是不可能模仿的。

记者：在一般人看来，科学与宗教是不相容的，甚至是对立的。似乎一讲科学，就不能认同宗教，请问，你是怎样看待这个问题的呢？

教授：如果宗教指的是基督教，确实科学和基督教有一些不融洽的地方。到目前为止，宗教界对达尔文的进化论还有争议。对于佛教，尤其对于禅宗，恰恰相反。科学的每一次进步都证明了佛法的正确。比如说量子力学，如果量子力学是对的，那就意味着我们日常感知的东西确实是虚无不实的。这个和禅宗的观点是一致的，一切都是不真实的。哥德尔定理说，当逻辑系统足够复杂的时候，会发现里面隐含的悖论。也就是说，用所谓的逻辑不能描述万事万象，真正的真理是不能言说的。那禅宗也认为，真性不可言说。

记者：之前听你讲，说禅宗的思想其实是积极向上的，你可以解释一下吗？

教授：我更认同禅宗是一种生活态度，不太愿意说它是一种宗教。因为作为一种宗教须具备的要素，禅宗都没有。禅宗强调自性，追求积极向上的生活态度，就是让人放下一切包袱。只有把一些是非的、计较的东西放下，才能够轻装上阵，真正做好事情。同样两个人去评三好生，一个态度比较端正，没评上就没评上，下次再评。另外一个呢，就比较计较，"我为什么没评上?!"这就是一种态度和修养问题，跟事情本身没有关系。是否达到禅宗的境界并不是让你不去评三好生，该评的还是要评。重要的是对事情的态度，积极进取，随遇而安。

记者：现在的大学生内心比较敏感，比较关心别人怎么看待他。

教授：一个人要有自信心。一个人的自信心首先在于社会的肯定和认同。这一点是需要的，但它是个过程，如果仅仅停留在社会肯定的阶段上，你会发现你是不自信的。所以最终你要超越社会的肯定，必须要实现自我认同。那怎样的人才是自信的人呢？一个自信的人，即使他在你面前不说话，你也能感觉到他的力量，这就叫自信。不自信的人滔滔不绝，想要说服别人，但其实他连自己也说服不了。

记者：我这边有一位同学，他听过你的讲座曾写道："能够听乐易老师的讲座是我今生的荣幸。能够和他聊天走回宿舍是我珍贵的记忆。这位老师有生之年我一定要去拜访，再见到他的时候就说：'老师，不知道说什么？从何说起，想听你弹一曲古琴。'"

（乐易教授抚琴两曲）

记者：你能给我们介绍一下你刚才弹的是什么曲子吗？

教授：第一首《秋风词》，是李白的一首词，配上了琴曲，就叫玄歌，是可以唱的。第二首是《黄莺吟》，是唐代的一首表达向往自由爱情的小曲子。

2009 年 4 月 11 日记录

《无心的机器》后记

本书是我在近十年各种大大小小几十个讲座的基础上整理撰写的结果，这些讲座都是应邀为不同学校的中学生、大学生、研究生和教师们举办的。由于大多数讲座的效果不坏，深受大家的欢迎，加上学生听众们的不时提议，因此在去年年初，就有了写部书的念头。现在几经周折，书终于写了出来。但我却总觉得少了些什么，总感到写得不如当初讲座时那么生动和风趣，感到有些枯燥。或许形成这部书的时机还不够成熟的缘故吧！我只希望以后有机会再版时作一次大的修改。当然，我知道，这种机会完全取决于读者是否真的喜爱这部读物，但愿我的运气好！

法国作家昂贝托·埃科(Umberto Eco)在《玫瑰之名》一书中说过："书写出来不是要使人相信的，而是要让人探究的。我们看一本书时要问自己的，不是它说了些什么，而是它意味着什么。"我想，倘若我的这部读物能给读者留下一点值得思考的东西，我也就心满意足了。

顺便申明，尽管我的专业是理论计算机科学，但由于受我导师马希文先生的影响，以及研究工作的需要，我几乎成了一位"杂家"。计算、语言、逻辑、心脑、诗学、禅学都是我所涉足的学科领域，对这些学科领域的了解，我在这部读物里都做了一些反映。这里需要强调的是，由于这些都是从我外行的眼里来反映的，一知半解是难免的。因此，若有不妥或错误之处，敬请读者批评指正。最后，怀着真诚的敬意，我要感谢书中被引用的书籍和图片的作者、译者们，感谢出版社为本书的编辑和出版所付出的努力，感谢我的导师马希文先生对我的培养和教导。当然，我还要感谢读者自始至终耐心通读了全书，书写出来有人读，有人喜爱读，总是一种欣慰！

1999年8月28日

识于杭州宝石山下

别了，大杂烩式的研究

早上醒来冒出的第一个词是“检讨”。检讨？检讨什么？想了半天也没有什么想头！到了午觉醒来，忽然想起，不知不觉今天已然是2012年的最后一天了，是应该对自己的学术研究检讨检讨了。

的确，2012年应该是我的学术转型年，随着最后一部书稿《古琴艺术的机器演绎》的交付出版，持续了15年围绕着国故文化开展的跨学科研究宣告结束了。

在我的学术研究生涯中，如果把博士毕业看作独立从事学术研究的肇始，那么第一个阶段开展的仅仅属于十分初步的人工智能研究。其间出版了《视觉计算原理》、《认知逻辑导论》、《心脑计算举要》三部图书，可以看作这一时期的主要结果，多半作为研究生教材来看待，可圈可点的不多。

最近15年的研究工作则属于我学术生涯中的第二个研究阶段。这一阶段，主要开展以科学技术（特别是智能科学技术）推动中国传统文化现代化的跨学科研究。除了我的老本行“智能”专业外，第二阶段的研究兴趣跨越了文字（汉字）、哲学、宗教（禅道）、医学（中医）、语言（隐喻）与音乐（琴艺），涉猎学科范围之广连我自己也觉得太“博大”了，因此往往都只能“浅尝辄止”。值得宽慰的是，好在研究都是从中国传统文化与现代科学技术的学科交叉角度开展工作的，因此还是都给出了一些原创性的学术贡献。

图A显示的是这些原创性研究成果的汇聚。所形成的跨学科学术著述系列，虽然不能说每一部都是什么精品，有的还相当粗糙，属于急就之作，但确实都是在学术界开了先河的，有的还是独一无二的研究工作。

现在好了，“浅尝辄止”的东方文化与西方科学跨学科研究都结束了，我的学术工作重心也应该回归到“术业有专攻”之上。希望之后的研究能够一改比较“浮躁”的大杂烩式研究取向，以专注的态度集中开展单一“心识（意识）”主题的深入研究工作。

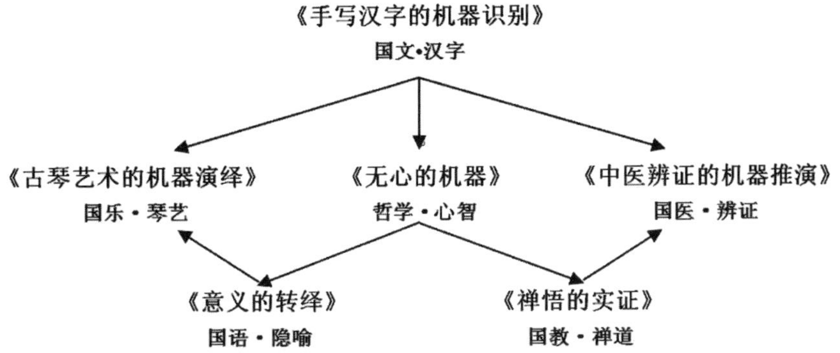

图 A　跨学科学术著作体系

送旧迎新，“检讨”过去是为了更好地“开启”未来。但愿在自己的学术生涯中能够拥有一个更加“精深”的未来。

2012 年 12 月 31 日，厦门

我目前的学术兴趣

自从撰写《别了，大杂烩式的研究》以来，不知不觉已经一个整年过去了。俗话说“有破必有立”，既然别了“大杂烩”，总还应该开启“新聚焦”吧。现在经过一年来的努力，终于初步形成了比较“聚焦”的三个学术研究新方向，特公布于众。

第一个研究方向是“机器意识”（Machine Consciousness），主要涉及意识科学、心灵哲学和机器智能的交叉研究。我在十多年前曾经小打小闹地研究过一阵子，后来因为不合国内的时宜，也就放弃了。最近几年重拾“旧业”，突然发现在国际上已然成为“显学”，并且与突破“预先编程”的关键战略相挂钩。于是赶紧收拾旧河山，申请了一项国家自然科学基金项目——“针对涉身行为的自我意识机器人构建方法及其实现”，开始了正正规规的学术研究。当然，意识问题太复杂了，像“现象意识”这样的难问题肯定是不敢碰的，当然也不甘心仅仅模拟那些“功能意识”，于是我带领了 6 名博士生，主要开展“自我意识”的计算建模研究。希望通过为智能机器人嵌入一个“自我内省反思计算引擎”，使我们的机器人能够在比较复杂的环境中，顺利通过镜像认知的测验。

第二个研究方向是“脑机融合”（Brain-Machine Meld），主要涉及神经科学、认知科学和机器智能的交叉研究。我曾经在 2003 年出版的《心脑计算举要》中提倡过一种“自然机制＋算法”的半人工智能观，应该说目前国际上开展的有关脑机融合的方法就是这种观念的具体实现。所谓“脑机融合”，就是要将动物（包括人类）的智能与机器的智能相结合，去完成单靠动物或机器无法或不便完成的任务。比如机器通过植入电极控制老鼠行走，猴子意念控制机器手给自己喂食，人类意念控制机器人行为，等等，都是这方面的典型研究。我国今年立了一项国家重点基础研究发展计划项目（973 项目）“脑机融合感知与认知的计算理论与方法”，首席科学家是浙江大学吴朝晖教授。有幸我也参与了其中一小部分的研究，主要根据自己在艺术认知与计算方面的长期积累，带领4位博士生开展有关音乐激发人脑意念（运动想象）来控制机器人舞蹈的“脑机融合的行为规划”研究工作。这是一项充满挑战且非常有趣的研究工作，我们期待能够在一定程度上实现脑机协同共舞的美好梦想。

第三个研究方向是“心法实证”（Mental Cultivation Methods Experiment），主要涉及中华心法、认知科学和心理实验。在国际上，开展冥想认知实验的研究很多，但几乎没有关注中华心法，那种强调内心存养的智慧心法。因此，自从我2006年出版《禅悟的实证》以来，我一直有一个愿望，希望有机会开展中华心法实证效果的研究，看看中华心法对于心理品质的提升能否带来明显的积极影响。现在机会来了，一方面我承担了国家社科基金重大项目“认知科学对当代哲学的挑战——心灵与认知科学重大理论问题研究”子课题“哲学认知实验对当代哲学发展的影响”的研究任务；另一方面，最近先后招收了5名不同学科的博士生（语言学背景1名，哲学背景2名，心理学背景1名，智能背景1名），加上若干硕士生和本科生，形成了一个相当不错的科研团队。这样，基本的研究条件都已经成熟，于是就可以正式开展这方面的研究工作了。

或许，很多人了解上述三个研究方向的内容后，会觉得非常稀罕，有的可以说在国内学术界闻所未闻，难免会产生这样的疑问：是不是这样的学术研究太偏了？面对这样的疑问，倒使我想起了清代颜习斋说过的一句话：“一人行之为学术，众人从之为风俗。”也就是说，像我这样孤家寡人式的研究才能算是“学术”，而那种动则就有上千人、上万人的研究不过就是“风俗”而已。在我的心目中，学术研究永远应该是一种前无古人的探索活动，只要对未来的技术进步、对人民福祉、对社会和谐等方面有所促进，就是有益的。因此，衷心希望有志于这三个研究方向的研究生考生、博士生考生、博士后候选者，加盟到我们的研究队伍中来。

2013年12月31日，厦门

师者,传道授业解惑也

按:这是被全校学生评为厦门大学2014年度"我最喜爱的十位教师"称号后,学生采访的记录,我也将其收录在随笔集里。

来到乐易老师办公室的时候,老师非常热情地欢迎我们,当问到是否可以拍照时,乐易老师摸了摸胡子,颇有儒士风范地笑道:"当然我可以啊,我长得比较酷嘛。"为人亲和,一直是乐易老师的特点,而在厦门大学2014年度"我最喜爱的十位教师"的颁奖仪式上,颁奖词中这样写道:"他气宇轩昂,文采飞扬;他温文尔雅,出口成章。"

与书共同走过的那些岁月

"'行万里路,读万卷书。'其中,读书是'知'的部分,行路是'行'的部分,中国古代强调'知行合一',也就是说这两部分是相辅相成的。"在记者问到关于读书的问题时,乐易老师这样回答。

书,一直伴随着乐易老师的生活。乐易老师调侃自己为"书生",说自己从读书、买书、藏书到教书,尤其在进入大学以后,就更没有离开过书,因为对于乐易老师来说,"读书"是他的任务与职责。

虽然乐易老师主要研究方向为计算机科学技术、人工智能等,但是对于读书,尤其人文方面图书的兴趣,从小就十分浓厚。由于父亲是读私塾出身,受父亲影响,乐易老师自小就开始学习四书五经。在下乡期间,因从图书馆借来看的《伊加利亚旅行记》,乐易老师对西方哲学产生了浓厚的兴趣,之后便开始系统地学习。当被问到既然如此喜欢人文,为何要选择理工科的专业时,乐易老师这样解释道:"因为我觉得文科的东西可以自学,但理工科的东西是需要设备和条件的，没有办法自学，所以上大学的时候我就下定决心报考理工科。”

尽管如此，乐易老师对文科的东西仍十分感兴趣。在大连工学院（现为大连理工大学）求学时，乐易老师就利用自己的空闲时间到图书馆开始大量的、系统的阅读。之后在北京大学读计算机系时，乐易老师也没放弃阅读文科的书籍。

乐易老师一直十分强调读书的重要性。他认为要读书，首先要学会正确的读书方法。读书要有选择，但是世界上主要民族的核心经典是一定要读的。其次，他认为应该提高做事的效率。这不仅限于读书，做事专注认真，这样才能最大化地利用时间。

“另类”老师课堂“空手道”

乐易老师总说自己是一介书生。“我这一生中除了两年下乡在农村，其他时候都在学校了。”乐易老师略带感慨地说。来厦大十余年，问起对这所学校的看法时，乐易老师表示，厦大的校园环境十分美丽，老师同学们也都很优秀，但是还需要再提高。乐易老师认为，作为老师，就应该去营造大学自由学术的氛围，这也是他自己对于老师这一身份的严格要求。一所大学优秀与否，老师起着重要作用，不仅关系着科研水平，还关系着学生的教育，因此老师的素质非常重要，乐易老师这样解释道。

不仅对老师的素质有着严格要求，乐易老师还觉得每个老师都应该有自己的风格。不少同学表示，乐易老师是一个非常“另类”的老师。乐易老师的一位学生告诉记者，老师对于学生犯错的态度让人觉得很新鲜，也让人不再对犯错这件事觉得惶恐害怕。他说：“老师曾说，人就是要犯错的，不犯错怎么能基因突变呢？如果基因不会出错，也没有现在的人类了嘛，所以你看，出错多重要。这让我觉得老师的想法很不一样，因为很多事都是可以从小的地方看出来的。”采访现场，乐易老师告诉记者，失败是成功之母，他认为学生不能怕出错，最重要的是需要有探索精神，要在错误中吸取教训，找到新的探索方向。

好老师的形成并非单向输出知识，而是要能常常与学生沟通，进行双向交流。周末，乐易老师有去思源谷丰乐亭的习惯，学生们知道了，也常常会去那儿。老师说，在那儿，他常常会和学生们交流上课的内容形式等。乐易老师在跨界论道这门课程中，常常把 PPT 讲课和板书讲课两种方式交替使用，他戏称板书为“空手道”。和同学们交流后，他发现大多数学生偏爱“空手道”，这是由于在不停地抄 PPT 内容的时候无法专心去听老师上课的内容。了解了同学们的这一想法，乐易老师在之后的讲课过程中大多采取“空手道”的方式。而老师也常常会思考上课方式的优缺点，他表示，虽然同学们颇爱“空手道”，但是由于没有 PPT 限制，有时也会想到哪儿说哪儿，而 PPT 教学在这上面则比较齐全。

思考、改良、进步，乐易老师在教学上同样和他对同学们提出的标准一样，不断地探索，找到最适合的方向。

师者，传道授业解惑也

回归自己最简单的身份，乐易老师说，做老师和做研究是不一样的。他觉得比起做研究，做老师则需要做到更多。“师者，所以传道授业解惑也”，这是老师的三个责任。好的老师要传道，首先要自己悟道。所谓授业，老师需要将专业知识系统掌握，教授给学生。关于解惑，他觉得，大学老师不能光讲课，要做学生的良师益友，让他们拥有一颗平和的心。这些都是大学老师需要承担的责任，成为学生的引路人，不至于让他们在离开学校后变得迷茫。

提到学生，乐易老师认为单从他的课来讲，虽然大家都很认真，但是和他的课堂互动还是比较少，他呼吁同学们要思想活跃起来，要有思想的碰撞。他回想当年在北大读书时的情景，常常有老师自己组织演讲会，也常有学生自发举办各式各样的辩论赛。他觉得这是一个大学该有的学术氛围，学术氛围的营造不仅仅是老师，同样需要学生的加入。

他说，自己只是个普通的老师，普通的读书人，但是和书相关的，无论是读书还是教书，抑或是写书，他都尽力做到最好。这也是他对他的学生们的期望。采访的尾声，乐易老师现场写了一副对联送给厦大学子，以表达他对大家的期望："显诸仁，积极进取，自强不息；藏诸用，随遇而安，止于至善。"

（原刊《厦大青年》2014年11月12日，吴玉琦、蔡晓娜撰文）

二 语言探微

漫谈汉字的演变由来

按:早年我开展过手写汉字的机器识别研究,并于1997年出版《手写汉字的机器识别》一书(科学出版社)。这是我的第一部学术专著,因此常常会想起来。今天又随手拿来一读,发现当初所写“汉字的演变由来”一节,还是蛮好的,可供书法爱好者参考,故整理摘录于此,与大家分享。为了符合随笔的形式,内容与格式做了一些调整,并加上“漫谈”两字。特此加以说明。

汉字是世界上最古老、使用人口最多的准图形文字。按照保守的估计,也有五六千年的历史,使用人口不少于11亿。那么这种古老又独特的文字是如何产生的呢?又是如何成为我们今天这样形式的呢?无疑,对这些问题的回答和了解,必定有助于我们对汉字的性质、特点的了解和把握。

汉字由来的传说很多,比如八卦起源说、结绳起源说、书契起源说和仓颉造字说等。虽说都是传说,但恐怕也非完全杜撰。许慎在《说文解字》一书中说:“古者庖犧氏之王天下也,仰则观象于天,俯则观法于地,视鸟兽之文与地之宜,近取诸身,远取诸物,于是始作易八卦以垂宪象。及神农氏结绳为治而统其事,庶业其繁,饰伪萌生。黄帝之史仓颉,见鸟兽蹄之迹,知分理之可相别异也,初造书契。”

仓颉是否有其人,历史已很难稽考,但许慎这段文字对汉字由来的分析还是有一定道理的。正像清代学者陈澧在《东塾读书记》中所说:“盖天下事物之象,人目见之,则心有意,意欲达之,则口有声。意者,象乎事物而构之者也;声者,象乎意而宣之者也。声不能传于异地,留于异时,于是乎书之为文字。文字者,所以为意与声之迹也。”

所以实际的情形多半是这样,在远古的时候,由于语言“异地”和“异时”交流的需要,在人民群众中普遍产生了各种象形、记号等文字,后来又经过一些像仓颉这样的人的采集、整理和增补,形成了最初的汉字体系。正像

《荀子·解蔽篇》中所说："好书者众矣，而仓颉独传者，壹也。"鲁迅在《门外文谈》中也强调："文字在人民间萌芽，后来却一定为特权者所收揽。"正是这样，远古汉字大约到了夏商之际（公元前17世纪前后），便形成了完整的文字体系。

可见，人民不仅是历史的创造者，而且也是记载历史的文字的创造者。

文字体系一经形成，随着时间的推移，在使用过程中不可能没有变化。实际上，从夏商开始直到现代为止，在这段很长的时间里，汉字在形体上发生了一些很重要的变化。一般从形体变化角度来看，汉字形体的演变可以分成古汉字和今汉字两个阶段。以秦汉为分界，前一阶段主要是汉字的线条化过程，后一阶段则是汉字的笔画化过程。

汉字体系形成后，到了商代后期，一般汉字的字形，就跟图画有很大的距离，但是作为一种文字来看，象形程度仍然应该算是相当高的。比如考古发掘出来的甲骨文和金文，均有明显的图画性质。

到了西周，古汉字形体发生了比较明显的变化，除了一般的简化外，就形体而言，对商代文字的改变主要表现在块面笔画线条化和诘诎笔画平直化两个方面。

线条化是指粗笔变细，方形圆形的团块为线条所代替；平直化则是指曲折象形的线条被拉平，不相连的线条被连成一笔。经过这些变化后，文字的汉字象形程度显著降低，书写起来也比较方便。

春秋时期，汉字的演变除了线条化和平直化过程的进一步完成外，还出现了线条笔画的长条化和整齐化的趋势，可以看作汉字形体的一种规整化过程。汉字的象形性质进一步减弱，而符号性质逐渐增加。

由于战国时期的政治分裂局面，汉字的形体分化情况比较普遍，同一个字在不同的地区，写法往往不尽一致，书写风格也呈现多样化趋势。

随着秦王朝的统一，六国文字也随着纷争局面的结束而得到统一，形成了历史上第一个规范的文字体系，即通常我们所说的小篆体系。应该说小篆的形成是汉字演变过程中一个承上启下的中间环节。到此，汉字的线条化过程宣告结束，但因小篆俗体的产生，引发了一场汉字形体革命性的变化，即汉字形体的笔画化演变。

两汉时代通行的主要字体是隶书，辅助字体是草书。隶书源于篆书的草率写法。在汉字形体演变的过程中，由篆文变为隶书，是最重要的一次变革。这次变革使汉字的面貌发生了极大的变化，绝大多数汉字完全丧失了其象形意味，而代之以用点、划、撇、捺等笔画来组成汉字，这便称为“笔画化”过程。这种笔画化过程，对篆文字形的改造，主要表现在以下几个方面。

1. 解散篆体，取曲为直。从商代文字到小篆，汉字的象形程度在不断降低，但是象形的原则始终没有真正抛弃。隶书不再顾及象形原则，把古文字“随体诘诎”的线条分解或改变成平直的笔画，以便书写。

2. 省并和省略。隶书往往把篆文的两笔并为一笔，或者把两个以上的偏旁及偏旁所包含的部分合并起来，改成较简单的笔画结构；或者干脆直截了当地省去篆文字形的一部分。

3. 偏旁变形和混同。在篆文里，一个字用作偏旁时的写法，通常就是独立成字时的写法；但在隶书里，独立成字和用作偏旁的写法却有明显不同的情况。比如“人”字旁的写成单立人“亻”，“犬”字旁的写成反犬旁“犭”，等等。另外，隶书为求简便，偏旁的写法往往不作固定，同一个字的同一个偏旁也常常有多种写法，甚至还常有偏旁混同现象的发生。

演变成熟后的隶书，字体一般都是扁方而规整，用笔也有一套成规。向右下方的斜笔几乎都有捺脚，捺脚往往略向上挑。有些较长的横划，收笔时也略向上挑，形成上仰的捺脚式的尾巴。先竖后横的弯笔，收笔时多数上挑，而且幅度往往比较大。向左下方的斜笔（即撇），收笔时多数也略向上挑。收笔时上挑的横划，起笔时往往有下垂的顿势，整道笔画略呈微波起伏之势，较长的捺有时也有这种笔势。

与隶书几乎同时并存的草书是辅助隶书的一种简便文体，主要用于起草文稿和书信。草书改造隶书的主要方法是：

1. 省去字形的一部分。

2. 省并笔画，保存字形轮廓，或以点划来代替字形的一部分。

3. 改变笔法，草书由于写得快，很自然地改变了隶书的笔法。

4. 此外，草书还大量使用连笔，有些字甚至可以用一笔写成。

草书由于字形太简单，彼此容易混淆，所以不能像隶书取代篆文那样，取代隶书而成为主要的字体。草书分章草和今草两种。章草是由古隶的草率写法发展而成；而今草则是利用楷书或行书的笔法改造章草而形成的。

在东汉中期，从日常使用的隶书里演变出一种比较简便的俗体，通常称为新隶体（八分书）。到东汉晚期，在新隶体和草书的基础上形成行书。大约在汉魏之际，又在行书的基础上形成楷书。楷书出现后，隶书和新隶体并没有很快丧失其地位。经过魏晋时代长达二百年左右的时间，楷书才最终发展成为占统治地位的主要字体。

相对而言，楷书对隶书的改变似乎不大。但楷书的笔画书写起来更方便些，所以由隶变楷也是一次重要的变化，可以称为楷体化过程，其主要特点是行笔风格发生了变化。这导致了诸种要点的明显化和尖锐化。汉字进入楷书阶段之后，字形还在继续简化，字体就没有大的变化。

现代汉字是一种彻底符号化的、具有表音作用的，并以楷书和行书为主要书写形式的表意文字，形声字占了绝大部分（约有 90%）。在字的形式上要求每个汉字大体上能容纳在一个方格里面，所以也称为方块字。

近些年来，不少学者对现代汉字的范围、形体、性质和特点等作了较为全面的分析论述。我们分别就字量和形体两个方面作扼要的介绍，以便对现代汉字与手写汉字识别有关的情况有个基本的了解。

从字量说，现代汉字是书写规范的现代汉语所使用汉字的全体。字量是“字种”的总量，这里指现代汉语用字的总数。现有汉字的总量并无确切的说法，据不完全统计至少在 8 万以上。但由于汉字的异体字、死字、生僻字现象非常普遍，所以现代汉语中所使用的汉字并不很多。1988 年 5 月，国家公布的《现代汉语通用字表》中收字量为 7000 个，其中常用字为 2500 个，次常用字为 1000 个。按保守的估计，即使考虑到繁体字，《辞海》（收字 14872 个）和《现代汉语通用字表》所收的字量，基本上能代表现代汉语所使用汉字的全体。

从形体说，现代汉字是以印刷宋体字和手写楷书字为代表的方块字。对现代字形研究的主要目的是要整理和简化汉字，确定其标准字形，包括整理汉字字形、精简汉字字数和简化汉字笔画三个方面。

汉字源远流长，所以字形十分混乱，同一个字，往往有不同的写法。印刷体和印刷体、印刷体和手写体字形不统一，给学习和使用汉字带来许多不便。整理汉字字形的原则就是要使印刷体和手写楷体相一致。目前，《现代汉语通用字表》除了规定字量以外，同样也为学习和使用汉字提供了标准字形，包括每个字的笔画数目、笔画形状、笔画顺序和构件部位四部分内容。

汉字不但字形混乱，字数也过多，所以必须对汉字字数进行精简，确定标准字形，淘汰纷杂的繁体、异体，这是整理和简化汉字的另一个重要方面。目前已有的工作包括整理异体字，整理生僻地名用字，淘汰不合理的计量单位名称用字。

最后，字形的研究整理还包括简化汉字笔画。我们从汉字的演变过程可知，从甲骨文、金文到小篆，从小篆到隶书，从隶书到楷书，汉字形体的总趋势是由繁就简的。所以，简化汉字是符合汉字自身的变化规律的，字体演变为楷书而告一段落，但汉字的“简化”运动并没有终止。新中国成立以来两次对汉字的简化措施也是现代汉字形成的基础。

总之，现代汉字是经过简化了的，确定了楷体标准字形的，使用方便的汉字全体，集中收录在《现代汉语通用字表》中，这便是汉字的现状。

（摘自周昌乐《手写汉字的机器识别》第二章，科学出版社 1997 年版）

汉字是如何表达意义的

汉字是世界上最古老的文字之一，从意义表达的角度看，汉语意义的表达也从汉字意义的表征开始。那么汉字的意义又是如何赋予的呢？追根溯源就会发现，汉字意义的赋予，在其造字过程中，就有奇妙的组合体现，而并非是不可分解的最小意义单位。

我们知道，从汉字的起源及其流变过程中，产生了数以万计的汉字，据《字海》收录的汉字看，至少也有13万个汉字。如果再考虑汉字的变异运用，如古琴减字、江永女书、佛经注音字、道教符箓等，那么汉字字样的规模还要大得多。

这么多的汉字字样，从形、音和义的结合上看，其造字规律却相对简单，大致可以归结到所谓的"汉字六书"之说。所谓六书，就是创造汉字的六种途径，分别是象形、指示、会意、转注、假借和形声。

从意义的表达角度讲，除了外来语音译无义汉字(玻、璃、菩、萨)和双音字(吋、呎、嗧、瓩)外，汉字的六书造字法，也可以看作赋予所造汉字字义的六种方法。象形字是采用具体事物形象象征的方法来赋予字义；指示则是通过原字部位意义标识来指明新字含义；会意则是将两字意义会合形成新字的字义；转注和假借是另出新意(多义字、多音字的主要来源)；而形声则是通过形意和音意结合的方法来产生新字的字义。

正因为这样，所以每个汉字意义都可以根据其构成部件的含义来做奇妙的解读。这也就是许慎写作《说文解字》和民间开展测字算命的基础。比如"美"(羊大是美)、"鲜"(鱼羊最鲜)、"妙"(少女之妙)、"武"(止戈为武)、"恕"(如心应恕)等，都是可以通过构成部件来解读其含义的字例。

正因为汉字意义的来源多样，现存系列文字之中蕴含着中国古代人民丰富的思想观念。我们这里列举一二：(1)表达循环时间观的："朝"、"旦"、"東"、"杲"、"中"、"杳"等；(2)表达终极天地论的："天"、"地"；(3)表达探索方法论的：格物之“格”，悟道之“悟”；(4)表达学派思想的：儒家思想之“儒”、“仁”、“诚”，道家思想之“道”、“仙”、“易”，以及佛家思想之“佛”、“禅”、“僧”；(5)表达日常生活观的：朋友观之“朋”、“友”，男女观之“男”、“女”，男尊女卑观之“婪”、“妄”、“佞”，恋爱观之“恋”、“娈”、“嬲”、“耍”、“媾”；如此等等，都可以通过字形拆解来解释。

意义赋予文字的魅力是无限的，可惜是国内学者很少关注汉字本身这种解构意义，倒是文字不发达的西方，有位大名鼎鼎的法国解构主义学者德里达，专门撰写有《论文字学》、《言语和现象》、《书写与差异》等，对文字推崇备至。德里达认为每一个字都是一首诗，都可以解构出美妙的新意。德里达的这种书写文字观，对于西方字母来说，莫如对汉字的描述更为贴切。我们不妨在话语语境中做深入探寻。

语言不仅仅是文字，由汉字组成词语，再由词语构成话语，才是语言表达意义的完整形式。那么从话语整体语境来看，汉字又是如何表达意义的呢？为了更好地体现德里达“每一个字都是一首诗”的思想，我们专门以诗歌为例，来看汉字在具体话语中意义活用的表现情况。

第一，在汉字诗词的妙解中，最有趣的例子可能就是《回文类编》中收录的苏东坡那首《晚眺》诗了。（如图 A 所示）

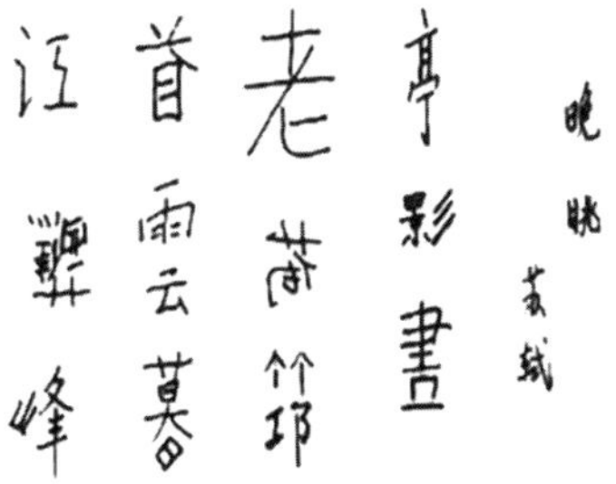

图 A　苏东坡的《晚眺》图解诗

解读这首诗的一个关键就是，你不仅必须将每个汉字看作一个表意的符号，而且同时要看作一幅图案形状，并将两者有机结合起来，形成最终的意义表达。这首诗的解读结果是：

长亭短影无士画，老大横拖瘦竹筇。
回首断云斜日暮，曲江倒蘸侧山峰。

也就是说，一个汉字意义的产生不仅在于汉字本身，还在于汉字表现的形式。这时就涉及超越文字符号意义的描述问题。

第二，以唐代诗人杜牧的《清明》七绝诗为例：

> 清明时节雨纷纷，路上行人欲断魂。
> 借问酒家何处有，牧童遥指杏花村。

按照常规，我们通常会解读为一首七绝诗。但是你会发现，如果采用不同的句读，则可形成一首散词。

> 清明时节雨，纷纷路上行人，欲断魂。
> 借问酒家何处？有牧童，遥指杏花村。

更有甚者，当你可以毫无节制地引入各种标点符号时，又可变其为一则微型戏剧。

> [清明时节][雨纷纷][路上]
> 行人(欲断魂)：借问酒家何处有？
> 牧童(遥指)：杏花村！

这时你就会发现，话语意义的解读会依赖于前后汉字之间的搭配，体现出一种跨层次多尺度的字义相互作用问题。

第三，汉字表达意义中涉及音与形表现的极度不对称性问题。我们已经知道，汉字共有13万个不同的字样(形)，但却只有500多个不同的音节，加上四声和轻读，也不过只有2000多种发音(音)，于是就产生了一个极为棘手的同音异形字之听读问题。比如，如果不看文本，仅仅通过朗诵来听取下面的《熙戏犀》：

> 西溪犀，喜嬉戏。嵇熙夕夕携犀徙，嵇熙细细习洗犀。犀吸溪，戏袭熙。嵇熙嘻嘻希息戏，惜犀嘶嘶喜袭熙。

你能够听懂上述文本的确切内容吗？汉字表达意义的这种现象说明，不但口头语可以独立于文字来表达意义，书面语同样也可以独立于语音来表达意义。因此，西方的那种语音中心论的观点可以休矣，这也正是德里达提出解构主义文字论的出发点。

第四，汉字表达意义的特殊情况就是汉字在组成词语和语句中，不像印欧语言的词语次序那样死板，其字序往往是非常灵活的。最为典型的例子就是可以正向和逆向解读的回文诗，举例如下：

枯眼望遥山隔山，往来曾见几心知？
壶空怕酌一杯酒，笔下难成和韵诗。
途路阻人离别久，讯音无雁寄回迟。
孤灯夜守长寥寂，夫忆妻兮父忆儿。

这首诗正着读是一首思念妻儿的诗，而反着读就成了孩儿思念父亲、妻子思念丈夫的诗。再比如，《七律·春日晓眺》顺读为：

翩翩蝶舞柳飞花，碧水泉流鸣鼓蛙。烟锁树林林宿鸟，雾笼村树树栖鸦。船归渔唱渔舟荡，水绕山重山影斜。天晚耀辉光灿灿，过云彩映飞流霞。

逆读后则成为一首名副其实的《虞美人》：

霞流飞映彩云过，灿灿光辉耀。晚天钭影山重山，绕水荡舟渔唱、渔归船。鸦栖树树村笼雾，鸟宿林林树。锁烟蛙鼓鸣流泉，水碧花飞柳舞、蝶翩翩。

诗歌中汉字组合顺序的灵活性甚至可以产生如下奇观，仅用十个汉字，通过反复叠加部分，重复解读，就可以形成完整描绘春、夏、秋、冬情景的诗歌。

“春”诗：莺啼岸柳弄春晴夜月明。

“夏”诗：香莲碧水动风凉夏日长。

“秋”诗：秋江楚雁宿沙洲浅水流。

“冬”诗：红炉透炭炙寒风御隆冬。

其中，“春”诗的解读结果是：

莺啼岸柳弄春晴，柳弄春晴夜月明。
明月夜晴春弄柳，晴春弄柳岸啼莺。

其他三首也以此类推。这样形成的每一首诗歌又都是可以回文解读的。

从这里可以看出，汉字次序组合的灵活性，已经达到无以复加的程度。

当然，除了上面比较正式的汉字意义表达的特殊情况外，在汉字的实际使用中，还产生了众多的变通表现方式，我们称为异样的言语。比如谐音、黑话、谜语、暗号，等等，同样可以表达巧妙的意义。

自然，人们也可以充分利用汉字意义的可拆解性，来妙用汉字，形成十分有趣的语言运用范例。比如在皓首格字谜：

一点忠心诸葛亮，三战吕布刘关张。
口说玄才司马懿，十大功劳赵子龙。

中每句首字组合一起就可以得出谜底“計”字。还有像佛印与“苏小妹”之间风趣的对联：

女卑为婢，女又可称奴；
人曾是僧，人弗能成佛。

还有如下类似的汉字拆解性对联：

山石岩下古木枯，此木为柴山山出；
白水泉边女子好，少女真妙夕夕多。

以及从“语”到“悟”的禅悟解释，“矮”与“射”互换颠倒解释，这样的例子可以说不胜枚举。甚至我们有神秀北宗的观字静虑之法，民间的测字算命，古琴的减字谱等这样更加丰富的汉字表达现象。

更有趣的汉字使用，就是我们可以编造根本不存在的“汉字”来表达意义。比如在赵元任翻译的《爱丽丝镜中世界奇遇记》中有如图 B 所示的诗歌。

有（一）天点里，那些活济济的貐子
在卫边儿尽着那么踑那么貢；
好难四儿啊，那些鹁鹄鸲子，
还有家的猪子怄得格儿。

图 B　创造新字写作诗歌的例子

图 B 诗句中的许多汉字，在现有的汉字全集中压根儿都是不存在的。

但似乎我们照样可以理解其中要表达的意思。这就是汉字表达意义的最微妙之处。

综上所述,可以看到汉字意义的表达,不是一个简单的符号性投射活动,从所指到能指,或者从能指到所指,而是一个音形义三位一体高度灵活使用的联想活动。汉字意义获取的关键问题是:元层理解、隐喻释义、象征解读。正因为这样,汉字具有无限指的,关键在于你如何运用。一切在于言语之心,而不在于言语之文,所谓诸法妙理,非关文字也。使用汉字,可不慎乎?!

2014 年 8 月 23 日,厦门

语言不仅仅是言语

语言在使用中显现,因此语言本身也是不能言说的事物。定义语言于是也不必追求完备,而只需根据研究角度的需要,给出一个为人所能接受的陈述。《韦伯斯特大学词典》给语言下的定义是:"约定俗成,含义明了的动作、声音、手势,或符号来进行思想或感情交流的一种系统化手段。"这是一种完全考虑语言交际特点的定义。因此从沟通思想、交流情感的角度来看,语言并非一定要局限于口头或书面形式。而在实际生活中,人们确实也会动用动作、声音、表情、手势、体势等非纯语言因素来传情达意。

《水浒》第二十八回"施恩重霸孟州道,武松醉打蒋门神"中就有一段富含"动作语言"的言语实例。

> 武松却敲着桌子叫道:"卖酒的主人家在那里?"一个当头酒保过来,看着武松道:"客人,要打多少酒?"武松道:"打两角酒,先把些来尝看。"那酒保去柜上,叫那妇人舀两角酒下来,倾放桶里,烫一碗过来道:"客人尝酒。"武松拿起来闻一闻,摇着头道:"不好,不好!换将来!"酒保见他醉了,将来柜上道:"娘子,胡乱换些与他。"那妇人接来,倾了那酒,又舀些上等酒下来。酒保将去,又烫一碗过来。武松提起来咂一咂,叫道:"这酒也不好,快换来,便饶你!"酒保忍气吞声,拿了酒去柜边道:"娘子胡乱再换些好的与他,休和他一般见识。这客人醉了,只要寻闹相似,便换些上好的与他罢。"那妇人又舀了一等上色的好酒来与酒保,酒保把桶儿放在面前,又烫一碗过来。武松吃了道:"这酒略有些意思。"问道:"过卖,你那主人家姓甚么?"酒保答道:"姓蒋。"武松道:"却如何不姓李?"那妇人听了道:"这厮那里吃醉了,来这里讨野火么?"酒保道:"眼见得是个外乡蛮子,不省得了,在那里放屁!"武松问道:"你说甚么?"酒保道:"我们自说话,客人,你休管,自吃酒。"武松道:"过卖,叫你柜上那妇人下来,相伴我吃酒。"酒保喝道:"休胡说!这是主人家娘

子。”武松道：“便是主人家娘子，待怎地？相伴我吃酒，也不打紧！”那妇人大怒，便骂道：“杀才！该死的贼！”推开柜身子，却待奔出来。

如果没有许多“敲着桌子叫道”、“拿起来闻一闻”、“提起来咂一咂”、“摇着头道”等“动作语言”的着力渲染，就很难将武松故意寻衅滋事的神情给烘托出来。

使用手势来辅助言谈的也有许多例子。《拍案惊奇》卷一“转运汉遇巧洞庭红，波斯胡指破鼍龙壳”就有这样的例子。

张大便与文若虚丢个眼色，将手放在椅子背后，竖着三个指头，再把第二个指空中一撇，道：“索性讨他这些。”文若虚摇头，竖一指道：“这些我还讨不出口在这里。”却被主人看见道：“果是多少价钱？”张大捣一个鬼道：“依文先生手势，敢象要一万哩。”主人呵呵大笑道：“这是不要卖，哄我而已，此等宝物岂止此价钱？”

从中不难看出手势在言谈中所不可替代的妙用。当然，更为系统的手势语言有聋哑人的手势语、佛教中的手印、音乐指挥和交警的指挥语言和戏剧里的手势动作等。有趣的是，世上竟有只会打手势语而没有口头语言的民族，这就是分布在玻利维亚境内的克椤加人。

在《吕氏春秋·重言》中有一则综合运用表情、手势、口形来揣摩他人言语内容的记载：“日者臣望君之在台上也，艴然充盈，手足矜者，此兵革之色也。君呿而不唫，所言者莒也。君举臂而指，所当者莒也。臣窃以虑诸侯之不服者，其惟莒乎？臣故言之。”这里讲的就是东郭牙如何根据齐桓公的神情、手势、口形等，来推知齐国要进攻莒(上古音读 kia)国。非语言交流手段的重要，从中可见一斑。

除了动作、表情、手势外，人类还有使用象征符号来进行思想和情感交流的。例如我国学者易学钟和惠松生在 1981 年第 3 期的《化石》杂志上介绍一对景颇族男女青年的树叶情书，就是使用各种植物的茎、叶、根、花、果及其组合排列来传情达意的。

男青年的信“写”的内容是：蒜瓣两个，树根一块，姜一块，青风树叶一片，白花树叶一片，红饭豆两颗，数粒黄豆，数枚果，茅草和根，黑果树，竹子一段，竹叶、冬草、蕨叶，酸团叶、化桃树叶，椎票树子，羊草，黄花，麻艾，爬蔓菜，螃蟹果，圪土达树。

你看这“信”够重的，其实情也很重！这封“信”的大意是：“我打算娶你为妻，因为我深爱着你。现在我很急切地想跟你面谈，你不要不理睬我，我在老地方等你，就这样说定了。我们结婚永不分离，一切开销由我承担，恳求你一定同意。我是真挚的，就等你回信了。”

女青年的“回信”则是：酸把叶两片，野枇杷叶，白叶树，柏枝叶，香菜，芋头叶黑碳，麻杆树。大意是说：“你说了这么多也白搭。算了，你走你的阳关道，我过我的独木桥，你说得再多也没用！”

其他非语言符号在我们社会生活中还有许多，如旗语、汽笛语、邮票传情、花语等等。但就人类普遍情况而言，当然最重要的交流语言方式还是口头语和书面语。

（摘自周昌乐《无心的机器》第五章，湖南科学技术出版社 2000 年版）

传情达意的修辞技巧

陈望道在《修辞学发凡》中精辟指出："修辞原是达意传情的手段。主要为着意和情，修辞不过是调整语辞使达意传情能够适切的一种努力。"（陈望道：《修辞学发凡》，上海教育出版社 1979 年版，第 3 页）毫无疑问，修辞的本质就在于意义的显现，在于情感的宣泄。正因为这样，我们大家都千百次地锤炼语言，创造各种语言的变格用法，以期达到意和情的新奇效果。好的修辞，一语千金，能使文章顿时生辉。

清朝有一个传说，说的是风流皇帝乾隆有一次到杭州游玩，时值隆冬，大雪纷飞。对此景，皇帝大发诗兴，便信口吟道：

一片一片又一片，二片三片四五片。
六片七片八九片……

不料念了三句便无了下文，急得皇帝满脸通红。此时刚好礼部侍郎沈德潜侍从左右，见状连忙奏道："这第四句请皇上赏于为臣续上吧！"乾隆此时正在难为之际，闻此之言，岂不正好顺水推舟，于是也就允准了。沈德潜赶忙吟道：

飞入梅花都不见。

"妙，真妙！"皇帝连声叫好。本来乾隆皇帝的那几句诗，像是小孩数雪片似的，狗屁不通。但经过这一句点缀，顿时反倒成了一首绝妙佳作。可见修辞的作用有多大！

当然，修辞的贴切，首先是要有真情意。《毛诗序》中说："诗者，志之所之也。在心为志，发言为诗。情动于中而形于言，言之不足故嗟叹之，嗟叹之不足故咏歌之，咏歌之不足，不知手之舞之，足之蹈之也。"明代沈襄在《梅谱》中也讲："古人寄情物外，意在笔先，兴致飞路，得心应手。"唐代诗人张若虚有一首家喻户晓的《春江花月夜》，就是一首优美的抒情诗，其熔诗情、画意和哲理于一炉，充分体现了传情达意的高超修辞手法。

> 春江潮水连海平，海上明月共潮生。滟滟随波千万里，何处春江无月明。江流宛转绕芳甸，月照花林皆似霰。空里流霜不觉飞，汀上白沙看不见。江天一色无纤尘，皎皎空中孤月轮。江畔何人初见月，江月何年初照人？人生代代无穷已，江月年年只相似。不知江月待何人，但见长江送流水。白云一片去悠悠，青枫浦上不胜愁。谁家今夜扁舟子，何处相思明月楼？可怜楼上月徘徊，应照离人妆镜台。玉户帘中卷不去，捣衣砧上拂还来。此时相望不相闻，愿逐月华流照君。鸿雁长飞光不度，鱼龙潜跃水成文。昨夜闲潭梦落花，可怜春半不还家。江水流春去欲尽，江潭落月复西斜。斜月沉沉藏海雾，碣石潇湘无限路。不知乘月几人归，落月摇情满江树。

情、景、理、意的水乳交融，合成一种澄清窅远的意境；而音律流畅婉转，语言醇美素雅，也令人低回不已。写游子思妇的离别之情，可谓登峰造极。

修辞固然可以通过语言的准确、明白、简洁和通顺等方面来体现言辞的直接情意，像列锦、排比、反复、对偶、互文、层递、叠词等手段。但更重要的是可以通过间接的蕴意寓情来达到言辞的深邃新奇效果，如比喻、拟人、拈连、反语、留白、对照、夸张、双关、婉曲等手段。明代戏剧家李渔强调："大约即不如离，近不如远，和盘托出，不若使人想象于无穷耳。"也是强调意境的蕴意寓情。

元代有位禅僧，世称石屋清珙，山居三十年，有"山居之歌"，堪为上品，同样融禅理于诗情画意之中，充分体现了修辞这种若即若离的原则。

> 山名霞幕泉天湖，卜居记得壬子初。山头有块台磐石，宛如出水青芙蕖。更有天湖一泉水，先天至今何曾枯。就泉结屋拟终老，田地一点红尘无。外面规模似狭窄，中间取用能宽舒。碧纱如烟隔金像，雕盘沉水凌天衢。蒲团禅椅列左右，香钟云板鸣朝晡。瓷罂土种吉祥草，石盆水养龙湫蒲。饭香粥滑山田米，瓜甜菜嫩家园蔬。得失是非都放却，经行坐卧无相拘。有时把柄白麈拂，有时持串乌木珠，有时欢喜身舞蹈，有时默坐嘴卢都。懒举西来祖意，说甚东鲁诗书。自亦不知是凡是圣，他岂能识是牛是驴？客来未暇陪说话，拾枯先去烧茶炉。红香旖旎，春华开敷。清阴繁茂，夏木翳如。岩桂风前，唤回山谷。梅花雪里，清杀

林逋。人间无此真乐，山中有甚凶虞。也不乐他轻舆高盖，也不乐他率众匡徒，也不乐他西方极乐，也不乐他天上净居。心下常无不足，目前触事有余。夜籁合乐，晓天升乌，戏鱼翻跃，好鸟相呼。路通玄以幽远，境超世而清虚。骚人尽思，吟不成句。丹青极巧，画不成图。独有渊明可起予，解道吾亦爱吾庐。山中居，没闲时，无人会，惟自知。绕山驱竹笕寒水，击石取火延朝炊。香粳旋舂柴旋斫，砂锅未滚涎先垂。开畲未及种紫芋，锄地更要栽黄萁。白日不得手脚住，黄昏未到神思疲。归来洗足上床睡，困重不知山月移。隔林幽鸟忽唤醒，一团红日悬松枝。今日明日也如是，来年后年还如斯。春草离离，夏木葳葳，秋云片片，冬雪霏霏。虚空落地须弥碎，三世如来脱垢衣。（《续藏经》第二编第二十七套第四册，第321页）

正像清人王骥德指出的："佛家所谓不即不离，是相非相，只于牝牡骊黄之外，约略写其风韵，令人仿佛中如灯镜传影，了然目中，却摸捉不得，方是妙手。"可谓一语中的。

除了直接和间接的修辞手法外，在语言中还有一种元语言修辞手法，你只有跳出语言层面，进入到元语言层面才能体会其中寓意。例如孔平仲的一首《寄贾宣州藏头诗》，就是使用这样的元语言修辞方法的。

高会当年喜得曹，日陪宴衎自忘劳。
力回天地君应惫，心狭乾坤我尚豪。
豕亥论书非素学，子孙干禄有东皋。
十年求友相如寡，分付长松荫短蒿。

这是一首奇特的顶真诗，下句首句是上句末尾字形的下半部分，首句首字则是末句末字形体的下半部分。这些你只有在元语言层次才能解读到。再如人们有时会将某种附加意思镶嵌于正常的语言表述之中，使在语言的通常表述中同时携带着元语言编织的意义。比如下面的这则对联就有此趣。

一叶孤舟，坐着二三个骚客，启用四桨五帆，经由六滩七湾，历尽八颠九簸，可叹十分来迟；

十年寒窗，进过九八家书院，抛却七情六欲，苦读五经四书，考了三番二次，今天一定要中。

其中分别镶嵌着“一至十”和“十至一”十个数字。

从这个意义上讲，语言的立意抒情和修辞构篇，是一个整体问题。胡曙中在《英汉修辞比较研究》中就指出：“语言的实际使用是一个整体的问题，只有把局部方面的修辞与整体布局的修辞结合起来考虑，才能使局部方面的修辞有意义，才能使交际过程中的中心意思被表达得既连贯又完整。”（胡曙中：《英汉修辞比较研究》，上海外语教育出版社 1993 年版，第 2 页）这种整体达意传情的修辞例子在新月派诗人朱湘的《采莲曲》中得到再次典范的结合，请看其中的第一小节：

小船呀轻飘，
　　杨柳呀风里颠摇；
荷叶呀翠盖，
　　荷花呀人样娇娆。
日落，
微波，
　　金丝闪动过小河。
左行，
右撑，
　　莲舟上扬起歌声。

真可谓言尽而意无穷，声美，韵美，节奏美；形美，情美，意境美。多么珠圆玉润，无懈可击！

作为整体达意传情的修辞，自然就离不开语境。王秉钦在《文化翻译学》中指出：“语境对语义的影响一般有三个方面：使词语获得特殊意义；影响词语的感情色彩；填补、丰富词语的意义。词语一旦处于言语组合序列之中，其间便产生相互作用、相互影响和相互感染的力量，使词义得到丰富和膨胀，充满弹性，使词获得一些新的语义要素和色彩。然而，一旦脱离上下文，这些要素和色彩便立即消失。”（王秉钦：《文化翻译学》，南开大学出版社 1995 年版，第 43 页）因此，就情与文、意与言来讲，你永远也无法知道是因情生文、因意立言，还是因文生情、因言立意。在语言修辞中，这总是辩不清的一件事。

实际上，修辞要取得达意传情的贴切效果，就离不开语境的整体配合，而修辞本身，作为一种过程，也就是在具体语境中如何选择表述手段，使之更加适合语境。从这个意义上讲，修辞就是一种选择过程，是基于一定语境的选择过程。但选择必定又要在理解把握整体语境的情与意上来进行，特别是修辞选择依赖于语境，反过来修辞本身又构成整体语境的一部分。修辞之难，于此可见一斑！

（摘自周昌乐《无心的机器》第五章，湖南科学技术出版社 2000 年版）

如何表达矛盾言辞

运用语言就好比在进行一种有规则的游戏。只不过，在语言这种游戏中，游戏规则总是在不断改变。于是你永远也无法确定语言的终极规则；对于语言，任何规则都有例外。当然，这并不是坏事，恰恰相反，正因为语言规则变化莫测，并非僵化固定，才体现了语言表达的无穷魅力所在。要知道，一成不变的事物是没有生命力的。

在语言中，最能反映语言生命力的恐怕就是那些反语言常规的表述现象了。而其中最为突出的则要算矛盾言辞表述，包括反事实陈述、相反相成言辞、自言相违语句和逻辑悖论现象等。

在反事实语言陈述中，往往表述的内容或形式与客观事实或语言事实相反，从而违反了语言常规要求。例如旧社会流传着一首《颠倒歌》，就是违反语言事实常规的。

> 颠倒歌，颠倒得好，老鼠按着狸猫咬。
> 蚂蚁踏死老母鸡，官儿坐着板子打着轿。
> 吹铜鼓，打喇叭，鞍子拴在马底上。
> 东西大街南北走，十字路口人咬狗。
> 拾起狗来打砖头，反被砖头咬了手。

很明显，这首《颠倒歌》正是用了颠倒事实的手法，才达到诙谐、讽刺的良好效果。

还有一种反事实陈述，在意义上是违反客观常识的。例如像禅宗语录中传为傅大士所写的诗偈："空手把锄头，步行骑水牛；牛从桥上过，桥流水不流"。虽微言深旨，却也是违反语言常规的。

当然，也有一些反事实陈述运用得非常巧妙，以致很难看出其违反语言的常规性。例如在《哈佛大学校长的绝妙回答》(香港《明报》1986 年第 245

期)中有这么一段文字:

> 酒会上,一位教育家对哈佛大学校长艾略特(C. W. Eliot)恭维备至。他说:“校长,容许我恭贺你在哈佛创造的奇迹。你当了校长以来,哈佛真成了知识宝库了!”艾略特答道:“这倒是事实,可我不敢居功。主要因为大一学生带进了好多知识来,而大四学生离开校门没带走丝毫知识!”

像这样绝妙的语言,是不可能通过常规性使用规则来解读的。反常规与常规是相对的,或许你可以改变策略,专门针对反语言常规进行规则化。但此时,如果你还要保持生成话语的一致性的话,你必然会失掉语言常规表述的规则化。在语言系统中,完备性和一致性不能同时兼备,是逻辑一致性本身成为实现语言完备性言说能力一道难以逾越的鸿沟。

矛盾言辞的另一类表现形式是相反相成的表述现象。由于这种现象不仅仅是一种语言现象,而更主要的是反映客观世界一些规律和我们的思维方式,因此在语言中十分普遍。例如:“天下皆知美之为美,斯恶已;皆知善之为善,斯不善已。故有无相生,难易相成,长短相较,高下相倾,音声相和,前后相随。”(《老子·二章》)“假作真时真亦假,无为有处有还无。”(《红楼梦》第一回)“不塞不流,不止不行。”(韩愈《原道》)“关于丧失土地的问题,常有这样的情形,就是只有丧失才能不丧失,这是‘将欲取之必先与之’的原则。”(毛泽东《中国革命战争的战略问题》)这样的例子举不胜举,俯拾皆是。

语词的相反相成不仅能够使哲理生动,思想深刻,发人深省,而且能够使文风泼辣,文笔精彩,跌宕感人。相反相成的极端就是冲突言辞,又称反饰,把一对反义概念的语词放在紧密的语法联系之中。例如戴厚英的《人啊,人》中有这样的描写:“飘逸的庸俗。敏感的麻木。洞察一切的愚昧,一往无前的退缩。没有追求的爱情。没有爱情的幸福。许恒忠身上和所有人一样,有着无数个对立统一。而最高的统一点就是两个字‘实惠’。”程世爵《笑林广记》中:“近年时事颠倒,竟有全非以为是者,口撰数语以嘲之,‘京官穷的如此之阔,外官贪的如此之廉,鸦片断的如此之多,私铸禁的如此之广,武官败的如此之胜,大吏私的如此之公。’舌锋犀利,造语亦苛。”这些都是冲突言辞的典型。

法国哲学家利科尔在《解释学与人文科学》中说过："更确切地说，我同意这些作家的基本观点：一个词在特定语境中获得一种隐喻的意义，在特定的语境中，隐喻与其他具有字面的意义的词相对立。意义中的变化最初起源于字面意义之间的冲突，这种冲突排斥这些我们正在讨论的词的字面用法，并提供一些线索来发现一种能和句子的语境相一致，并使句子在其中有意义的新意义。……语义学冲突的决定作用导致了逻辑的荒谬性；使作为整体的句子有意义的那一点意义的被给予。"（保罗·利科尔：《解释学与人文科学》，陶远华等译，河北人民出版社1987年版，第174～175页）

冲突言辞的扩大化就会形成语言的自言相违和逻辑谬误现象。而有益的自言相违或逻辑谬误可以使言辞突现转折，造成跌宕波澜，产生深邃意境的语言效果，往往是肯定中有否定，否定中又有肯定。

例如："是的，自己什么也不缺，只缺个儿子"，"室中更无人，惟有乳下孙"（《石壕吏》）等，都是自言相违的用语。

很明显，这种自言相违的表述方式实际上反映的就是一种逻辑谬误。但有的时候，只有通过逻辑谬误才能够把情感或思想上的矛盾状况给揭示出来。

莎士比亚在《一报还一报》第四幕第一场中给出一首优美歌词，反映的就是对一个"吻"的"take，but bring"之情感矛盾。

Take, oh, take thy lips away,
That so sweetly were forsworne,
And those eyes, the break of day,
Lights that doe mislead the morne;
But my kisses bring againe,
Bring againe.
Seals of love, but seal'd in vaine,
Seal'd in vaine.

移开，呵，把你的嘴唇移开，
它们在温柔甜蜜中被抛弃，
还有那朝霞般的目光，别再向我投来，

它的光彩使大地误认旭日升起；
但是，把亲吻给我带回，
爱的印迹，徒劳打上的印迹，枉费心机。

言辞矛盾源于思想情感上的矛盾。在这首充满矛盾言辞的歌词里，反映的正是爱得越深，心中就越是充满患得患失的矛盾情感：强调个性与两人融为一体的矛盾；奉献一切与害怕失落自我的矛盾；甘愿被驱使与丧失自尊的矛盾；永恒宠爱与幸福转眼即逝的矛盾，等等，全部都体现在语词矛盾的表述之中。

总之，各种语言的变例使用打破了人们所习惯的语言常规，取得新、巧、奇、警的效果；增加了语言的容量和弹性，并强化了语言的启示性和隐喻性作用，为语言达意传情提供了更为丰富的手段。这些反常规手段从字面上来讲，往往冲破语法和逻辑既定的规范；但从深层看，都又合情合理并且妙不可言。正如我国语言工作者骆小所在《现代修辞学》中谈到这些有悖常规的语言修辞手段时所指出的："看起来它们是矛盾的，可是仔细一想，它们却含义丰富，言虽短，意却长，给人以广阔的联想余地和无穷的余味。它们是语言精练化程度与思想内涵深刻程度达到统一的表现，是思想的闪光，语言的精华。"（骆小所：《现代修辞学》，云南人民出版社 1994 年版，第 241 页）

遗憾的是，正是这些"语言的精华"，却超越在语法规则和逻辑规范之上，并因其本身的自超越变动性，无法将其形式化而加之于逻辑分析之中。特别是对于语言的生成而言，知道使用规则是一回事，知道如何归纳规则却是另一回事，而且是更为重要的一回事。而学会了归纳规则，一旦产生矛盾冲突，要知道如何在具体情况中灵活运用矛盾的规则，更是难上加难的事情。

比如我们都知道孙子兵法中的"兵贵神速"这一规则，但我们也知道孔子的"欲速则不达"规则，这样就产生了矛盾冲突。因此要知道如何在具体情况中灵活运用这样矛盾的规则，就不仅仅是知道使用规则的事，而是要知道所处的情形。很明显，所有这一切，正是言辞矛盾奥妙之所在。

（摘自周昌乐《无心的机器》第五章，湖南科学技术出版社 2000 年版）

意群动力学刍议

把握语言中的意义，对于掌握一种语言技巧的人们而言，是一件轻而易举的事。尽管有时我们也会为那些晦涩难懂、莫名其妙的话语弄得不知所措，但就日常生活中通常意义下的语言理解是绝对没有疑问的。那么这一理解过程又是如何实现的呢？

首先语言理解是一个涉及文化、心理和语言的多层次意义解读问题，就语言本身而言，意义的解读又可以分为语言的框架意义、语言的外在意义和语言的内在意义三个方面。

语言的框架意义是指我们使用什么语言编码系统去解读的问题。比如，由汉语给出的话语，只有选择汉语解读系统，才能够理解其中的内容。

语言的外在意义则是指一旦确定了语言解读系统，你如何运用这一语言系统去解读所体会出来的意义。因为对语言理解本身必然会受到语言固有思维习惯、定势、语言或元语言熟练运用程度等因素的影响，这便是外在意义强调的意义所在。

语言的内在意义则是语言本身所传递的内容。一般可以进一步分言上之意（明言）和言下之意（暗喻）两种。刘知几在《史通通释》中指出："然章句之言，有显有晦。显也者，繁词缛说，理尽于篇中；晦也者，省字约文，事溢于句外。"讲的就是这两种内在意义的区分。

例如，钱锺书《围城》中："也许男人跟男人在一起像一群刺猬，男人跟女人在一起像——鸿渐想不出像什么，翻开笔记来准备明天的功课。"（钱锺书：《围城》，人民文学出版社 1980 年版，第 214 页）"男人跟男人在一起像一群刺猬"是明言，而"男人跟女人在一起像——"，则是要靠读者去推测的暗喻。

然后，从语言构成上看，语言理解又涉及不同尺度语元的构成与分解的相互关系。也就是说，语篇是由语句构成，语句又由语词构成，语词又由语素构成；而在这构成之中，复合意义似乎并非是由成分意义的简单相加而获得，而是会突现出原来各成分意义并不具备的新意来的。

如果把非直接源于成分意义的复合意义部分称为复合中的突现意义，那么突现意义往往就是成分意义之间相辅相成、相克相生等相互作用的结果。

这里面似乎反映了语言理解的这样一种原则，在各个尺度上，整体意义不仅依赖于其成分意义的复合，反过来其成分意义的确定也同样依赖于合成的整体意义。例如“不治而亡”与“不辞而别”，都有一个“不”字，且都是“不 A 而 B”形式，但同一个“不”在不同的结构整体中的含义却大不相同。此时应该看到，语言尽管可以依靠一定的形合规则来描述，但从意义的理解规律上讲，却是超然于形合之上而体现意合原则的。

所谓意合，指的是语句或语篇的理解机制主要是构成语句或语篇的语元意义相互映衬、相互制约和相互影响而引发的一种自展性显现，意义便在这种自展显现中涌现。这完全是一种意群整体相互作用的结果，因此语言理解过程应看作大脑的一种多尺度跨层次的意群动力学过程。这就意味着，要么整个儿解决理解过程中的全部问题，要么压根儿就连语素意义的动态确认也无法解决。

具体地说，就意义分割与意义整合这一层次而言，理解过程是这样的。一方面意义分割是以反映整体意义的整合结果所支配，只有在整体意义之中，分割出来的意群才有意义；另一方面，整体意义的整合是由意义分割的全体部分及其关系确定的，没有了意群作基础，也就不会产生出整体意义。必须注意，构成的整体意义不仅制约着整体中每个部分意义的确认，而且这些受制约的部分意义本身也均对整体意义做出贡献。也就是说，整体意义离不开部分意义的整合，而部分意义也只有在整体意义中才起作用。

如果再考虑到跨层次的相互制约关系，那么这种情形就很像生态系统中生境与生命之间的多尺度跨层次的自适应发展。“最后一点，复杂的适应性系统总是会有很多小生境，每一个这样的小生境都可以被一个能够使自己适应在其间发展的作用者所利用。……而且，每一个作用者填入一个小生境的同时又打开了更多的小生境，这就为新的寄生物、新的掠夺者、新的被捕食者和新的共生者打开了更多的生存空间。”（米歇尔·沃尔德罗普：

《复杂——诞生于秩序与混沌边缘的科学》，陈玲译，三联书店 1997 年版，第 200 页）当你将“语境”理解为“语义生境”，而将“作用者”、“共生者”、“寄生物”、“掠夺者”、“被捕食者”看作各种起着竞争与合作作用的主客观意义单元，那么就完全可以用此描述来刻画发生在意群动力学过程中的情形。

确实这样，在语言理解中，自上而下和自下而上两个方面是同时进行的。用美国思想家埃里克·詹奇的话讲：“演化在宏观世界和微观世界同时地、相互依赖地形成结构的意义上进行着。复杂性来自分化和综合过程的相互渗透，来自同时自上而下和自下而上进行的过程的相互结合，它们从两方面造就了等级层次。”（埃里克·詹奇：《自组织的宇宙观》，曾国屏等译，中国社会科学出版社 1992 年版，第 87 页）在这里，正是这种双向作用（个性意义将要共性化，而共性意义将要个性化）使整体意义变得充实丰满。

这就意味着，以前我们简单地将意义理解看作复合原理（指弗雷格的那种逻辑意义复合律）支配下的简化论过程是不完全的。就像李幼蒸在《理论符号学导论》中强调：“因为任何语言单位只能参照于较高层级时才被理解。最小的完整意义的载体是句子，而句子不是其组成字词词义的机械和。即意义是由诸单元在话语整体结构中的关系确定的。”（李幼蒸：《理论符号学导论》，中国社会科学出版社 1993 年版，第 344 页）

例如词语“光前绝后”，如果将“绝”换成“耀”就成为“光前耀后”。此时“绝”位上的语义变动也同时引起了“光”位上语义的转变，这种语境中意义关联性相互影响显然是不满足意义复合律的。所谓复合律，是指整体意义是由各成分意义的组合而唯一决定的，而各成分意义之间是相对独立的。

不过，当我们强调这种语义与语境相互依存性时，也就会带来一种称为解释学循环悖论的危险。这种循环就是，一个构成意义不涉及所有其他意元就无法给出确认，而其他意元的确认反过来又依赖于这一个构成意义，等等。这样转来转去，就构成了一个永无止境的解释循环。

问题果真如此吗？回答显然是否定的，因为我们都是实实在在可以正确理解各种语句或语篇意义的，而并没有陷入意义解释的循环之中。那么导致这种假象的原因又何在呢？实际上，我们忽略了在这种相互依存、相互作用的过程中，有一种十分重要的自展机制。

语言的运用就在于可以对事物本性进行的一种展示，在这展示中并非一定需要逻辑上的一致性，人们通过语言的展示来给出所展示事物的意义，那个说话人心目中的“事物意义”。在展示过程中，通过层次的、几乎可以一遍又一遍的递进来展开所要表述的最终意思，就因此成为常见的语言现象。

从这个角度上讲，那种语言运用中的矛盾语词、同义反复、递归引用意义循环也就是合理的表达手段了。由于我们的概念都是建立在层层叠叠的思维之上，这就要求语言描述的意义也要通过层层叠叠的展开来达成。在层层展示中，每一次递进，哪怕是意义重复的递进，都是在不同的意义上或语境中的递进或意义重复递归。此时先前的引用不但给出了当时的意义表述，同时也为以后再次引用时的新语境的形成做出了贡献。这样，在一定语境上的展示和展示语境的更新同时递进，使得因为语境的发展，即使是同义反复中的“同语新义”也就成为了可能，更不用说一般语篇理解中意义展示获取过程的达成了。

那么，我们又如何来刻画这种多尺度跨层次的自展过程呢？很明显，这里面涉及的其实便是一个非线性的动力学方程的构建问题。毫无疑问，就此而言，要真切给出语言意义理解的过程刻画，我们必须从研究意群动力学机制来入手。

（摘自周昌乐《无心的机器》第三章，湖南科学技术出版社 2000 年版）

隐喻认知的涉身性分析

在长期的语言实践和思想活动中，隐喻不仅仅当作一种语言修辞的表达手段来运用，更多的时候是作为一种认识事物的认知手段来运用，体现了一种形象化的思维能力。

其实，有关隐喻具有认知功能的认识，早在西汉刘向的《说苑·善说》中就有明确的论述：

> 客谓梁王曰："惠子之言事也善譬，王使无譬，则不能言矣。"王曰："诺。"明日见，谓惠子曰："愿先生言事则直言耳，无譬也。"惠子曰："今有人于此而不知弹者，曰：'弹之状何若？'应曰：'弹之状如弹。'则谕乎？"王曰："谕未也。""于是更应曰：'弹之状如弓，而以竹为弦。'则知乎？"王曰："可知矣。"惠子曰："夫说者，固以其所知谕其所不知，而使人知之。今王曰'无譬'，则不可矣。"王曰："善。"

这里，惠子就是通过讲如何解释"弹"的问题，明确阐明了隐喻是"以其所知谕其所不知，而使人知之"的认知机制。并且强调了对于认识新事物，隐喻是不可或缺的手段。进一步讲，从认知角度看，隐喻投射反映的是语言运用的根本机制，即使"直陈"语言，也离不开这种机制，更何况隐喻语言是普遍存在的现象。

但是在西方正统学术界，真正确立隐喻在认知中的地位，却晚到 20 世纪 80 年代，也即从莱可夫和约翰逊 1980 年出版的《我们赖以生存的隐喻》才开始。可以说，是莱可夫和约翰逊的这本书，才正式开辟了从认知角度来研究隐喻的途径。近 30 年来，沿着这条途径摸索前行的学者取得了丰硕的成果，其主要观点可以概括成如下三个方面。

(1)隐喻无处不在。隐喻是日常语言中随处可见的现象，诗歌隐喻与日常语言中的隐喻没有本质的区别，前者只是利用和丰富了每一个语言使用者都能创造和领会的普通隐喻。

(2)隐喻在本质上是认知的。隐喻不是修辞格,不是简单语言的产物。更确切地说,它是一种通过语言表现出来的思维方式。

(3)隐喻是有系统的。一个隐喻概念会生发出大量的、彼此和谐的语言表达;而不同的隐喻概念又共同构成了一个协调一致的网络体系,影响着我们的言语和思维。

隐喻由两个域构成,一个结构相对清晰的始源域(Source Domain)和一个结构相对模糊的目标域(Target Domain)。隐喻就是将始源域的图式结构映射到目标域之上,让我们通过始源域的结构来构建和理解目标域。

隐喻投射(Metaphorical Projection)不是随意产生的,而是植根于我们的身体经验。一个隐喻投射一旦建立起来,为大多数语言使用者所接受,就会反过来将自身的结构强加于真实生活之上,从而被以各种各样的方式实现。

总之,莱可夫和约翰逊认为,隐喻不仅仅是语言修辞手段,而且是一种思维方式——隐喻概念体系。隐喻是人类生存主要的和基本的方式。所以,隐喻绝不是语词、语句的单纯替代或比较,而是思维相互作用的产物。通过隐喻,我们可以以已知喻未知,以熟悉喻生疏,以简单喻复杂,以具体喻抽象,以通俗喻艰涩,从而形成一种抽象思维手段,发挥特殊的思维功能。也就是说,从隐喻思维的角度看,隐喻由两个概念域构成,隐喻思维便是两个概念域之间的意义映射,即在两个表面上看似完全不同的概念之间建立联系。这便是隐喻作为认知工具的基础所在,也是通过隐喻认识事物的基本原理。

从上述的简单讨论中可以看出,隐喻不仅是一种重要的认知手段,而且还是构成我们语言和思维活动的重要基础。进一步说,清晰地了解隐喻这一认知机制,不仅有助于对我们语言能力的理解,而且有助于对我们整个心智能力的理解。可以说,隐喻不但普遍存在,而且更重要的是我们正是通过隐喻来构建我们的思维。这样一来,我们就可以通过隐喻,运用事物的某些特征来关注另一些特征,并因此能够产生新奇意义。

既然隐喻是人类思维的一种认知手段,那么隐喻的这种认知手段具有哪些认知功能呢?从认知的作用深度讲,作为认知手段的隐喻,我们认为其主要具有三个不同层次的认知功能，即描述功能、认识功能和创造功能。

对于使用隐喻来描述事物，由于特别富有弹性，因此往往具有生动、形象的特点，有时效果直达精神深处，往往令人印象深刻。隐喻之所以有这样描述效果，主要体现在隐喻描述事物的情感表现能力。

至于隐喻认识事物的功能，是指使用隐喻可以通过一事物来认识另一事物。隐喻的这种认识事物的认知功能，与一般的非隐喻方式的特点也有不同，主要体现在对新事物认知的顿悟性上。当然隐喻认识事物的这种顿悟性，是建立在隐喻机制的灵活性之上的。灵活性的基础是可选择性，而富有意义弹性的不同概念域之间属性搭配无疑将增加可选择性，从而增加了灵活性。这样无疑就为顿悟性认识事物提供了机制上的保障。

最后，也是隐喻最重要的认知功能，就是隐喻创造新事物的认知功能，其体现的便是隐喻机制能够产生新奇意义的本性。可以说，将“不可能”变成“可能”，这种体现创造性奥秘所在的机制，在隐喻活动中得到了最好的体现。因为隐喻，就必然会涉及类比过程，而隐喻的底蕴便是解读类比过程的旁效意义。这里，旁效意义便是一种创生的意义，是通过摧毁原先的秩序而建立的一种意义的新秩序。应该说，旁效意义也是一种自涌现象，因此也常称为意义突现。从隐喻意义达成的根本机制上讲，意义的这种创生意义的认知功能，是隐喻作为一种认知手段的根本性功能。隐喻思维之所以被看作为一种认知事物的重要手段，而不单单是语言修辞方法，其根源便在于此。

除了反映不同认知深度的描述、认识和创造方面的认知能力外，其他如想象力、洞察力、判断力、感知力、理解力、记忆力、预见力、意志力、适应力、应变力、领悟力、推断力等这些体现心智能力不同方面的认知能力，也都或多或少地在隐喻思维中得到一定的反映。甚至我们可以用隐喻思维能力来反映人类智慧水平的高下。因为从某种意义上讲，人类的认知能力就是根植于将两个事物联系起来的隐喻能力之中。换言之，智慧水平越高就越能够寻找两个不同域部的共性，看出它们之间的相似性，从而将两个域部联系在一起，反之亦然。

当然，从对作用于心灵的方式角度来讲，从我们概念体系的形成过程看，隐喻思维也是一种不可或缺的涉身认知能力，包括感知的、经验的、概念的、情感的等认知功能，是我们认识世界和建构世界的重要手段。

首先，我们知道，语言隐喻实际上是概念隐喻在语言中的体现。这就是说，我们首先建立的是概念上将一个范畴隐喻化为另一个范畴，然后才有语言中将一个词语隐喻化为另一词语的现象。因此，隐喻必然涉及概念系统，涉及概念获取的思维过程。而人类的概念获取思维过程，往往是一种由近及远、由简及繁、由易及难、循序渐进的学习积累过程。在这个过程之中，隐喻思维机制起到关键作用，特别是抽象概念的获取形成，离开了隐喻涉身性认知机制，几乎是不可能的。

所谓涉身性概念认知，是指我们概念的形成依赖于概念性涉身经验。我们婴儿时的前概念性经验，如身体运动经验，移动物体的能力，整体感知经验，日常躯体经验中的图像图式，即容器、路径、平衡、上下、部分与整体、前后等，均是日后概念形成与认知的基础。推而广之，整个概念体系的建立，也是根据"近取诸身，远取诸物"的隐喻类比原则来进行的。《周易·系辞下》中指出："古者包牺氏之王天下也，仰则观象于天，俯则观法于地，观鸟兽之文与地之宜，近取诸身，远取诸物，于是始作八卦。"另外，文字的产生也与此类同。这便是涉身性隐喻认知作用机制。涉身性隐喻认知作用机制的具体表现方式，有如下 7 个方面：

(1)具体的词语和概念直接标记我们的涉身经验；

(2)空间关系的建立依赖于我们的涉身经验；

(3)我们对事件、事件的推理和语言表达的概念化方式；

(4)抽象思维源自于具体的涉身经验，如典型的运动—感知经验；

(5)类比思维是一种典型的涉身性思维；

(6)通过神经回路，把声音与涉身概念配对所形成的语法；

(7)儿童通过声音与熟悉的经验配对，开始最初的语法学习。

涉身隐喻认知是儿童语言认知能力发展的基础。我的女儿(小名叫"零零")在牙牙学语的年龄，看到小熊故事图片，立刻就把最大的、次大的及最小的小熊分别称为熊爸爸、熊妈妈、熊零零。这是一种地地道道的涉身认知，通过自身一家的关系来隐喻小熊一家。而在更广泛的范围内，我们也确实愿意使用身体的各部分来描述其他事物。在一份宣传厦门旅游的小册子中，在标题"厦门，一个最适合居住的城市"下，有一段是如此介绍厦门这个城市的："海是厦门的眼睛，山是厦门的眉峰，文化是厦门的唇，一个如此性感和温存的厦门，她是休闲的、适合居住的，让人恋家的城市。海的味道咸咸的，舒缓的日子淡淡的，这是一个很容易让人放慢脚步的城市。"

关于这种涉身性隐喻认知作用机制，中国古代的隐喻观点也十分强调。"能近取譬，可谓仁之方也已。""言近而指远者，善言也。"（《论语·雍也》）"何以为辨？喻深以浅。何以为智？喻难以易。"（王充《论衡·自纪篇》）

所谓近譬诸身，就是涉身隐喻。这样一来，人们首先获取的是涉身基本概念事物（日常知识、涉身知识），可称为涉身认知概念。然后通过隐喻性映射扩大到更大的概念体系，这便是涉身隐喻机制的作用，也就是莱可夫和约翰逊所谓"赖以生存的隐喻"的含义所在。正是在这样的思想基础上，近年来在认知科学、心智哲学、神经科学、语言科学和人工智能等不同领域学者的共同努力下，认识到人类认知活动的一种根本规律，即所谓的涉身性认知机制。

涉身性（Embodiment，也有译成具身性）认知，一般广义上包括情境认知（Situated Cognition）、涉身认知（Embodied Cognition）和动力学认知理论（Dynamicist Theory of Cognition）三个方面的内容。涉身性认知共同强调的关键概念有：

（1）"情境性"（Situatedness），指认知主体处在直接影响他们行为的情境中，其行为是靠具有动态结构的目标驱动的，完全不需要涉及抽象表征。

（2）"涉身性"（Embodiment），认知主体利用躯体、感知器官、视觉系统等进行认知。他们有来自周围环境的直接体验，其认知行为是涉身的。

（3）"智能"（Intelligence），智能的来源不限于计算装置，还来自周围情境，来自系统多感应器间的交互作用以及主体与环境的交互作用。

（4）"突现"（Emergent），智能是由系统的多部件之间的交互作用，以及与环境交互作用所突现出来的总体行为。

如果把这里涉及的"情境"、"涉身性"、"交互作用"、"智能"、"突现"和"动力学系统"等概念所反映的不同侧面关联起来理解，我们就可以看到一幅涉身性认知的生动图景：认知依赖于我们的身体，依赖于我们不同的经验种类，依赖于认知主体的语言、意向性行为和文化情境。

对此，莱可夫和约翰逊就认知本质提出了三个总结性断言：（1）心灵本质上是涉身的;(2)思想大部分是无意识的;(3)抽象概念大多是隐喻的。他们认为,隐喻是离不开思想与语言的,而思想与语言又是结构化神经活动的表现,其十分强力地由我们的身体、大脑和日常经验功能的本性所塑造,因此说到底是涉身性的。

当然,既然隐喻从根本上说是建立在涉身认知基础上的,那么根据涉身认知理论,就隐喻理解的问题而言,我们可以给出如下涉身性隐喻作用概念体系原理。即具象性概念是通过感知—运动直接涉身经验形成的概念,抽象性概念则是指经隐喻认知作用机制形成的间接涉身性概念,而神经动力学作用机制则是隐喻意义产生的核心机制,其涉及包括话语情境信息、语言上下文信息,以及主体知识背景在内的语境信息作用。

当代脑科学研究也已经揭示,不仅隐喻认知是一种具有涉身性的认知机制,而且证实了一般语言机制,从本质上讲也是涉身性的。归纳起来,对于隐喻的理解而言,涉身性隐喻认知主要是指我们对隐喻的运用与理解,是依赖我们身体及其环境的,通过大脑神经动力学系统实现的,以及作为认知情境因素的语境作用的。因此,要真正掌握隐喻理解规律,必须从这种涉身性认知机制出发,才是根本的出路。

总之,隐喻不仅仅是一种修辞手段,更重要的是一种认知手段,特别是一种具有涉身性特点的认知手段。因此,只有对隐喻的这种认知机制有充分的认识,我们才能够更好地了解隐喻,从而更好地把握语言运用中的隐喻思维特点,并为推动隐喻认知研究做出贡献。

(原刊《心智与计算》2008 年第 3 期,有改动)

言为心声的意义理论

一般而言，意义理论属于语言哲学的范畴，主要关心的是“语言如何表达意义”这个中心话题。按照语言哲学的学说，不管是中国古代，还是现代西方，都强调语言传递思想和情感的作用，并以此来界定语言的本质和语言与意义的关系。

关于语言的本质，概括地讲，大致有三种学说：(1)语言是约定俗成的符号系统；(2)语言是在使用中显现意义的交流工具；(3)语言是固定天意的表达体系。如果一定要给出一种比较合理的界定，那么我们可以说，语言是一种约定俗成的符号系统，其所表达的意义只能在使用中得以显现。

当然上述结论性的界说，其依据源自这样三个经典权威主张。一是在《荀子·正名》中所说的：“名无固宜，约之以命，约定俗成谓之宜，异于约则谓之不宜。名无固实，约之以命实，约定俗成谓之实名。”强调就是语言的约定俗成。二是在语言学家索绪尔的《普通语言学教程》中，强调语言符号能所关系的任意性，也是主张语言符号的约定俗成。三是维特根斯坦在《哲学研究》中强调语言在于使用，明确主张意义在语言使用中显现。将这些权威主张综合起来，基本上可对语言的本质做出清晰的界定。

至于语言与意义的关系，自古以来从不同视角出发，演绎出名目繁多的学说。归纳起来讲，大致也有三种：(1)言物论（名实论、指称论、指物论），主要讨论语言与事物的关系问题，又分为直接关联和通过形象间接关联两种主张；(2)言情论，主要讨论语言与情志、语言与情感之间的关系；(3)言道论，主要讨论语言与思想、语言与禅道、语言与理性等之间的关系。因此，归纳起来，语言与意义关系涉及语言的如下三种主要功能。

(1)叙事指物。指物是表达空间结构，叙事是描述时间过程，合起来就是论述外在之时空事物。《公孙龙子·指物论》：“物莫非指，而指非指。天下无指，无可以谓物。非指者，天下无物，可谓指乎？”公孙龙子这里强调的就是语言的叙事指物功能。

(2)抒发情志。抒发内在之情志。《毛诗序》云:“诗者,志之所之也,在心为志,发言为诗。情动于中而形于言,言之不足故嗟叹之,嗟叹之不足故咏歌之,咏歌之不足,不知手之舞之,足之蹈之也。”这自然也是语言的一种基本功能,可以抒发情志。

(3)说理喻道。说理是元意义描述,不管是事理还是情理,推至极致,就是描述不可言说的言说,即喻道。慧洪在《临济宗旨》中说:“心之妙不可以语言传,而可以语言见。盖语言者,心之缘,道之标帜也。标帜审则心契,故学者每以语言为得道浅深之候。”其中强调的就是语言具有说理喻道功能。

将语言意义表达的上述三种功能分而论之,则可化而为具体的指物、叙事、抒情、说理和喻道五个方面的语言表现,如图 A 所示。

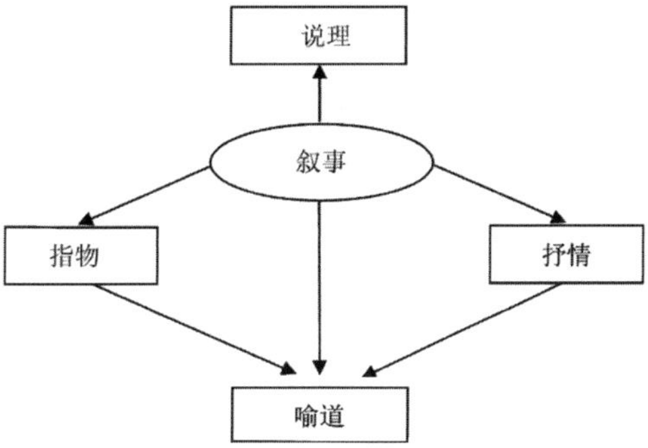

图 A　语言表达意义的不同途径

这样一来,所谓言意关系,就可以分为言实(语言与事物的关系,叙事指物),言志(语言与情感的关系,抒情),言义(语言与思想的关系,说理喻道)。而事为心之事,物为事之物,理为事之理,情为事之情。其均为心之物、理与情;道,触事而显,亦为心之道。

首先,维特根斯坦认为世界是“事件”之集合,而非“事物”之集合,强调的乃是“事”的过程属性。怀特海的过程哲学正是发展了这种思维。“事”为过程,“物”为实体,物只有在事中显现,而佛教中的“缘起”论则可以说是这种思想的先声。“事”分“情”和“物”两面,故有“事情”和“事物”之说。

其次,一切“事件”,不管是“事之情”,还是“事之物”,皆缘生于心,从根本上讲就是心脑活动之事，是“心之事”。世界发生的一切均为事，凡事均源于心，语言的作用便在于表述这“心之事”，强分之则为“指物”与“抒情”。

最后，“心之事”均有发生发展的过程规律，谓之“理”，故有“物之理”和“情之理”之分说，实为“心之理”，也为“事之理”。而根本之理称为“道”，是为“道理”，其反映的是“事之实”的“道之理”，即终极本体之理。这个“理”因梵我合一或天人合一，也即为“心之道”。叙事显理，理为事之规律，言之则为说理，而根本之理为“道”。因其不可言说而只可喻之，故有“喻”道之说。

图B给出了心与实、事、物、情、理、道的关系。要之，事、物、情、理皆生于心，而言为心声，于是言意关系定矣！

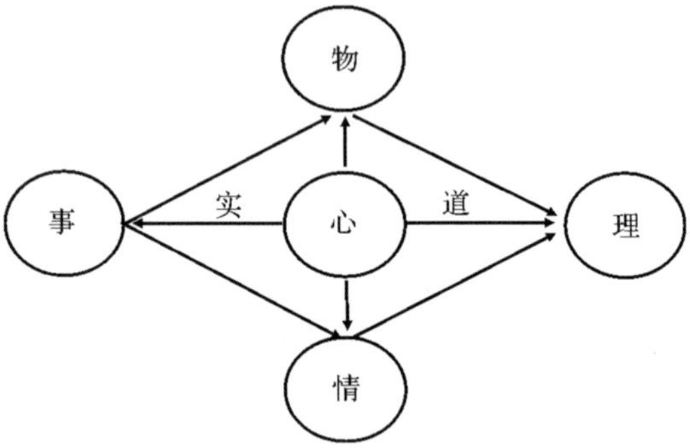

图B “言为心声”的哲学基础

其实，在中国哲学思想的发展中，强调心在言意关系中的关键作用则是一致的。比如《鬼谷子·捭阖》：“口者，心之门户也，心者，神之主也。志意、喜欲、思虑、智谋，皆由门户出入。故关之捭阖，制之以出入。”到西汉扬雄有云：“言不能达其心，书不能达其言，难矣哉！……言，心声也；书，心画也。”已经初步提出了“言为心声”的口号(从汉字的构造上看，“意”就是“心”上之“音”的意思)。

在此基础上，随着时代发展，这种“言为心声”的观点，在王阳明的心学体系中阐述得更加透彻。王阳明在《传习录》中指出：“身之主宰便是心。心之所发便是意。意之本体便是知。意之所在便是物。如意在于事亲，即事亲便是一物。意在于事君，即事君便是一物。意在于仁民爱物，即仁民爱物便是一物。意在于视听言动，即视听言动便是一物。所以某说无心外之理，无心外之物。”“人者天地万物之心也，心者天地万物之主也。心即天，言心则天地万物皆举之矣。”“心外无物，心外无言，心外无理，心外无义。”强调的都是心的主宰作用。

因为言意中有了“心”，因此就不仅能够解决语言中的理性意义问题，同样也可以解决语言中的情感意义问题。就这一点而言，中国古代的意义理论较之西方现代的意义理论，更为全面。五代的徐铉在《萧庶子诗序》中指出：“人之所以灵者，情也。情之所以通者，言也。其或情之深，思之远，郁积乎中，不可以言尽者，则发为诗。”《淮南子·缪称训》中甚至认为情在意义的表达中起到关键作用，“文者所以接物也，情系于中而欲发于外者也”。可以说，诗人把情感发展为形象，又把形象发展为字句，情思支配语言。可见语言的意义理论是不能忽视情感意义的。

语言是心智的一种能力，其所描述反映的世界是人心中的世界。如果说意义理论指的是语言、世界和人三者之间的关系问题，那么其研究的核心就是心象的表现问题，起码是内心知识的语言表现问题。

语言的意义由所处的文化背景知识确定，由内心丰富多彩的社会生活经验来说明。其实，我们对世界的描述，起码经过两次间接投射，一次是心脑投射，一次是语言投射。投射的结果就必然存在“心与物”和“名与实”这两个关系问题。遗憾的是，由于对这两个问题本身的研究同样也是建立在两次投射的基础上，因此离开了心脑的基础来谈论意义，不能不使以往种种意义理论的研究缺乏坚实的基础，使得原本含糊不清的问题更加含糊不清，用禅师的话说，就是雪上加霜。

总之，综合上面的分析，我们可以看出语言表达意义的要点，就是“言为心声”，所谓“心”就是人们的主观思想与情感表达。名以指实，所强调之实，不过就是经感知变为内心形象的事物；言以缘情，强调的就是内心生发的情感；而文以载道，所载的就是内在思想。因此，名以指实、言以缘情、文以载道等学说不过都是“言为心声”的分支。

2008年6月9日，厦门

三 心脑科学

何为认知科学

认知科学是心脑科学的重要组成部分，其研究的对象就是我们人人具有的“心智”。传统的哲学家们往往认为“心”是万物的本原，是与物质相对的精神体现者，是不可测度的终极本体，只能意会，不可言说。甚至主张神秘主义的观点，认为人类自身是不可能了解甚至理解“心智”为何物的，就像老鼠不能理解微积分一样，人类自身的局限性使得人类也不可能理解像“心智”这样神秘的东西。强调机械唯物主义的哲学家们则走向反面，认为根本就不存在体现精神活动的“心智”这种东西，我们都是“有脑无心”的对拓人，所谓的心智表现实际上只不过是脑活动而已，主张心灵取消主义。

不过，论述任何不利于思维、心智、意识活动的存在的理论（比如说意识活动不是实在的，不存在所谓心灵的东西等），必然都具有自毁性质。因为这些理论本身就是思维、心智或意识活动的结果。我们只能靠我们的心脑去认识事物（包括心脑本身），因此必定受制于心脑能力的局限，并且任何一致性的理论也是必定以心脑为根本支点的理论。我们可以否定客观世界的存在，但不能否定心灵的存在，这就是全部哲学的共同特点。否则必定产生自相矛盾的理论陈述，或具有自毁性的命题陈述。当然，如果我们允许不一致性，那么我们可以随心所欲地建立各种异端邪说，并使其具有完备性，比如宗教理论。它们能解释一切，又一切都不能解释，就看你如何去运用了，因为一切为真同一切为假是没有差别的。

最后则是大多数科学家的观点，就是心智是由脑神经活动产生，但又不完全归结为脑的神经活动，是大规模神经细胞相互作用自涌现的结果，是脑的属性但并不属于脑。《管子·心术》中说：“心（这里的心是指肉体之心，对应到现代概念，就是脑）也者，智之舍也。”因此，解释心智的发生机理是可能的。这种观点，才是认知科学的基本出发点。

根据上面的分析论述，我们可以将认知科学界定为揭示人类心智活动根本规律的学科。从目前已经开展的研究工作来看，这是一门关于心智多学科交叉研究的科学分支，涉及心智哲学、心理科学、计算科学、智能科学、神经科学、语言科学、数学建模等不同学科，特别是与认知神经科学、计算神经科学与智能科学技术等一些新兴的边缘学科密不可分。其目标就是要通过认知实验与计算仿真手段，建立起心智活动的一般性描述模型，能够有效地刻画人类心智活动的根本规律，并正确地预测给定初始条件下的心智行为。

认知科学是一门相当年轻的学科，然而却为揭示人脑的工作机制这一宇宙之谜做出了不可磨灭的贡献。但是，认知科学尚未成熟，作为一个独立的学科，也尚未得到足够的统一和整合。

对认知科学范围的了解，还可以从认知科学的内容来看，到目前为止，认知科学所涉及的主要内容有感知觉（包括模式识别）、注意、记忆、语言、思维与表象、意识等。这似乎都是心理学家们所关注的问题，但其实也同样是哲学家、语言学家、智能科学家、神经生理学家、人类学家们所关心的内容。只是不同专业背景的研究者对同一个问题所采取的具体研究方法不同罢了。

的确，由于认知系统的复杂性，对它要进行多维度的研究，认知科学需要运用多门学科所使用的工具和方法，从完整的意义上对认知系统进行全方位的综合研究。可以说，认知科学迄今为止所取得的成就，是与其跨学科的研究方法紧密联系在一起的。但是跨学科的研究方法，也给认知科学带来了不少问题和挑战。除了传统的心理实验、神经解剖、语言分析等等研究方法外，认知科学的研究方法特别重视脑功能成像技术、事件相关电位分析技术，以及计算建模仿真技术的运用，它们构成了认知科学研究的主要研究方法与手段。

我们知道，对大脑奥秘的揭示是科学家长期以来梦寐以求的科学难题。20世纪末，在欧美和日本的“脑十年”研究计划推动下，从分子与细胞、系统、认知、行为等方面，对人脑认知功能及其神经机制进行多层次、跨学科的综合研究已经成为当代科学发展的主流方向之一。脑功能成像技术、事件相关电位分析技术和计算建模仿真技术就是在这一背景下应运而生的崭新技术，使人类真正实现在无创伤条件下记录脑的智力活动，对脑的动态行为进行观测与建模，对由脑病变引起的各种疾病及脑功能进行结构定位和功能定位。这些技术不仅为人类“理解脑”、“保护脑”、“开发脑”和“创造脑”提供了必要的技术手段，同时也为脑信息获取与处理方法论的研究、对脑高级认知功能的研究提供了一个广阔的空间。

认知科学也是研究人类感知和思维信息处理过程的科学，包括从感觉的输入到复杂问题求解，从人类个体到人类社会的智能活动，以及人类智能和机器智能的性质。认知科学的兴起和发展，标志着对以人类为中心的认知和智能活动的研究已进入到新的阶段。认知科学的研究将使人类自我了解和自我控制，把人的知识和智能提高到空前未有的高度。

总之，认知科学是一门方兴未艾的学科领域，也是21世纪最重要的新兴学科，作为希望从事跨学科探索的研究人员，必须了解、掌握目前认知科学领域的研究成就、遗留问题、前景展望、应用情况，以及与所在学科的关系，进而对所在学科的发展有所贡献。

2009年1月31日，厦门

脑与行为的自组织

小的时候，夏天我喜欢在泥地上观察忙忙碌碌爬来爬去的蚂蚁。这些不起眼的小生灵往往有着许多惊人的举动。经常会发现，成群结队的蚂蚁会相当一致地共同去完成某个有意义的任务。或者是搬运食物，或者是忙于修巢，或者预知雷雨快要来临，急急忙忙地举家搬迁，每当这个时候，浩浩荡荡的搬家大军，蔚为壮观！

在蚁群去从事某件事情时，每一只单独的蚂蚁都是无举足轻重的，这里并没有什么主宰一切的领袖人物，全体蚂蚁都是相互平等的，它们通过相互之间的接触来传递气味信息，协同去完成共同从事的"事业"。正是在毫无条理可言的个体蚂蚁组成的蚁群，表现出相当清晰的条理来，有条不紊地完成着一个又一个有目的的任务。

其实，像蚁群这样工作方式普遍存在于其他系统中，比如人群社会、网民群体等都具有这样的性质，具有某种集群效果，能产生构成集群每个成员单独都不具备的新行为。特别是对于人脑这样的复杂系统，其内部工作方式也无不如此。毫无疑问，在大脑神经元网络系统中，每个神经元本身是没有半点智能和意识能力的，但通过群体神经元之间的动态相互作用，整个大脑神经网络却表现出种种心智行为，并且还涌现出意识能力来。遗憾的是，迄今为止，我们对其中这样的自组织运作机制却知之甚少。

的确，在科学研究中，恐怕没有哪个领域的深入探索会像对心脑奥秘的揭示那样，带来众多令人困惑的复杂问题了。比如心脑关系的哲学问题，意识的自我缠结问题，思维是如何自涌现的问题，等等。尽管在20世纪，特别是最近30年来，我们对脑的研究有了突飞猛进的发展，获得了大量可靠的脑活动机理和知识。但对于这些令人困惑的复杂问题，依然难以建立起哪怕是十分简陋的解释理论。我们对微观的脑细胞活动机制是如何组织为宏观的心理行为依然知之不多。显而易见的是，对于这一问题的阐明，仅仅是停留在“脑为心之体，心为脑之用，名虽有二，体无两般”这种泛泛而论之上是不够的。我们必须了解，作为一个复杂的心脑系统，其整体宏观的自组织机理是什么。为此，让我们先来看看科学家们是如何看待这一问题的。

美国学者侯世达教授（D. R. Hofstadter）在他的《哥德尔、艾舍尔、巴赫——集异璧之大成》一书中认为：“为阐明大脑中发生的思维过程，我们还剩下两个基本问题：一个是解释低层次的神经发射通讯是如何导致高层次的符号激活通讯的；另一个是自足地解释高层次的符号激活通讯——建立一个不涉及低层神经事件的理论。”（侯世达：《哥德尔、艾舍尔、巴赫——集异璧之大成》，郭维德译，商务印书馆 1997 年版，第 467 页）无独有偶，作为神经生物学家的威廉·卡尔文教授也同样把神经活动的两个层次关系问题看作重要的研究目标，并指出：“迄今为止，我们实际上需要两种隐喻：一种是自上而下的隐喻，把思想映射于神经元群上；另一种是自下而上的隐喻，用来解释思维如何由那些看起来是杂乱无章的神经元集群产生的。”（威廉·卡尔文：《大脑如何思维》，杨雄里、梁培基译，上海科学技术出版社 2007 年版，第 131 页）

很明显，心脑活动的复杂行为是建立在大量特异化神经组块相互作用的基础上，因此侯世达和卡尔文所强调的正是指神经元集群如何自发（自组织）地产生宏观行为的问题。这一点克里克在《惊人的假说》一书中说得更加明白，他认为：“首先，大脑的许多行为是‘突现’的，即这种行为并不存在于像一个个神经元那样的各个部分之中。仅仅每个神经元的活动就说明不了什么问题的。只有很多神经元的复杂相互作用才能完成如此神奇的工作。”（弗朗西斯·克里克：《惊人的假说——灵魂的科学探索》，汪云九等译校，湖南科学技术出版社 1998 年版，第 12 页）这便是一个心脑内部神经活动如何导致心脑整体性外在表现的自组织问题。为了对心脑这种自组织规律活动有个比较直观的认识，让我们从蚁群行为的比附说起。

蚂蚁是一种很不起眼的小生命，但却有着很多类似于人类活动的“神奇”行为。比如蚂蚁会种植、采集、畜牧、驱奴、缝纫、吸毒，甚至使用工具等。当然单个蚂蚁是微不足道的，一旦离群，除了死，别无选择。但作为一个十几万个单元组成的蚁群，其表现出来的行为方式，就颇为壮观了。生物学家刘易斯·托玛斯在《细胞生命的礼赞·曼哈顿的安泰》一文中指出：“蚂蚁其实不是独立的实体。倒更像是一个动物身上的一些部件。它们是活动的细胞，通过一个密致的、由其他蚂蚁组成结缔组织，在一个由枝状网络形成的母体上循环活动。"（刘易斯·托玛斯：《细胞生命的礼赞》，李绍明译，湖南科学技术出版社1992年版，第47页）作为一个蚁群，其神经元总数可达10^{11}级别（每个蚂蚁约有50万个神经元），这同人脑的神经元数目颇为接近。因此，与其把单个蚂蚁看作一个个生命，倒不如将整个蚁群看作一个"智能"生命更能说明蚂蚁的行为。

就像单个神经元本身没有智能一样，单个蚂蚁是非常蠢笨的。看上去很随机地转来转去，其行为毫无条理，根本无法从单个蚂蚁的活动中看出其对整个蚁群行为有什么直接联系。然而就大量的蚂蚁来说，从这种乱糟糟的状态中，还是能看出存在着一定的总趋势的。事实上，蚂蚁是通过接触提供的传递信息来协调其活动的，并用这种方式互相组队支援，去从事随便什么活动。当然，蚂蚁组队是有一定条件的，只有当聚集的蚂蚁的数量达到某一临界数量时，有条理的蚁群现象才会出现。并且一旦出现这种情况，就会像滚雪球一样，把越来越多的蚂蚁裹挟进来。这样，为收集食物、营造蚁窝等目标而工作的完整的"蚁队"就形成了。

蚁队是蚁群行为活动最基本的"砌块"，而对于复杂的蚁群行为活动的理解来看，我们同样可以做不同的层次分析。也就是说，为了能够协调一致地行动，蚁群实际上是由多个层次结构形成的。高层次的队由低层次的队组成，最后是最低层次的队，在这之下，才是单个蚂蚁。必须注意，蚁队本身并不是固定不变的，而是不断地动态形成和解散。即使同一个蚁队中的蚂蚁也是不断更替的变化，就好像"蚁队"是一种信号，在蚁群中流来流去，传达所要完成任务的命令一样。尽管从微观上看，这种信号流通是由蚂蚁之间接触实现的；但从宏观上讲，则是通过蚁队流动、形成和解散来达成的。

再往高层看，整个蚁群则是由种种动态分布的蚁队组成，其行为恰好体现在这些来来往往永不停息的蚁群活动分布之上，使得这种分布能适应不断变化的情况，从而使蚁群都同所面临的现时环境相适应。这里没有谁是行为的主宰，整个蚁群活动分布就是行为本身，如果说有什么意识的话，那也是蚁群整体所表现出来的效果本身。一句话，蚁群的行为完全是一种自组织活动。

例如对于蚂蚁天气预报来说吧，你不能指望一只蚂蚁会对天气有什么反应，但正是靠这些无反应的蚂蚁组成的蚁群却可以准确预报天气。据说，蚂蚁在预报天气时，先是派出侦察蚁四处活动，带回“搜寻”到的各种信息后，举行“碰头会”，它们围成一圈，触须碰触须地充分交换“意见”后，有意义的“气象情报”就突现出来，并据此采取相应的群体行动，如是洪水来犯，就举家迁移。

表 A　蚁群结构与神经系统的比附

序号	蚁群结构层次	大脑皮层结构层次
1	蚁群分布结构	神经分布系统
2	高层蚁队	多重皮层代表区：叶、半球
3	中层蚁队	皮层区
4	低层蚁队	基本的皮层回路（皮层模块）
5	蚂蚁	神经元
6	蚁对动态接触	突触
7	触须活联路	离子通道
8	气味分子	分子和离子

从蚂蚁行为的比附中我们得到的教益是：对于自组织的心脑活动，我们也不能只见树木（单个神经元），而不见森林（神经元集群）。我们必须从多层次的角度来看待心脑行为的活动规律。表 A 给出了神经系统与蚁群结构之间的对应关系，其中作为神经元个体，同单个蚂蚁一样，都要为自己的功能生效和生存而竞争。模块中的细胞群也一样要进行竞争，所以砌块不是固定不变的实体，这也同蚁队一样，是构成高级心智功能的基本砌块。由这些砌块可以构成更大规模的皮层区、叶和半球，直到整个神经分布系统。而大多数由皮层媒介的行为同样也是依靠不同皮层的各区之间的相互作用来实现的。比如，单单就读书这样一个简单的行为，需要所有各叶的皮层回路的参与，并需相互协调才能完成。就像从随意活动蚂蚁中看不出作为整体蚁群所表现行为的联系一样，单从神经元放电与激活等活动中，同样是无法沟通与整体行为表现之间的联系。这就迫使我们必须转向整体行为的自

组织规律上来。

的确，由于在神经活动中，小到离子去极化、神经元之间的颉颃，大到神经功能区的竞争、神经系统与环境的相互作用，无不体现着非线性规律。因此，从自组织思想方法来看待心脑行为活动，有着重要的意义。

自组织方法主要强调的观点是：(1)心脑行为是一个多层次、特异过程的宏观动力学系统；(2)系统与环境进行连接交换，从而与环境共同演化；(3)跨层次整体效应的自涌现以及系统的自我超越，即演化过程本身的元演化。

值得注意的是，基于这点，我们可以看到，“在一个多层次动力学实在中，每一个新层次都带来了新的进化过程，它们以特殊的方式与较低等级层次互相协调并强调了这些较低层次。因此，还原到一种描述层次是绝不可能的”。(詹奇：《自组织的宇宙观》，第 273 页)当然，这并没有否定低层次对高层次的作用，而只是强调高层次的整体行为并不能单单还原为一个描述层次。这种思想正是研究多层次神经系统所需要的。

首先，构成行为基础的神经系统中微观与宏观的共同演化是建立在多尺度跨层次基础之上的，构成了多层次动力学系统。其次，对于每一层次，都存在着神经回路的自催化过程，当激励的神经元规模超过一定的临界点时，就产生了自涌性现象。新的效应便产生，并参与到高一层次的相互作用之中。再次，高层次整体恰好是低层次组块的环境，而低层次的组块分布便构成了高层次整体本身，环境与组块共生。最后，系统中大规模简单重复和变奏构成了神经活动形式的丰富多样性，而非线性所意味着的“游戏本身包括了改变游戏规则”的原则，导致了多样的行为表现。

必须注意，这种自组织原则不但刻画了心脑行为动力学系统的每个层次，而且同样适用于跨越层次相互作用的分析(跨越层次的自相似性是非线性的重要特性之一)。演化在宏观和微观层次同时的、相互依赖的意义上进行着。复杂性便来自分化和综合过程的相互渗透，也就是说来自同时“自上而下”和“自下而上”进行的过程的相互结合，它们从两个方面造就了等级层次。而意识或者意识活动的外显行为便可看作神经活动系统所固有的，但不是在固定的空间结构中，而是在系统自组织、自更新和自演化的过程中，是系统活动的“旁效现象”。

总之，我们可以肯定，心脑行为从根本上讲是神经系统自组织活动本身的外效表现。不过，由于自组织行为涉及大量非线性科学的理论，特别是有关突变论、耗散理论、协同学、超循环论、混沌动力学以及分形几何等内容，其定量分析存在着非常巨大的困难。特别是由于非线性系统往往不存在解析解以及对初始条件的敏感性，我们即使找到了描述心脑自组织活动规律的微分方程组，并通过机器迭代计算给出其近似的数值解，从根本上讲也无助于我们对心脑行为实际过程的了解。

靠人类的智慧（心脑活动）来揭示人类心脑行为活动本身的奥秘，多少有点自我缠结的味道。正像人们可以用各种方法来观察自己——用镜子，用照片或用电影，用录像带，靠别人描述，采用自省方法等，但人们绝不可能冲破皮肤站到自己外面来面对自己，在心脑行为自组织的研究中，也有同样的问题。特别是对允许多种不同层次的描述，我们在彼此相似的层次之间转来转去的时候，很容易迷失“自我”。

或者我们根本就不该询问大自然关于心脑行为活动的奥秘，就像维特根斯坦告诫的那样，对于不可言说的东西，必须保持沉默。或许借助于心脑活动的自我反映能力，就像禅师们对自性的体悟那样，基于自组织本身具有的自涌性，我们最终确能领悟到心脑活动其中的奥秘。或许现在对心脑行为研究任何终极答案的探寻还为时过早，我们应该把目光投向21世纪的未来。

但无论如何，我们对心脑行为的自组织规律的了解正在迅速增长，即使对终极问题的解答无所帮助，但起码对科学地了解我们的脑活动机制和行为规律必将有所裨益。让我们期盼着21世纪脑科学的研究，能够给我们带来更加辉煌的成就！

（原载《21世纪100个科学难题》，吉林人民出版社1998年版，第508～517页，有改动）

意识的科学研究途径

物质、生命、宇宙与心智，一直是纯科学研究的四个本源的探索方面。到了21世纪的今天，有关前三个方面的探索结果，我们都已经各自建立了基本的科学理论体系，如量子理论、广义相对论、达尔文进化论、遗传学、分子生物学、大爆炸标准理论，甚至量子引力理论等。但在心智方面，我们却连哪怕是十分简陋的解释理论也没有，我们对微观的神经活动如何产生宏观的认知行为知之甚少，更没有像广义相对论等那样完整一致的理论体系。正因为这样，20世纪80年代之后，科学界把心智奥秘的揭示看作科学研究，特别是纯科学研究要攻克的最后一个堡垒。于是围绕着揭示心智奥秘的神经科学、认知科学、智能科学等这些从不同角度来进行探索的学科也就应运而生了。当然，这其中所有学科的探索研究，都无法回避的一个共同棘手的问题，那就是意识现象问题。可以毫不夸张地说，意识问题是心智研究堡垒中的堡垒。

意识的科学研究趋向

传统上，作为精神现象的最高形式，意识问题一直困扰着无数哲学和宗教界的学者，在早期先哲的著述中有大量关于意识的论述。但以往的意识是一个含糊不清的概念，不同的领域往往喻指不同的内涵。意识作为科学研究的对象，肇始于20世纪初的实验心理学。

我们知道，20世纪初，由于心理学开始从传统的哲学研究中分离出来，意识问题也成为心理学的重要研究对象。特别是德国心理学家冯特创立了实验心理学，使用科学内省方法研究意识问题，很快成为心理学研究意识问题的主流。遗憾的是，随着后来美国心理学家华生为代表的行为主义心理学派的崛起，由于对意识本身无法进行行为定量研究，因而意识问题也一度遭到冷遇。只是到了20世纪50年代,与计算机科学相结合的心理学信息加工学派得到蓬勃发展后,意识问题开始受到认知心理学的关注。但由于技术和方法上的局限,依然没有从根本上得到应有的重视。

到了20世纪90年代,国际学术界开始把意识问题作为自然科学多学科研究的重要领域之一,并日益受到自然科学家的重视。1994年4月,在美国Tucson召开了关于意识问题的第一次科学会议(Toward a Science of Consciousness),与会的300多名代表来自神经生物学、认知心理学、计算机科学、人工智能及机器人等不同的领域。从此之后,拉开了意识的科学研究序幕。迄今为止,已创办刊物3种,召开国际会议十多次,发表论文1300余篇,在*Nature*、*Science*等著名国际刊物上也多有这方面的研究成果报道。诺贝尔奖得主,曾与华森一起发现DNA双螺旋结构的克里克,1990年就明确提出现在是使用自然科学的方法进行意识研究的时候了。随着研究的开展,近年来的一些科学实验也找到了科学研究意识问题的突破口。而无损伤脑功能成像实验技术的发展(特别是PET、fMRI等),也为研究意识问题提供了良好的实验手段。

这样一来,意识的界限也不再像传统解释那样含糊不清,意识问题真正成为一个明确的科学研究问题。

意识活动的神经机制探索

从自然科学的角度研究意识问题,第一个重要问题就是有关意识活动的神经基础问题,或者说有没有产生意识的有关神经中枢。如果有,那么这些神经基础在哪里,又是如何分布的?

首先,我们已知意识的清醒状态是心智活动得以进行的重要条件,而意识的清晰程度则明显与脑干网状结构、丘脑网状结构等边缘系统极其复杂的神经回响网络有关。这不仅是因为脑干网状结构的兴奋状态是维持意识活动和醒觉的重要条件,而且因为除了嗅觉外,所有痛觉、温度觉、触觉、深感觉、视觉、听觉等特异性感觉,均经丘脑的特异性皮层传导,将冲动传给大脑各特异感觉中枢。

另外,脑干网状结构的兴奋性也与注意强度有关,大量无关或次要的感觉信息在经过脑干网状结构时就被选择性地滤除了，只有引起注意的有关信息才到达丘脑网状结构。从这个意义上讲，可以认为意识活动主要体现在以网状结构为神经基础的注意机制之上。

不仅如此，现代认知神经科学的研究还表明，由于注意机制也控制着记忆（特别是短时记忆）的存取，反之记忆的内容同样会引导注意，因此记忆也与意识有着重要联系。特别是那种被称为“图标记忆”的极短时记忆，一旦丧失就很可能会失去意识和注意能力。这种极短暂的记忆可能与大脑中存在的回响回路有关，因此可以推测意识可能正是这种回响回路产生的一种心理效应。

克里克根据有关病人的行为心理表现以及脑生理和解剖结构，认为意识活动主要与大脑前扣带回有关。因为这一区域不但接受许多来自高级感觉区的输入，而且靠近运动系统的高级皮层。一些神经生理学家认为，在大脑皮层存在一个意识活性三角区，即感觉皮层（包括枕叶、顶叶和颞叶）、额叶的前运动区和包括前扣带回在内的丘脑层间核三个部位构成的三角区域。而意识流就是相关神经集群激活模式序列的轮流选择，其激活频率则与 γ 频带（30～70Hz）有关，克里克等人甚至推测 40Hz 同步振荡可能与意识和注意的神经基础有关，并得到部分实验证实。

在意识神经基础问题的研究中，有关“意识的神经相关物”（NCC，Neural Correlate of Consciousness）的讨论，不仅是为了研究意识的物质基础，而且更是为了了解意识产生的方式和过程。这里所谓意识的神经相关物就是指一个直接相关于意识状态的神经系统。或者更详细地讲，NCC 是这样一个最小的神经系统，在这个系统中的状态可映射到意识的状态，在一定条件下，这个最小的神经系统的状态足以反映意识的状态。

总之，作为意识科学研究的最新研究方向，意识神经基础及相关物的探索，在理论和电生理实验上均有所突破，这些突破也为从注意系统来打开意识科学研究的突破口开辟了道路。

意识的若干科学解释理论

目前研究意识问题的科学家们所提出的理论和观点是多种多样的。如果从最终能否科学地认识意识这一终极问题来分，那么已有的理论大致可以分为神秘主义和简化主义两个大派别。神秘主义观点认为，我们永远无法理解意识，特别是强调自明性的意识活动是不可能靠还原论方法来分析理解的。

简化主义与神秘主义正好相反，认为对于意识问题完全可以通过还原论的方法来把握理解，把复杂的意识问题还原为神经细胞及其相关分子的集体行为。有时为了更好地刻画还原论的意识观，科学家往往采用多层次分层的观点来研究意识现象和规律，认为应该从基因分子、突触联结、神经细胞、神经集团、功能小柱、跨区皮层和大脑结构等多个层次来考察意识产生的缘由。

当然，从具体对意识进行科学解释的角度来分析，又有许多独特的理论和观点。其中主要包括意识的“剧场隐喻”假设、意识的“微管”理论、“神经子—精神子”理论、神经达尔文理论，等等。

意识的“剧场隐喻”假设主要是认知科学中关于意识与选择性注意的一种科学假设，认为大脑就像同时有许多角色在演出的舞台，其中只有少数角色得到“探照灯”的照射，照射到的角色，便是意识活动反映的对象。这样一来，意识就成为大脑“剧场”中的亮点。

意识的“微管”(Microtubules)理论提出者是当代著名的数理科学家彭罗斯(Penrose)。主要观点认为，神经元的细胞组织中的细胞骨架在传递信息上起着重要作用，细胞骨架是由“微管”构成的，由于这些微管的空间尺度很小，就必须用量子力学来考虑，意识活动便是体现在可能传播其中的电磁波上。当然，由于这些理论还缺乏实验根据，所以没有得到大多数科学家的承认。

对突触研究有重要贡献并因此获得诺贝尔奖的电生理学家埃可尔斯(Eccles)，对意识问题采用的是“二元论”观点，认为精神独立于物质基础而存在，并提出了“神经子—精神子”(Dendron-Psychon)理论假设。该理论认为，神经子是新皮层中神经元组成的最小结构和功能单元，与神经子相对应的是精神子，作为最小的心智单元。而意识正是源于这些精神子集群的相互作用。

神经达尔文主义是由美国洛克菲勒大学的 G. M. Edelman 提出的。其主要思想借鉴了达尔文的自然选择学说，认为由神经元通过紧密互联组成的神经元群是脑内神经联结的结构和功能模式的选择性活动主体。而我们的意识活动和心智活动就是动态的达尔文过程，所有的行为现象都是由神经细胞活动的时空模式决定的。这些时空模式相互竞争中的每一时刻的赢家，就将成为显现的心智活动，特别是意识活动。说到底，意识活动无非就是在大量神经活动中模式选择“胜者为王”的结果。

看得出来，目前在科学界，对意识的认识还没有统一的认识，主要原因是我们目前对意识活动的脑定位、脑机理以及如何在心智活动中起作用等问题还有很多空白值得去探索研究。这是一项任重道远的长期工作。

意识的人工实现研究途径

在有关意识的科学研究中，以明斯基(Minsky)为代表的人工智能观点认为，意识仅仅是一种短时记忆，从根本上讲，计算机完全能够实现这一点，即认为人工意识是可能的。正是在这种思想的指导下，在探讨意识神经机制的同时，科学家们也开始了人工意识的研究探索。

有关人工意识方面比较早期的一种研究途径是从神经网络方法出发来对意识过程进行建模。这种方法的主要特点就是利用神经网络中神经元集群之间的相互作用以及神经网络中的层次关系，来实现意识的觉知或元感知能力，并模拟一些需要意识参与的认知能力。尽管这种神经网络方法存在着严重的局限性，但由于人工神经网络理论和技术本身具有可实现性强的特点，起码在某侧面(当然不是全部)可以反映意识某些特性。

不过，由于雷兜文(Radovan)于1997年证明了这种神经连接主义方法，从根本上讲，其表达能力与传统的符号逻辑主义方法是等价的。而对于符号逻辑主义方法，Caplain也已经证明其不可能描述意识现象。因此，意识的神经网络方法存在着一定的局限性。于是为了避免上述的局限性，一些科学家提倡采用量子物理学方法来进行意识的建模研究。这样就构成了人工意识实现的第二种途径。

值得指出，由于量子特性与意识特性都有超越常规计算局限性的共同性，可以期待通过量子计算方法去解决意识的自明性问题。换句话讲，可以利用量子叠加性、纠缠性、不确定性等特性，给出能够实现意识计算的具体量子算法。

不过，我们必须注意的是，如果说思想的意识活动在实质上只不过是对身体与环境相互作用的模拟，那么通过计算机来进行意识建模，只不过是对这种模拟进行模拟（元模拟）。从这个意义上讲，计算机模拟意识是可以的，但即使模拟成功也并不等于说计算机就拥有了意识。这就有点像计算机模拟气候，人们绝不会认为计算机系统里存在气候一样。在目前我们所看到的有关人工意识的研究都应该作如是观。

意识的科学研究方兴未艾

上述我们对意识的科学研究内容及主要观点、方法与途径作了基本性的介绍，不过意识现象的实际情况要比这里介绍的远为复杂，因为目前我们尚不能确定意识活动本身的归属和性质。因此，如何运用非线性复杂理论来探索意识的自涌现以及意识的度量也是目前意识科学研究的重要方面。

看来，意识问题远比我们一开始想象的要复杂得多，而意识科学研究的道路才刚刚开始。从科学的角度，要想彻底揭示意识的本质，也一定是一个漫长的逼近过程。我们期盼，随着科学技术的不断进步，最终我们能够对意识问题有一个明确的答案，不管这个答案本身如何。

（原刊《光明日报》理论版，2004 年 6 月 29 日）

略谈脑机接口技术

意念控制或心想事成，甚至心灵感应，过去往往只是人们的一种美好幻想，仅仅出现在科幻小说或武打小说之中。但随着脑科学及其相关测量技术的发展，这样的“幻想”却已经成为一种真切现实的技术，这就是脑机接口技术。

通过对人类脑电模式的解读来理解人脑中的意图，然后控制机器进行相应的操作，这样的研究肇始于 20 世纪 70 年代。可以用于脑机接口的脑电信号主要包括脑电节律波（EEG）、诱发电位或事件相关电位（ERP），以及神经元电脉冲信号。前两种通过脑电仪采集，后一种则采用内植微电极来获取。考虑到内植微电极的损伤性，因此一般都采用脑电仪作为脑机接口的主要工具。

目前探测到的脑电频谱从 0.05 Hz 到 600 Hz（其中主要有 δ 波 0.5～4 Hz，θ 波 4～8 Hz，α 波 8～12 Hz，β 波 12～30 Hz，γ 波 $\geqslant$30 Hz），覆盖了十分广大的范围。问题是，脑活动为什么会有如此丰富的振荡表现形式呢？是应对多样性的认知活动加工，多层次与多重性的并行叠加处理吗？或许是通过同步振荡来整合大范围的认知信息加工，甚至产生全局性的意识统一性。总之，脑活动是多时间尺度的，并通过不同频谱的脑电节律振荡活动表现出来。

从脑机接口的角度看，关心的就是脑电信号的解读问题，主要是利用脑功能区所对应的不同功能含义来“理解”人脑产生的意念。这里需要解决的一个问题就是脑电信号模式与认知高级功能活动之间的对应关系问题。目前主要是针对一些初级认知活动，如运动、视觉等开展脑机接口的研究工作，较少涉及像记忆、思维、推理等这样的高级认知活动。那么，不同认知活动的脑电表现模式是否具有可区分性？如果有，其区分特征又体现在哪些方面？这些都是脑机接口得以实施的关键前提。

一般脑机接口涉及脑电信号的记录、预处理、分类识别、实施控制等不同功能模块的实现。

(1)脑电信号的采集。考虑到不同任务目标,设计脑电仪的电极分布模式,使得能够最有效地采集所需要的信号。

(2)脑电信号的预处理。采用各种成熟的滤波方法,对采集的脑电信号进行滤波处理,提高信噪比,说得通俗些,就是尽量去除无关信号,保留并强化有效信号。

(3)特征提取。根据脑电信号的特点,针对具体任务,给出一组面向任务的特征描述向量,并从获取的脑电信号中提取具体的特征向量值。常用的方法如快速傅立叶变换、小波变换、独立成分分析等。

(4)模式识别。根据提取的特征向量值,采用一定的模式分类方法,对其进行分析,得出对应的脑电模式类别(含义)。常用的方法有线性判别分析、贝叶斯决策模型、支持向量机、人工神经网络模型,等等。

(5)实施控制。根据获得的含义理解,实时控制机器完成相应的功能,从而实现预期的"意念"控制目的。

目前,已有的脑机接口系统通常按照利用脑电信号的不同来进行分类,分为利用自发脑电信号的和使用诱发脑电信号的两大类。前者利用的自发脑电信号包括:(1)事件相关电位 P300,其与认知功能的激活相关联;(2)自发窦状(μ)节律波,与放松或清醒状态相关联;(3)ERS/ERD 信号,属于时间相关同步与去同步有关的信号,与相应的运动思维模式有关;(4)慢波皮层电位(SCPs),持续的(300 毫秒到几分钟)低频脑电信号,主要与运动皮层的功能相关联。后者利用的诱发脑电信号包括:(1)短时视觉诱发电位(slVEP),与"集中注意"脑活动相关联;(2)稳态视觉诱发电位(ssVEP),与"自主调节"脑活动相关联。

如果用老百姓能够听懂的,当然也就不那么精确的话讲,脑机接口系统就是要实现"意念控制"身外之物,从而达到"心想事成"的目的。迄今为止,国内外开发的一些著名脑机接口系统包括:

(1)德国柏林脑机接口系统。主要实现运动想象到运动实施的任务,利用比较先进的智能学习算法,根据脑电 μ 节律波或 β 节律波的事件相关去同步,检测识别左右手的想象运动,从而控制机器的对应行为或完成一定的认知任务。

(2)美国 Wadsworth 中心的脑机接口系统。主要是利用脑电 μ 节律波的事件相关去同步进行真实或想象的运动。用户可以通过该系统来控制机器屏幕上光标的移动,或者通过视觉反馈训练来进行设备的简单操作。

(3)奥地利 Craz 大学的脑机接口系统,也是利用脑电 μ 节律波的事件相关去同步进行真实或想象的运动。不同的是采用自适应回归模型进行模式识别,并可以控制手臂障碍的患者抓取东西。

(4)思维翻译机(Thought Translation Device)。德国 Tubingen 大学借助训练使用者通过神经反馈来实现皮层中央沟回(运动区)脑电慢波的自我调节,进而控制屏幕上的物体运动。

(5)清华大学脑机接口系统。清华大学医学院神经工程研究所研制的脑机接口系统包括两个:一是利用稳态视觉诱发电位来实现自动拨号,形成自动拨号系统;另一个是开发了一个实时脑机接口系统,可以用"思维"踢足球。

(6)浙江大学猴子意念控制系统。通过脑机接口技术,实现猴子意念控制机械手,来实现自动进食等活动。

当然,除了利用脑电仪外,脑机接口的实现原理也可以采用脑功能成像手段来进行,就是说在采集信号时不是使用脑电仪,而是使用 fRMI(功能核磁成像设备)或 PET(正电子发射成像设备)。两者的差异主要在于:脑电仪时间分辨率较高,并有明确的认知功能体现;而脑功能成像设备空间分辨率比较高,对脑功能区的定位比较精确全面。当然,此时就需要采用图像分析的方法来获取脑区激活模式,从而理解不同认知活动的含义。

因为通过脑机接口,人们可以直接用脑而无须通过语言或操作动作来控制机器或设备,所以脑机接口一个重要应用领域就是在帮助病人康复训练的机器人方面,或者帮助有肢体残缺的人们完成正常人一样的工作。另外,脑机接口对于某些肢体动作受限的职业,如飞行员、宇航员、潜水员等,利用意念来操控设备有着重要的应用前景。自然,脑机接口技术也为动漫游戏、智能机器人控制等提供了一种全新的用户交互界面。

脑机接口的发展趋势是进一步朝向脑机融合方面发展,通过植入芯片技术,真正实现脑机之间的相互交流。所谓脑机融合,就是将生物智能(脑)

与机器智能(机)相互融合一体,共同完成原本任何一方都不能单独很好完成的任务。甚至通过更加有效的脑机协同,实现生物智能和机器智能均望尘莫及的更为强大的智能表现——混合智能。这样,不仅可以完善仿人机器人的行为表现,更好地贯彻人们的意图;而且在机器人行为控制中,可以采用脑机融合的控制途径,通过脑机协同来控制机器的行为实施。

更进一步,如果采用双向脑机接口方式,就可以形成"脑—机—脑"接口(BMBI)技术,从而使得脑脑相联成为可能。脑机融合也就变成脑脑相联的"心灵融合"(mind meld),将两个人脑间的思维融合起来,甚至可以让脑联网成为可能,实现人脑到人脑的直接互动。目前"互联网+"已经成为网络社会发展的全新模式,如果"+"的是双向脑机接口技术,那就是脑联网。到那时,人们就可以在脑联网上通过"心灵感应"来直接实时地进行情感、思想和体验的交流,甚至群脑共同进行感知、规划、创造等心智活动。

应该看到,从脑机接口到脑脑接口,从脑机融合到心灵融合,未来的脑机工程不可限量。我们可以期待,随着智能科学与技术的不断进步,会有更多的理论与方法应用到脑机接口,甚至脑机融合技术之中,推动社会技术的不断进步。

2013 年 5 月 3 日,厦门

新兴的哲学实验研究之路

引　言

长期以来，哲学研究主要是论辩性的，从古代关注本体论问题，到近代关注认识论问题，再到现代哲学的语言分析转型，这种论辩性的哲学研究越来越仰仗概念分析的方法，几乎与科学独自拥有的实验方法毫无关联。但是，随着当代科学技术日新月异的快速发展，特别是脑科学的迅速发展，哲学研究方法也开始走向实验研究的途径。实验研究方法，正成为一种哲学研究的崭新手段，开启着哲学的实验研究新局面。于是，一些有远见的哲学家也纷纷采用各种科学实验方法来开展各自的哲学研究工作，并相继建立了一些哲学实验室。迄今为止，根据我们的分析归纳，在哲学研究中所采取的实验方法，主要分为保留思辨性质的思想实验、引入计算技术的仿真实验和采用测量仪器的真实实验等三大类别。以下我们分别对此加以介绍说明。

思想实验

所谓思想实验方法，指的是一种由于现实限制无法实际完成的，用于检验一种假设或理论的思辨性实验方案，其目的是要考察给定问题的潜在原理。思想实验主要源自近现代的科学研究，特别是物理学的研究，对科学理论的构建做出了巨大的贡献。

受到科学中思想实验方法的影响，现代哲学研究也广泛引入了思想实验方法，并得到了更好的应用与发展，甚至扩大了思想实验的运用范围，特别是在道德哲学、语言哲学和心智哲学方面更是如此。比如,汤普森的小提琴手(Thompson's violinist),说明即使胎儿有生存的权利,堕胎在道德上也是允许的;再如,塞尔的中文之屋(Searle's Chinese room),说明即使表面上能够处理语言,机器也不能具备真正人的智能;以及帕尔菲特像变形虫阿米巴一样分裂的人(Parfit's people who split like an amoeba),说明个体生存比其身份更重要。其他如钵中之脑、脑干机器、色彩颠倒、哲学蛇神、沼泽人等等,也都是著名的哲学思想实验的范例。可以说,当代哲学,更甚于科学,如果没有思想实验,必将显得更加贫乏。

由于哲学思想实验主要是通过假想场景来帮助我们理解事物实际工作的方式,思想实验归根到底还是一种思辨的而不是实证的方法,因此也有人称之为是心灵实验室。为了更加有效地了解思想实验的基本原理和考察事物本性的具体手段,下面我们就"小提琴手"哲学思想实验给出具体的介绍与说明。

"小提琴手"是汤普森于 1971 年在道德哲学领域给出的一个令人印象深刻和有效的思想实验。众所周知,有关公众反堕胎的观点是:胎儿是无辜的、有权利生存的个体,堕胎结果导致胎儿的死亡,因此堕胎在道德上是错误的。为了说明这种反堕胎观点是站不住脚的,汤普森的思想实验假想了这样一种场景。想象有一个著名小提琴手突然昏迷,音乐爱好者协会根据医学记录,认定你且只有你与这位小提琴手连体生活九个月,才能够挽救他的生命。在你与无意识的小提琴手连体睡眠时,音乐爱好者闯入你家中,而此时,你可能刚好想要解除与小提琴手的连体,但你却面临音乐爱好者提出的这样质疑:小提琴手是无辜的、有权利生存的个体,解除与他的连体将导致他的死亡,从而解除与他的连体在道德上是错误的。显然对于上述假想的场景而言,这样的道德质疑是不成立的。因为你可以十分慷慨在床上与昏迷的小提琴手保持连体九个月,但你并非在道德上有义务这样做。显而易见,堕胎情形与这个思想实验的境况是一样的,因此堕胎并非是不道德的。这个思想实验的有效性在于区分这两个概念的混淆:生存的权利与维持生存所需的权利。胎儿和小提琴手都具有前者的权利,但不一定均具有后者的权利。要点是即使胎儿具有生存的权利(这是汤普森不相信的,但为了辩论起见所接受的观点),堕胎在道德上仍然是被允许。

从上述例子可以说明思想实验在哲学上不仅大有用武之处，而且有一些显著的特点，能够有效地解决一些重要的哲学问题，给出有价值的哲学结论。美国著名学者科恩认为，设计好的思想实验能够给现有理论带来转折，或者起码创建变化，从而对范式变革有所贡献。通过用更好的方法来帮助我们对这个世界的重新概念化，思想实验可以教给我们关于这个世界的新东西，即使我们毫无新的实证数据。

哲学中思想实验的理论性贡献一般包括：(1)挑战甚至反驳一个盛行的现有理论；(2)肯定一个盛行的现有理论；(3)建立一个新理论；(4)通过互斥过程，同时反驳一个盛行的现有理论，并建立一个新理论。

当然，哲学上的思想实验也存在着一些不足之处。特别是，思想实验属于纯思辨性的，易错性是其主要问题，这种易错性使哲学家们担心人类直觉判断的可靠性：我们能够相信在假想情景中的思想实验吗？此外，所有的思想实验均采用一种思辨的而不是实证的方法，在思想实验中并不进行任何观察或物理实验。这就给思想实验结论的可靠性蒙上了抹不去的阴影。因此，运用思想实验解决哲学问题需要特别谨慎。

仿真实验

如果说思想实验的所谓“实验”仅仅只是象征意义上的实验，其本质依然还是思辨式的，那么随着计算方法与技术的迅速崛起，计算仿真建模的方法开始真正被引入哲学研究之中，成为一种真实意义上的哲学实验方法。通常来说，仿真实验就是采用计算编程手段来模拟实验进程的一种实证研究行为，以便通过计算机强大的计算与显示能力，更直观地了解事物发生发展的规律。

实际上，使用计算模型作为工具来进行哲学研究，已经有大量的研究实例。除了逻辑悖论的语义动力学分析之外，还可以用于对整个形式系统的描述，甚至可以给出社会和政治哲学中的计算模型。比如“囚犯困境”的各种协作演化策略处理问题，以及对宗教信仰的教派演化仿真等。对于那些思辨的哲学研究，通过计算模型，可以给出更加形象的整体性刻画，从而揭示原先无法认识到的深层内涵。

对于政治哲学，诸如囚徒困境这样的博弈策略研究而言，就可以采用计算建模及仿真模拟的方法来进行，无论是在对称信息、非对称信息，还是在动态行为的博弈中，均是可以进行计算仿真实验的。

众所周知，在“囚徒困境”的博弈中，有两个对策者，他们均有两种选择，或合作，或背叛。每个人都必须在不知道对方选择的情况下，做出自己的选择。对于两人选择后的奖惩结果是：如果两人均选合作，则每人得 3 分；如果两人均选背叛，则每人得 1 分；如果一人合作，另一人背叛，则合作者得 0 分，而背叛者得 5 分。现在的问题是，作为对策者，应该选择怎样的对策，才能获得最大收益呢？

为了更加周到地研究各种可选策略的优劣，我们可以采用元胞自动机模型（一种利用简单编码与仿细胞繁殖机制的非数值算法空间分析模式）来对囚徒困境问题进行立体化描述：采用元胞自动机来描述不同策略在参与相互邻近作用时的整体演化情况。方法是首先规定每个元胞均可选择一定的博弈策略来参与竞争，然后从初始的格局出发，一代一代演变，看每个元胞策略演变的整体变化规律，反映的是囚徒不同策略的生存适应性。具体的计算是：在囚徒策略竞争的元胞自动机中，每个细胞查看邻居细胞的策略积分；如果有比其积分高的邻居，那么就改用最高积分那个邻居的策略；如果最高积分不唯一，则随机选其一。比如初始策略有一味背叛、一味合作与一报还一报（下一步的策略取对手上一步的策略）三种策略的竞争演化情况，结果宽容的“一报还一报”最后取胜。

从“囚徒困境策略”的计算机模拟实例可以明显看出，计算模拟仿真方法在博弈建模的研究中发挥着巨大作用。其所达到的精确性效果和产生的明晰结果，是任何传统的研究方法所不能替代和比拟的。

美国隐喻逻辑学家斯坦哈特（Steinhart）对计算建模在哲学理论研究中所起作用进行了中肯的评价，认为对哲学理论进行计算机建模研究起码有五个方面的贡献：（1）理论清晰；（2）内在一致；（3）经验泛化；（4）大众可测；（5）大众可扩。正因为这样，可以预计，对于哲学这门古老的学科而言，计算模拟必将成为越来越重要的实验手段。

真实实验

所谓"真实实验"，是指传统意义上的科学实验。即通过实验数据分析归纳的方法来取得对事物本质的了解和理解。现代科学正是由于采用了这种真实实验，才从哲学中分离出来，成为独立发展的学科。但今天，随着当代科学的迅猛发展，特别是生命科学、认知科学、信息科学等这些新兴科学的不断成熟，似乎又使科学与哲学的区分变得模糊起来。正如英国物理学家格里宾在《大爆炸探秘》一书中指出："是科学变成了哲学，还是哲学变成了科学？无论你如何看待，可以肯定的是，这二者之间的界线已经变得模糊，变得远不如今天大多数科学家和哲学家自己所认为的那样实在。"（约翰·格里宾：《大爆炸探秘——量子物理与宇宙学》，卢炬甫译，上海科技教育出版社 2000 年版，第 1 页）于是，原先的那些哲学问题，似乎都可以用科学的成果来解答，甚至我们可以对哲学关注的问题，直接进行科学实验，从而解决哲学上的一些难题。

我们知道，哲学上的重大问题往往都与对心灵作用的认识有关。而由于脑科学，这门对于心灵的物质基础研究不断发展，特别是各种脑探测仪器与技术的不断发展，使得我们可以对哲学所关心的、与此相关的问题开展真正实验性的研究。比如有关自由意志、美感本质，以及禅悟体验等的实验研究。

作为一个具体的实例分析，我们来看看在 2002 年前后，美国神经生理学家李贝特(Libet)对古老自由意志问题所做的一系列神经实验得到的哲学启发。李贝特关于心智活动的时序性因素的实验研究主要关注的是神经事件和经验之间的时序关系，实验发现在我们认识到自己所做出决定之前，我们实际上已经无意识地启动了相关的神经活动。李贝特根据他的实验研究，提出了一种"意识的持续理论"(Time-on Theory)。据此我们可以重新审视各种心灵功能，特别是我们可以重新审视有关自由意志的问题。具体地说，从李贝特的实验中我们可以得到如下结果。

(1)主观报告：实际开始实施动作之前 200 微秒已有意识活动。

(2)实验发现：大脑出现潜在神经活动却在开始动作之前 550 微秒就

有了。

(3)得到结论:产生动作的大脑时间在被试觉知有此决定之前350微秒就有了。

如何解释这一实验结果呢?一方面,在实施一个行为前,似乎有一个实施否决该动作的时间,自由意志是有时间干预的。正如李贝特自己在《心智时间》一书中指出的:"在开始产生动作前有了150毫秒的意志意识时间,尽管其是跟随在神经活动启动之后至少400毫秒,但仍然潜在允许其影响或控制自动活动的最终实现。150毫秒的间隙在意识功能上足以影响最终的自动过程的实现。""换句话讲,有意识的自由意志能够控制一个无意识启动过程的实现。"另一方面,正如李贝特本人在书中又指出的那样:"这意味着什么呢?首先,这一过程导致远在有意识的意志采取行为之前,就由脑无意识启动了自动行为。这意味着,自由意志如果存在,也不会启动自动行为。"(Benjamin Libet, *Mind Time: The Temporal Factor in Cousciousness*, Harvard University Press, 2004, 137-138)这种先启动后选择机制,似乎又没有给自由意志留下余地。

但不管如何,这种通过实验来证实或否证自由意志存在的哲学论断,无疑为哲学研究带来了一种全新的方法。

结　语

总之,哲学上的实验方法目前主要包括如上介绍的思想实验、仿真实验和真实实验三个方面,涉及道德哲学、心智哲学、逻辑哲学、艺术哲学、宗教哲学、政治哲学、认知哲学和语言哲学等众多领域。从中不难看出,哲学上的这些实验方法不但具有广泛的适用范围,而且具有传统思辨方法无法替代的重要价值。古人云,"工欲善其事,必先利其器",我们相信,随着应用的不断深入,哲学实验方法也必将在未来哲学的研究中起着越来越重要的作用。因此,希望引起国内哲学界的重视,并在有条件的大学哲学系尽快建立起独立的哲学实验室,将哲学实验的方法引进各自的哲学研究之中,为繁荣我国哲学社会科学事业做出贡献。

(原刊《光明日报》理论版,2011年2月22日)

人文学科研究的实验方法

按:2014 年 5 月 17 日下午 2 点 30 分应邀在上海外国语大学第 138 期博士沙龙作了一场题为“实验方法,人文学科研究方法的革新”的口头讲演。本篇随笔的内容,为这场口头报告的概要整理所得。

传统的人文学科研究方法主要是直觉性、经验性和思辨性的,但随着第三种文化思潮的不断影响,传统人文也开始朝向科学化人文的方向发展。于是人文学科的研究也开始不断引入科学实验的方法。

过去,人们往往对立地看待科学和人文,传统的人文文化和现代的科学文化常常也是如同水火,难以相容。1959 年,英国科学家 C. P. 斯诺在其《两种文化》中提出,随着科学技术的飞速发展,世界上逐渐分裂成为两种文化:传统人文文化和科学技术文化。这两种文化呈现出相互对立、相互排斥的状况。

但是,20 世纪 90 年代以后,随着后现代科学思潮的兴起,人们意识到人文和科学之间存在的密切关系,开始试图打破两者之间的分离状态。特别是一批拥有深厚人文修养的科学家,开始站在科学角度重新思考传统人文的根本问题,诸如人生的意义,生命的价值,道德的作用,甚至有关宇宙根本之道等问题。这样就形成了不同于传统人文文化和传统科学文化的所谓第三种文化,也可以称之为科学人文文化。

科学人文文化首先突破传统科学文化还原主义的立场,采用非局域性、不确定性和不可预测性的观点,来重新审视物质世界和精神世界的一切现象,以量子理论、混沌科学和悖论逻辑为代表的全新科学思想,破除了传统科学的还原论谬误。这样就为人文与科学的联姻,奠定了坚实的基础。

比如,从薛定谔之猫的思想实验中,你不仅可以认识万物存在的不确定性、波粒二象性和物象纠缠性,而且可以跟古代中国有关天道认识相互关联起来。实际上,老子所指出的“道之为物,惟恍惟惚;惚兮恍兮,其中有象;恍兮惚兮,其中有物;窈兮冥兮,其中有精;其精甚真,其中有信”,与量子理论对物质世界的描述,起码在思想层面是一致的。其他像宇宙大爆炸理论,混沌科学的不可预测性,哥德尔定理的不可证明性等等,也都如此。与古代人文文化,特别是古代中国的人文主流思想,有着神奇的相容之处。

这就使我们不得不意识到,科学的不断进步,终于也殊途同归,与传统人文所关注的核心问题相遇了。因此,这也为人文学科的进一步深入研究提供了全新的起点,完全可以从当代科学思想和方法的视角,重新关注传统人文学科的研究课题。特别是,我们可以运用科学的实验手段和方法,更加深入地研究人文学科的课题。

当然,要采用科学实验方法来开展人文学科的研究工作,首先要了解其中必然会涉及最为核心的两个相关领域,即脑科学和计算技术。脑科学涉及人文学科研究的所有现象的源头,因为一切人文现象都与人类的脑活动相关;而人类的人文现象之所以复杂,就是因为其拥有发达的大脑。

近年来,随着脑科学的发展,人们对大脑的运行机制和作用机制了解渐深。核磁共振成像、近红外、微电极、脑电图、脑磁图,以及解剖学等设备和技术的成熟,为人文学科的课题研究提供了丰富多样的实验条件。例如,对于知识论中概念“所与”是先天的还是后天的哲学争论,就可以通过脑电实验的方式来加以检验。

至于计算技术,则是信息时代的关键技术,也是目前开展一切研究工作不可或缺的普适支撑技术,这对从事人文学科研究的学者们也一样。所以建议人文学者最好也都能够掌握一门比较高级的程序设计语言,使其成为高效利用各种计算方法的工具。可以按照自己的研究问题,编制特定的数据统计、数据挖掘和数据分析程序,甚至可以开展更加有针对性的计算仿真实验研究。

掌握了一定的脑科学原理和计算技术方法,分别在科学和技术层面为科学化人文研究奠定了基础,那么接着就可以开展相关人文学科的实验研究工作了。目前应用到人文学科中最常见的有三种实验方法,即计算仿真实验方法、认知心理实验方法和认知神经实验方法,我们分别加以介绍如下。

计算仿真实验方法是指利用计算工具强大的计算能力和图视化能力，模拟人文学科研究课题中的某一现象及其变化规律。例如，使用计算仿真方法模拟囚徒困境问题，可以通过计算仿真确定囚徒博弈中采用哪一种策略的效果最佳。又如，研究基督教流派的历史演变规律，也可以运用计算仿真程序来再现整个基督教流派的演变，抓住导致流派分裂的规律，进而找到流派演变的主要原因和关键因素，为研究宗教流派演变规律提供可靠依据。随着计算技术的日益成熟，我们可以解决以前不能解决和无法想象的诸多人文学科的研究问题。这样就可以为推动人文学科更快更好地发展做出贡献。可以这么说，只要涉及研究对象数据收集与分析的人文课题，都可以采用计算方法来加以研究。

认知心理实验是把传统的心理实验同计算技术结合起来的一种人文实验方法，解决一些以往无法解决的重要人文问题。例如，人们通常认为很神秘的“灵魂出窍”问题，即脱体体验问题，就可以通过认知心理实验来加以验证。通过精心设计的实验，科学家揭示脱体体验仅仅是一种体感错觉，也即是一种对自我本体的错觉。进一步的认知神经实验发现，刺激大脑角回部分，往往就会导致体感幻觉的出现。因此认知心理实验的结果说明，所谓“灵魂出窍”是不存在的，存在的只是人的虚拟体验。从这样的实例不难看出，认知心理实验方法，对于澄清一些古老神秘问题，是十分有效的。

第三种方法称为认知神经实验方法，该方法使用认知神经科学的仪器设备来进行人文学科研究实验。一个比较有趣的例子就是，使用这种方法来研究中国传统禅宗中的打坐冥想现象，探寻该活动对人类脑电波及心理品质的影响。这些研究大致将冥想分为三类，第一类为“专注一境”的冥想。实验显示，“专注一境”的冥想会产生跨脑区的 γ 波，而 γ 波在心理活动中往往代表注意力集中。因此，实验结果推断，长期进行这类打坐的人，会表现出专注度高和工作效率高的特点。第二类为“正念之法”。与“专注一境”的方法不同，此种方法不要求刻意控制自己的思绪，而是随其自由流淌。实验表明，这一类方法关联到 θ 波的产生，θ 波与愉悦和放松的心情相关。因此，实验结果表明，人们可以利用这一方法来缓解压力，治疗抑郁和心灵创伤等。第三类为“坐忘之法”，指通过打坐达到物我两忘的境界，体悟天道。实验表明，采用“坐忘之法”打坐，当进入物我两忘境界之时，脑电 α 波从有到无会出现明显变化，从而表明进入物我两忘的境界是完全有可能的。显然，运用科学的手段重新审视这些禅宗心法，对于揭示精神活动的极限现象，对于意识科学的深入发展，都具有重要的意义。

自然，上述三种人文学科的实验研究方法，也无一例外都可以应用到语言学的课题研究之中。实际上，计算语言学、认知语言学和神经语言学，就是系统运用上述三种实验方法而建立起来的语言学分支学科。因此，作为语言学研究的学者或学生，更应该掌握计算分析方法、心理实验方法和神经实验方法，并结合非线性动力学的知识，来研究极其复杂的各种语言现象与规律。我们相信，随着各种科学实验方法的不断深入运用，一定会为语言学这一学科的发展提供更为广阔的天地。

总之，人文文化和科学文化相互融汇的时代已经到来，以往相互对立的文理学科，逐渐走向密切合作、优势互补的新阶段。殷切希望诸位能够积极学习相关科学知识，积极与相关专业人士合作，将科学的研究方法运用到人文社科研究中，不断推动科学化人文学科的研究进程。

2014 年 6 月 16 日

孩子智力发展的三个关键期

对于我们每一个人而言，人脑是一个典型的“日用而不知”的神奇器官，我们大多数百姓整天都离不开大脑的运行，却对其工作原理一无所知。其实，即使在科学界，过去在物质、宇宙、生命和心智这四个科学本源问题中，我们的心智是如何通过人脑活动而产生的，是唯一尚无明确系统答案的问题。

好在随着最近50年来神经科学、认知科学和智能科学等相关学科的突飞猛进发展，围绕着认识脑、开发脑、保护脑和仿造脑的脑科学研究也在全球范围蓬勃开展起来了。于是，经过比较系统的深入研究，我们终于对这个宇宙中最为复杂的事物有了一些初步的了解，并已经可以用来指导人们如何更好地塑造、保护和运用我们的大脑，使得我们能够更加健康智慧地生活。

就父母最为关心的孩子智力发展的话题而言，根据当代脑科学的系统研究成果，现在我们可以明确指出，在人类个体智力的发育发展过程中，有如下三个重要阶段对我们孩子的成长影响起到了关键性的决定作用。

第一个重要阶段是胎儿神经细胞开始分裂增殖阶段，一般是从怀孕第8周起到分娩为止。人类的神经细胞属于不可再生细胞，因此人类个体的神经细胞个数的最大峰值就是在新生儿出生时，约1万亿个神经元，脑重量约为390克。显而易见的是，胎儿神经发育的这一个阶段，奠定了未来智力发展的物质基础。因此，对于塑造健康智慧的人脑而言，怀孕的这一时期是极为关键的，应该引起足够的重视。

我国魏晋南北朝时期的颜之推著有《颜氏家训》一书，该书“教子第二”中就有圣王胎教之法，论及怀孕三月开始（第8周后）应当遵循的基本要求。该圣王胎教之法指出：“怀子三月，出居别宫，目不斜视，耳不妄听，音声滋味，以礼节之。”也就是说，除了保障丰富的营养摄取外，孕妇的生活环境、愉悦心态以及感官刺激，都是影响胎儿神经发育的至关重要因素，不可不慎。

新生儿出生之后，便进入为期三年的智力发育关键期，这便是人脑发育过程的第二个重要阶段。人类一生中的头三年，瑞士心理学家皮亚杰称之为运动感知期。除了建议母乳喂养和健全免疫系统之外，这一阶段主要培育指导原则就是充分的运动感知。

多听、多看、多爬、多触摸、多运动，不但需要为婴儿提供丰富多彩的视觉刺激，而且要对婴儿多讲话、多唱歌、多抚爱，在地上多滚爬、多吸吮指头与趾头，这对于神经链路的发育发展，都是非常必要的。

经过这一阶段的人脑发育成长，到 4 岁时，脑重量可达到 1011 克，增加的部分主要是丰富复杂的神经连接。美国哈佛大学怀特教授著有《一生的头三年》，对三岁前幼儿的发展与教育作了系统的研究，建议为人父母认真阅读。

4 岁之后的一段时间，在智力发展方面无须做特别的关注，主要还是应该培养幼儿的社会认知能力，直到进入第三个智力发展的重要期，即智力升华期。根据瑞士著名心理学家皮亚杰所著《发生认识论》中的观点，这一阶段主要是指 11 至 14 岁，前运期到后运期的转变期，在我国基本上是属于初中阶段。

就智力发展而言，这一阶段主要应突破具象思维的藩篱，塑造高度发达的抽象思维能力。一方面要加强数学思维的训练，逐步养成成熟的逻辑思维能力；另一方面，要加强隐喻性想象思维训练，不断提高创造性思维能力。成熟的数学逻辑思维和隐喻想象思维这两种能力，就成为智力升华最为重要的进步阶梯。

众所周知，这一阶段往往也是所谓的人生成长逆反期，是少年自我意识觉醒的关键时期，因此对个体建立健全人格尤为重要。我们知道，就自我意识能力的发展而言，大多数人的一生有三个不同的阶段。第一个阶段是在幼儿 2 岁之前，基本上属于没有自我意识的时期。第二个阶段是 2 岁到 11 岁之间，儿童能够具有自我意识，但这时的自我意识往往是不独立的，一般会依附于父母或老师。第三个阶段，就是前面强调的转变期，自我意识开始觉醒，要求形成独立的自我。所以这一阶段往往表现非常逆反，甚至叛逆，但这是完全正常的。为人父母者，不能强行压制，否则必定影响健全独立人格的建立，进而影响人类最为宝贵的创造性思维能力的发展。因此，家庭、学校和社会都应该特别加以关心和爱护。

一旦能够顺利度过上述第三个智力发展的重要阶段，一个健康智慧的大脑自然就会得到营造，不但自我意识得到成熟独立，而且智力也会到达人生的最高峰。至于未来的进一步发展和运用，则取决于个体的努力和遭遇的环境，存在众多偶然性的因素，难以加以规律性的论述。

综上所述，就是依据当代脑科学的部分成果，对于儿童智力发育发展给出的一些原则性的指导建议。了解了儿童智力发生发展的一般规律，有助于人们更好地按照科学规律来培养教育孩子，成就人格健全的智慧人才。

2015 年 2 月 28 日，厦门

让大脑更加聪明健康

最近五六年，我经常在社会上讲授"脑科学走进寻常生活"的科普讲座，除了一般的脑科学知识外，其中重点往往落到"如何造就健康智慧之脑"之上。考虑到这些内容可能具有一定的普适性，因此特此加以整理成文，以飨读者。

我们凭着经验都会知道，大脑赋予了我们神奇的心智能力，成为支配我们日常生活活动的中枢。对此，英国脑科学家格林菲尔德在《大脑的故事》一书中饱含热情地指出："人类最醒目的特征不是我们建筑的外部世界，而是我们丰富的内心世界，这是一个气质优雅，充满希望、恐惧和幻想的世界。不管怎么说，大脑赋予我们超越其他动物的革新和想象能力。"（苏珊·格林菲尔德：《大脑的故事》，黄瑛译，上海科学普及出版社2004年版，第139页）那么这样一个无比神奇的大脑到底是如何构造和运行的呢？

首先，人类神经系统是由中枢神经系统和外周神经系统组成的。中枢神经系统，包括大脑、小脑、中脑、间脑、延脑等部分，其中大脑是我们心智活动的关键所在。大脑由左右两个半球组成，一般而言，除了按照部位将大脑半球分为额叶、顶叶、枕叶、颞叶和边缘叶外，为了更加精确地了解大脑的功能作用，还将大脑皮层进一步划分为不同的功能区。

在大多数情况下，由于与外周神经系统对侧性关联的缘故，左右半球脑区的功能基本上是对称的。但对于某些高级功能，比如语言和思维功能，也确实存在所谓的左右大脑分工现象，此时通常左半球负责语言、抽象思维的功能实现，右半球负责音乐、想象思维的功能实现。但是要注意，这也不是绝对的，少数左利手个体会有例外，其分工刚好与此相反。这可能与先天大脑结构有关，因此为了更好地适应发展脑功能，建议不要刻意纠正左右利手的固有习惯。

尽管我们的脑区功能有一定的分工，但是我们某项日常心智活动往往会涉及多个功能区的协同配合来加以实现。加上脑区功能本身也是适应性形成的，且具有补偿性替代机制，因此脑区功能也不是绝对一成不变的。

对于日常生活而言，大体上可以将人类大脑分为新皮层与旧皮层两个相对互补的部分。为了百姓能够明白，我们把新皮层称为理智脑，而把旧皮层称为情欲脑。情欲脑主要由爬行动物脑干系统和哺乳动物边缘系统构成，与人类的一些情感、食色天性等本能活动密切关联；而理智脑主要是指大脑新皮层，特别是颞叶皮层和前额叶皮层，是人类高级理智活动的中枢。比较理想的人脑活动状况应该是两者互根、互惠、互助而维持脑平衡。但在生活中由于饮食或刺激，情欲与理智的脑平衡会被打破，结果就造成了行为失范。

有时，长期饮用神经作用性饮料，也会导致脑功能失衡，从而影响正常的生活。比如长期天天喝茶，由于茶碱对情欲脑的抑制作用，会降低性欲；而饮酒过度也会抑制理智脑，从而乱德。更加严重的是抽烟或酗酒，会导致烟酒依赖，而严重影响正常生活。因此，养成良好的生活习惯，对于营造健康智慧的脑，至关重要。

在情欲脑中，包括情感、记忆和醒觉系统，跟我们的日常生活密切相关。情感奖惩系统的核心神经组织是杏仁体、中隔核，以及脑岛等脑组织，对于我们的情感生活起到主要的调节作用。根据目前脑科学研究的成果，对于儿童教育效果的启示就是奖励比惩罚好；而对于日常生活的启示则是要努力倡导正面情感而减少负面情绪，切记保持良好的心态是健康的第一保障。

对于记忆系统，主要涉及的脑组织是海马体，其与大脑皮层一起实现我们对信息的记忆功能。一般“记”是通过分布式方式存放的，而“忆”则是通过串行方式获取的。我们对于记忆过程大致可以分为四种，即程序记忆、语义记忆、情景记忆、铭刻记忆。由于程序记忆是一种自动过程，养成良好的行为规范主要应该通过程序记忆来实现。其实，所谓生活修为，就是要从刻意有为到自觉无为，使得我们的良好行为成为一种生活自觉。

与情欲脑相关联的第三个日常生活功能实现就是醒觉系统。我们每天入夜都要睡眠，到第二天清晨又会自觉清醒。这就是醒觉系统，其神经机制主要与网状体有关。一般在睡眠过程中有不同的阶段，分别是浅层睡眠、深度睡眠、快速眼动。其中浅层睡眠是一种朦胧状态，机体得到放松，深度睡眠则是身体得到补偿恢复机能的最佳状态，而快速眼动主要是脑内信息的整理阶段。快速眼动跟我们睡梦有密切关系，如果在快速眼动阶段醒来，就会得到一个梦境的记忆，否则就是无梦之夜。

就日常生活而言，醒觉机制中睡眠问题，有两点值得重视。一是可以调节睡眠时间，使得整个睡眠阶段无梦可知，即古人所说真人无梦。这对于心身健康是十分有益的。另一个就是要学会应对失眠，有效的方法就是要保持心如明镜。就是要做到如庄子在《应帝王》中指出那样："至人之用心若镜，不将不迎，应而不藏，故能胜物而不伤。"

跟情欲脑类似，我们的理智脑也有众多高级的功能表现。实际上，在上述情欲脑主要功能系统的支持下，加上运动与感知系统的参与，我们人脑还可以具备超越一般动物的高级心理活动能力，这些主要都是理智脑的活动结果。对于理智脑而言，比较典型的功能表现主要是音乐审美能力、意义发生能力以及自我意识能力等。

音乐审美活动是一种意识活动的高级形式，涉及我们的感知、情感、想象、记忆，以及价值评判等高级认知过程。反过来，通过这种高级认识互动，也会有助于提高人们的心理品质。比如经常聆听莫扎特 D 大调 k. 448 号作品，有助于提高人们的时空推理能力；而经常聆听古琴音乐则有助于改善不良心态。应该说，艺术活动的时空想象能力与语言逻辑的分析能力是提高心识能力水平相互补充的两个途径。

同样，意义发生能力也是一种综合情感与理智的脑活动结果。现已明白，决定外部信息是否有意义的是价值评判。由于情感是主观评价的主要部分，而评价肯定是意义产生的基础，即判断力。因此情感不仅是上述音乐审美活动的基础，同样也是意义发生的基础。德国科学家福尔克·阿尔茨特和依曼努尔·比尔梅林在《动物有意识吗》一书中就明确指出："我们判断力的力量，不管他是建设性的还是破坏性的，全都来自于我们情感的规定。所谓情感，就是对我们同其他人的关系做出评价、贯穿于感觉和回忆并赋予每一次经历以意义的那种东西。"（福尔克·阿尔茨特、依曼努尔·比尔梅林：《动物有意识吗》，马怀琪、陈琦译，北京理工大学出版社 2004 年版，第 155 页）如果一定要做个区分，那么我们的理智脑主要把握的是方向，而我们的情欲脑则是提供动力。要想我们的大脑运行正常，两者缺一不可。

不过，不管是音乐审美还是意义发生，其中有效性的保证，都离不开我们的自我意识能力，否则所有的活动都会因为缺失实施与感受的主体而变得毫无意义。通常，漫长的人生会经历自我意识的四个不同阶段：(1)天真无知的婴儿阶段；(2)少年获得独立人格的反抗阶段；(3)一般普通人成熟阶段；(4)茅塞顿开的超越阶段。对于营造健康智慧的脑而言，这第四个阶段才是我们关注的核心能力。

为此，我们强调，自我意识那种茅塞顿开的超越阶段，也是一种无将迎、无内外的至乐状态。通常很少有人能够达成这一自我意识状态，往往可遇不可求，但可以通过系统的心法训练增加其达成的概率。而这其中达成的一种途径就是禅悟心法。

所谓禅悟心法，就是通过静虑方法来富于成效地重构超越性的自我意识能力。值得强调的是，当代的认知神经科学，恰好从实证的角度，为禅悟心法所达成的心态境界给出了科学证据。大量的科学实验已经结论性地指明静虑能够明显提高人们的心理品质，并且正在使我们的脑物质性地变得更好。也许这只是一个时间问题，迟早静虑会被看作不可或缺的情感与心灵的幸福源泉，就像我们的身体健康锻炼一样。实际上，静虑正是通过将情欲脑与理智脑更好地整体化而提供的一种有效措施。

应该清楚，情欲脑与理智脑相互关系，就像一阴一阳之谓道一样，只有相互和谐平衡，才能带来健康智慧的整个脑。当然，无论如何和谐，随着年龄的增加，作为整体的人脑，慢慢也会开始走向衰老。据说，人脑神经元平均每日死亡数约 50 万个，因此到了 70 岁人脑的脑重量就会减轻到 1330 克，到了 80 岁则为 1260 克(7 岁时 1280 克)，而到了 90 岁只剩下 1120 克。不过脑重量的减轻还是小事，有些个体到了晚年，还会身患一些常见的脑疾病，如帕金森综合征、老年痴呆症，以及更为常见的健忘症。

那么，如何才能够使我们的大脑避免疾病的困扰，从而推延衰老呢？无他，唯有的健脑秘诀就是运脑与静虑。健脑，就是要经常动脑，不用则废是神经系统的基本法则。因此，避免衰老和疾病的最好方式就是要不断运用大脑，专注性地学习新事物。对于大脑而言，我们不但要做到活到老学到老，而且必须做到活到老用到老。静虑，则是要每天坚持 10 到 15 分钟的静虑，是大脑保持良好状态的最佳方式。总之，动脑是动，静虑是静，一动一静，互为其根，这不但是健脑的最佳途径，也是养生的最佳途径。

当然，随着脑科学的深入发展，我们对大脑的认识越来越深入，或许有朝一日，我们可以通过先进脑科学技术，使得我们的脑更加健康智慧。实际上，目前已经开展的一些先进脑科学技术，如脑机融合技术、大脑扫描技术、神经植入技术等，为未来可能的前景提供了许多想象的空间。不过，这些可能的技术，以及目前已经存在的神经药物滥用问题，也给人类带来众多伦理问题。因此，所有这些新技术是好是坏，目前还不得而知，或许会对人类生活构成前所未有的挑战。

首先我们来看看所谓的大脑扫描备份技术。众所周知，长生久视一直是人类梦寐以求的事情，随着脑科学的不断进步，一项更具挑战但最终切实可行的方案是：对人的大脑进行扫描，绘制出神经细胞、轴突、树突、突触以及其他成分的位置，以及相互之间的联系和具体内容的图谱。这样，在具有足够容量的仿脑神经芯片上就可以随时备份扫描得到大脑的整体结构以及他所记忆的内容。此后，一旦我们的肉体死亡之后，通过生物克隆技术，我们可以重造我们的躯体，然后再将备份好的大脑扫描图谱重新构建植入大脑，于是包括原来心智活动在内的我们个体生命得以再生。

这样一来，死亡将不再是我们已知意义上的死亡。迄今为止，人类自然死亡时刻的到来与其躯体硬件的寿命密切相关。我们的躯体硬件一旦崩溃，随之而来的就是死亡。在我们成为可以随时备份的心灵软件之后，我们的死亡将不再取决于躯体硬件的寿命。虽然硬件躯体仍将存在，可是我们身份的实质将取决于我们的软件心灵是否恒定。这样一来，只要人们时刻及时备份我们的心灵软件，原则上我们的生命就能得以长生久视。

另一项涉及未来脑科学技术开发的内容是神经植入的虚拟感官体验。一直以来，我们都会以为许多体验只能从实际的精神或肉体接触中获得，可是现在却发现我们可以通过直接激活大脑的方式，使之体验许多不同的感觉。

比如，在进行动物试验的时候，无论是雄性还是雌性动物，只要把少量睾丸激素注射到他的下丘脑某个特定部位，就能刺激它产生雌性反应。如果刺激的是下丘脑的另一个特定部位，则会产生雄性反应。

这个结果说明，一旦神经植入得到普及，我们不仅可以营造虚拟感官体验，而且可以营造跟这些体验相关的感觉。我们还能造成一些通常与这些体验不相干的感觉。这样一来，人们无须直接通过实际生活，就可以获得人们希望得到的任何人生体验。显然，这样的神经植入技术得到普及，将给人类的生活带来难以预料的情况。从正面效果上讲，希望利用神经植入手段，可以为个体营造长久愉悦慈悲心态提供帮助。

最后就是目前正在实现的脑机融合技术。我们已经知道，通过脑机接口技术，我们已经可以在某种程度上实现"心想事成"的梦想，使得意念驱动机器将成为现实。从技术原理上讲，就是通过对人类脑电模式的解读，来理解人脑中的意图，然后控制机器进行相应的操作，这样的技术就是所谓的脑机接口技术。

但是技术的进步总是不断朝着更加复杂先进的方向发展，随着我们对神经系统的运作机制的了解越来越深入，脑机融合技术的进一步发展就是将神经系统与机器装置融合一体，实现优势互补的超级智慧主体，并应用于各种场合，这就是脑机融合技术。可以预计，从控制动物行为到制造生物炸弹，再到复合超级智慧生命，甚至实现脑联网，脑机融合技术的发展前景是不可限量的。或许，有朝一日，人们可以利用脑机融合技术，使我们的大脑拥有超乎寻常的智慧。但也或许，这样的技术发展会超出人类的控制，产生难以想象的灾难，也未可知。

确实，脑科学的发展将会给我们带来无限想象的空间。其实从某种角度上讲，人类所言所知，所作所为，无不是我们大脑运作的外在表现。比如语言是人脑的功能，文化是世代人脑的功能结果，行为科学是脑科学的分支。由此可以旁及所有的社会科学，如法律、管理、经济等行为，都无非是一些特定的行为科学研究的对象，而教育的目的便在于塑造特定的大脑。其实，我们所有称之为学问的东西，也无不是大脑的杰作，当然是历史长河中群体大脑的杰作。这样一来，我们借用佛教唯识论的一句话"一切唯心识"，可以毫不犹豫地说"一切唯脑识"！

脑科学的发展将深深影响并改变我们的文化与生活，这将成为必然的趋势，也是生活在脑科学时代人们必然要面对的现实。我们唯有期待，脑科学及其技术开发的发展，应该朝向造福于人类营造健康智慧之脑的方向前进，是为所愿！

2014 年 8 月 28 日，厦门

四

机器智能

智能科学技术概说

我的主业是智能科学技术专业。鉴于这是一个全新的学科专业，大多数人对其不甚了解，经常会有人问起这到底是一个什么专业？因此我特地撰写这篇随笔来做一番介绍，顺便替这个专业做做广告宣传。

首先，我们来看看什么叫作智能。通常人们更愿意将智能看作一种心智能力，因此从科学角度上讲，必然与神经机制和认知活动密切相关。不过不同于生物层次的“神经”和心理层次的“认知”，“智能”更多的是偏重于宏观行为层次的能力。

大致而言，对智能的描述可以归纳为适应环境的学习能力、灵活机智的反应能力，以及涌现创新的思维能力等等。应该说“智能”一词，重在“能”字，指的是一种心智能力，所以特别强调心智机制的实现，跟学习、适应、感知、理解、判断、推理、创造、行为和意识等心理能力都密切相关。诸位读者，不知你们自己心目中的“智能”定义又是什么，不妨也给出一个自己认为的定义。

虽然对学科核心概念“智能”难以界定，但智能科学技术本身的研究对象和任务还是比较清晰的，有着比较统一的认识。归纳起来，其目标性界定可以陈述为：将人类智能（部分地）植入机器，使其更加“聪明”灵活地服务于人类社会。根据这个定义，智能科学技术的内涵将涉及智能哲学、智能科学、智能技术、智能服务等多个方面，下面我们分别简要加以论述。

（1）智能哲学。在上述学科界定陈述中“部分地”一词，就涉及心灵哲学，特别是智能哲学的研究。机器能够拥有人类哪些部分的心智能力？抑或是全部？人类具有美妙绝伦的心智能力，机器能否也可以拥有与之相媲美的智能呢？

有学者认为，随着智能科学技术的不断进步，在不远的将来，智能机器将会取代人类，成为这个世界的主宰，而人类将丧失最终的智力优势。那么，难道这真的将成为未来的现实吗？

也就是说，机器真的也会拥有人类的心智能力、机器也能够像我们一样会哭会笑，并意识到自己的情感波动，像我们一样具有创造性能力并会不断自我完善，创造出更加聪明的机器后代吗？这些问题，就构成了智能哲学的研究任务。

(2)智能科学。要将人类智能植入机器，自然要涉及狭义认知科学研究，主要关注的是人工智能理论研究内容。在认知科学的范围内，所谓狭义的认知科学就是“心智计算理论”，如果加上其应用技术方面的工作，就构成了智能科学技术的核心内容——心智计算理论及其应用技术。这也可以看作智能科学研究任务的界定。

作为与程序概念的对比，智能科学关心得更多的是“思维”概念，因此可以作如下的类比：

程序＝数据结构＋算法

思维＝心理表征＋计算程序

这样，结合脑科学、心理学和语言学，智能科学理论的主要研究内容，就可以用图 A 来呈现其所涉及的内容及其关系。

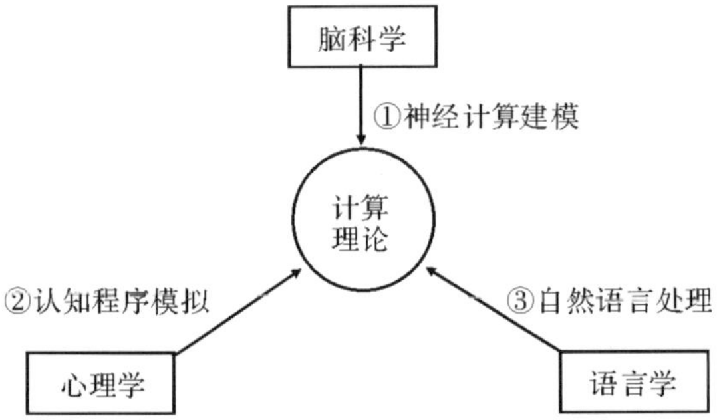

图 A　智能科学涉及的学科示意图

从图 A 中不难看出，智能科学理论主要运用计算理论，围绕着人类心智能力，开展神经计算建模、认知程序模拟和自然语言处理等三个方面的研究内容。

(3)智能技术。植入机器的工作，毫无疑问就会涉及具体的技术实现问题。这个方面，除了研制机器本身之外，主要涉及各种智能信息处理方法，特别是那些最为关键的核心智能方法及其实现技术。应该说，智能科学与技术学科的奇异之处就是试图将一长串严格形式化的规则放在一起，用这些规则教给不灵活的机器如何变得灵活起来。此时，也会涉及具体方法的技术实现问题，包括智能计算技术、智能控制技术、智能交互技术，甚至脑机融合技术等。这就需要研究各种有效的智能方法及其实现技术，使制造灵活智能的机器成为可能。但我们也必须指出，真正有效智能方法及其实现技术的形成，恰恰也就是智能学科具有挑战性的核心问题。

我们知道，任何事物均可以从不同的层次去描述，特别是复杂的事物，往往可以从多个层次去描述。一些简单的事物往往只需从一个层次来描述，比如非智能化计算算法中的问题。而智能学科研究中的一个重大问题，就是要指出如何跨越不同层次描述间的鸿沟，即如何构造一个系统，使它可以接受一个层次上的描述，然后从中生成另一个层次上的描述。显然，在复杂智能系统中，最高层次就涉及意识能力问题。从智能技术上讲，目前仅仅依赖于预先编程的机器还不可能在一个更高的意识层次上思考问题。因此，智能技术的研究发展，也是任重道远的。

应该明白，智能技术正是具有人类心智能力的机器实现的关键所在，层出不穷的各种机器智能实现方法，也构成了智能科学与技术不断发展的动力，也是智能科学与技术学科长期积累最为主要的内容。

(4)智能服务。研制开发出来的智能技术，是要灵活地服务于人类社会的。这样就涉及智能产品的研发，属于智能技术应用研究的内容。应该看到，我们正处在一个信息化的时代，支撑这个时代的技术就是信息技术，而信息技术的前沿技术就是智能技术。因此，信息化不可能停留在数字化之上，如数字图书、数字地球、数字城市、数字媒体等；而是应该不断走向智能化，从智能家居、智能社区、智慧城市，一直到智能社会。

在当今社会发展中，智能技术不仅仅是信息技术发展的驱动力，而且其本身也越来越成为信息技术的主流。这就意味着，智能服务在当今和未来的社会中，必将具有极为广泛的用武之地。

至于智能科学技术在社会发展进程中所起的作用，更是前途一片光明。我们已经知道，21世纪的社会不是信息社会，而是智能社会。就像信息技术是信息社会的核心支撑技术一样，智能社会的核心支撑技术就是智能技术。众所周知，构成社会形态的要素有三个，即意识形态、社会制度和支撑技术，而起决定性作用的是技术，技术层面的进步必定会带来社会形态的变革。

我们已经深切感受到，信息技术的高度发展已经改变了传统的生活方式和社会交往形式，从而导致人们价值观念体系的重大变革。而从技术层面上讲，高度发展的信息技术的最终表现形式，就是智能技术。因此，作为信息社会的高级阶段——智能社会，也就成为未来社会发展的必然趋势。

2015 年 2 月 28 日，厦门

《心脑计算举要》序言

人工智能在经历了20世纪80年代整整10年的繁荣之后，进入九十年代，由于方法论上始终没有突破经典计算思想的藩篱，再次面临着寒冷冬季的考验。以彭罗斯和塞尔为代表的各种反思和批驳论著纷纷涌现，人工智能的研究前景又一次变得暗淡无光。与此同时，神经科学和生命科学却以前所未有的速度迅猛发展，我们有关心脑和生命机制的知识迅速增长，脑的十年、基因时代也成为时代的口号。

在这种形势下，特别是由于对人脑机制和生命本质的不断深入了解，人工智能研究也开始摆脱经典逻辑计算的束缚，大胆探索起新的非经典计算途径。于是类脑计算机（Brain-like Computer）以及生物性计算机器（Bio-inspired Computing Machine）的研究，就成为人工智能迎来新曙光而开启的又一个春天。

为了让这春天的暖风尽快吹绿我国学术大地，作为一名深深热爱并长期从事人工智能研究的工作者，我认为有必要将目前国际上有关人工智能研究的最新进展，从一个全新的心脑计算角度介绍给国内学术界。因此不顾自己才浅学疏，大胆编撰这部专著，愿为振兴我国人工智能的研究事业尽一点微力。

本着这样的目的，本书将主要以“举”其“要”者而览之为宗旨。当然，考虑到继承性和完整性，除了强调量子计算、生物计算和集群计算等非经典计算思想和方法外，全书的结构主要围绕着心脑能力的主要方面展开，且在每个方面又只以某个侧面来进行介绍，以求起到以一斑窥全豹的效果。

全书共分七章。第一章绪论，主要对人工智能的历史、心脑计算的进展以及有关心像理论的主要内容做了概要性论述。第二章至第六章，分别以“语言理解”、“智能群体”、“意识模型”、“情感计算”和“艺术创造”为主题进行介绍，其中人工智能长期形成的各种方法论则通过与有关章节内容的结合来系统阐述，包括新近出现的各种主要的非经典计算思想和方法。最后，在第七章余论中，以拙著《无心的机器》为基础，对人工智能有关的哲学问题做了进一步的讨论，特别是讨论了挑战哥德尔定理和图灵—丘奇论题的非经典计算思想对深化人工智能研究可能带来的深远影响。

一部专著的完成，不仅仅是作者心血倾注的结果，也是得益于许多人直接或间接帮助的结果。在这里，我对他们无私和友爱的帮助表示深深的感谢！

首先，最近七年间，我对人工智能的看法有了很大的变化，这主要得益于中国科学院的汪云九研究员和唐孝威院士两位前辈引导。他们多次邀请我参加有关脑与意识的香山科学会议，以及私下的脑科学合作研究，将我带入一个全新的脑科学领域，让我对脑科学的前沿研究有了较为全面的了解。我对他们无私的帮助和关爱表示深深的敬意和感激！

其次，我也要特别提到我所在浙江大学西溪校区视觉与听觉计算实验室的全体同事和历届学生，是他们的热情支持，才使得一个名不见经传的小小实验室，能够将每学期两周一次的人工智能前沿研讨长期坚持，本书的大部分内容得益于这种研讨。在一个名利驱动的年代，这种完全自愿、自发和自由的学术讨论能够健康发展，实在是一件令人感动的事。在此我要感谢所有为研讨会作过专题报告的专家、学者和研究生们，我将永远怀念他们，怀念大家一起度过的美好时光！

最后，我特别要感谢我学术和精神上的恩师马希文先生的栽培，使我不但打下了学术研究的基础，而且还学到了做人的道理。非常遗憾的是，恩师在此书撰写之前已经离开人世，作为学生的一点寄托，一种纪念，我愿将此书献给恩师马希文先生！我相信，作为我国人工智能研究领域的先驱之一，弘扬人工智能研究事业一定也是恩师的愿望！

2001 年 5 月 8 日，杭州初稿

2002 年 8 月 28 日，厦门定稿

机器识别手写汉字的难点

手写汉字的机器识别一直是一个困扰着研究人员的疑难问题，不但现在如此，而且将来还会如此。这是由机器计算能力和人类认字能力的不同性质所决定的。事实上，与人类认字能力相比，手写汉字的机器识别系统就显得相当“简单粗糙”了。虽说经四十多年的研究发展，在样本字库的建立、文本行字的切分、预分类、特征提取、匹配方法、细分类、识别字典和词句确认等方面出现了众多的研究成果，但就人类认字能力的基本原理方面的探索研究，还依然显得匮乏。我在本书中，尽管努力本着从人类认字规律的协动识别思想出发，综合了几乎所有出现在手写汉字识别研究中的成熟技术，但依然回避了许多更重要的实质性问题，无法从根本上给出解决手写汉字机器识别的全面技术。因为这些实质性的问题，并非是单纯的技术问题，而是一些与机器计算能力的局限性有关的理论问题。

首先，由于形似汉字的存在，必然伴随一个不确定性问题的出现，也即如何恢复汉字图像的多义性识别问题。况且，即使不是形似汉字，标准汉字中的各个特征要素，往往都是综合诸多因素的结果，很难从汉字图像中回推出导致各个特征要素的实际因素。而这种难以把握的微小变化却往往导致对图像特征截然不同的确认，从而得出截然不同的识别结果。再者，汉字图像本身往往并不提供足够的所需信息，需要主观参与才能形成最终识别结论；并且即使提供的信息也是离不开拓扑结构和整体局势的，不是靠局部精确计算所能把握。许多因素是深深根植于认字活动过程之中，离开了主客体相互作用抽取出来的信息会变得毫无意义。就连最初始的文本切分，也是和以后的词句确认密不可分。所有这些都是导致手写汉字机器识别困难的一个原因。

第二个导致手写汉字机器识别困难的原因是，人类认字能力难以为机器识别系统所面面照顾到。我们知道，识别一个汉字，特别是写得不甚规范的汉字,需要许多语境信息的背景知识,而这些背景知识却是人类在一定文化习得和语言环境中长期积累形成的。靠目前的计算手段,哪怕只是一个小学生的语文经验和知识,也无法系统地加以描述和组织,更谈不上灵活运用这些知识了。另外,手写汉字识别研究的目的是要代替人类认字能力,起码在某种程度和范围上是如此。这就需要对人类认字的机能有透彻的了解。但要做到这一点,是十分困难的,几乎涉及神经生物学、认知心理学、语言文字学等与之相关的所有学科领域。现代神经生物学的研究表明,就人类的视觉机制,就超乎寻常的复杂,单单组成的神经细胞就有 10^{11} 之多,更不用说还要考虑这许多神经细胞构造的各个特异化组块及其各种错综复杂的关系了!

目前尚不知道是因为汉字形体的复杂性引起了我们汉字识别能力的复杂性,还是因为我们有了复杂的认识能力才使得我们能够识别如此复杂的汉字。但有一点是肯定的,那就是要达到,哪怕部分达到人类的认字能力,就需要具有同人类认字机能相当复杂的机器识别系统。对于手写汉字的机器识别而言,以复杂性对付复杂性恐怕是唯一的一条出路。但这在计算观点来看,即使对人类认字机能有了充分了解之后,也还会遇到难以设想的种种困难。因为作为一种计算装置的机器,其所要解决的问题,还必须要考虑到计算复杂性和可计算性问题。

我的导师马希文教授曾经撰文指出,要机器去解决某个问题,必须满足三个基本前提。第一,该问题必须是可形式化的;第二,形式化的问题还必须是可计算的;第三,即使是可计算的问题,也还必须不是难解性的问题,即要有一个合理的复杂度。而一个问题是否可形式化和可计算,是问题本身所固有的性质,不依赖于所采用的计算装置和计算方法。所以想通过新方法、新理论和新机器来绕过前二个基本前提也是徒劳无益的。至于第三个基本前提,是否能通过新方法新技术来改变问题的相对复杂性,似乎还值得探索。因为确实存在着这样的例证,能相对改变问题的计算复杂性。比如 Steimer 树问题,对于顺序计算而言是一个难解性的问题,但如果采用一种"肥皂膜"计算装置,就可以通过 O(n)级的计算量完成其计算。实际上这种"肥皂膜"装置类似于大脑特异化组块,是通过装置本身的复杂性来提高应付复杂性能力的。从这里我们可以看出,用复杂性对付复杂性,无疑为绕过第三个基本前提提供了可能。但对于不可计算的问题，则远非是靠计算的手段所能解决的。目前，对于手写汉字识别问题，我们尚无对其可计算性和计算复杂性问题的系统研究。我们还不能肯定，完全像人类认字水平一样来解决手写汉字机器识别问题是否可行。而对这个问题本身的研究，也就构成了手写汉字机器识别研究困难的第三个原因。

总之，所有上述困难，都是导致手写汉字的机器识别进展迟缓的根本原因。自然，我们会问，面对这些困难，手写汉字机器识别研究的出路又在哪里？

也许我们一开始对手写汉字的机器识别期望就过高，如果机器计算能力的限度确实不及人类认字能力的限度，那么手写汉字机器识别的研究目标，只能是努力提高计算装置的复杂性，努力发展与人类认字能力相适应的计算思想和方法，尽可能实现机器能实现的部分认字功能（对书写有一定的限制），而不是完全取代人类认字能力（没有书写限制）。即便这样，我们也必须清醒地认识到，要更好地解决手写汉字识别问题，远非只是靠纯技术性的改进所能完成，其中存在的本质上的困难需要对汉字音、形和义三个方面作全面、系统和整体的综合研究，才会有所发展。不但如此，那种可计算性和计算复杂性问题的研究，那种形似汉字区分问题的研究，那种依赖于整体局势的信息提取的研究，特别是那种依赖于情境关联的语境信息更充分利用的研究，更需要综合各个相关学科的研究成果，进行全面系统的综合研究。

此时与其狭义地把手写汉字机器识别简单地归结为模式识别的一个分支问题，倒不如广义地将其独立出来形成一门新的研究学科，抑或我们应该称其为“计算汉字学”更为贴切。有如“计算语言学”是语言学的计算化拓展一样，“计算汉字学”可以看作汉字学的计算化拓展。而上述诸方面的研究问题便构成“计算汉字学”重要的研究课题。我们期望在不远的将来，对这些问题的研究有较大的进展，以能真正推动手写汉字机器识别的实用化进程。

（摘自周昌乐《手写汉字的机器识别·结语》，科学出版社 1997 年版）

汉语语词切分方法刍议

不同于西方书面语言，在汉语信息处理过程中，由于词与词之间不再有空格分隔符，因此一个首要问题就是要将语流中一个个词给分离出来，这就是汉语语词切分问题。已有研究发现，这并非是一个轻而易举的问题。特别是，汉语语词的划分往往存在着歧义性，需要在一定的上下文语境参照下才能确定，而上下文语境的利用反过来又依赖于一个个切分好的语词，这样就有一个分词与语境相互依存的问题。于是单独依靠像最大匹配、基于字词表、最少匹配等那样机械分词方法就不足以很好地解决汉语的分词问题。

目前，研究人员已经普遍重视语词切分方面的歧义现象，并提出了众多基于知识和基于语料统计之上的新方法。比如联想—回溯法，基于邻接知识的分词法，基于期望的分词法，自动分词专家系统，基于规则和基于统计信息的分词法，以及包括深度学习在内的各种机器学习方法等。

这些方法尽管在不同程度上能解决一些语词切分歧义问题，但由于均是通过事先设定先验知识和统计信息，难以在动态分词过程中从整体关联性互相制约上来消除分词歧义，因而还存在不少遗漏面。主要原因是缺乏合理的动态歧义校正机制，不能真正从分词之间相互制约的动力学角度来取得整体最优效果。

那么，如何更加全面地看清汉语分词这样一个棘手问题呢？毫无疑问，作为一种汉语分词问题的解决，充分利用上下文语境制约的关系，通过对所有可能切分做最优选择的方法来进行语词的切分，是目前通用的策略。但对于如何清晰地描述汉语分词问题，目前却并没有正确的认识。我们通过仔细分析汉语分词歧义的规律，认为对于汉语分词问题的一种清晰刻画应该是这样的。

不失一般性，我们假定要切分的是语句中的语词，语词构成单位为汉字，那么汉字在语词构成中能出现的位置角色就只有四种，即位于词首、词中、词尾,或独自构成语词。由于存在着歧义性,某个汉字可能充当不同语词(歧义语词)或同个语词中的多种角色。例如,在“美国会采取行动制裁伊拉克”中“国”字既可能是语词“美国”中的词尾字,又可能是语词“国会”中的词首字,最终其角色到底是什么,需要通过上下文来确定。

这样,当我们对语句中的汉字都标注了各种可能的角色,那么剩下的问题就是要利用各种语境上下文关联、语词固定搭配以及词频统计信息等制约关系来确定各汉字唯一的角色(四者选一)。一旦所有汉字的角色全部一致唯一确定了,那么语词的切分也就完成了。这就是汉语分词问题的完整描述。

当然,如果语句分词存在歧义,此时则可以利用每种可能角色的频率值来同时保存各种切分序列,并利用松弛语境整体迭代,逐步消除所有不一致切分,而保留最为合理的切分序列。这里,松弛是一种计算方法,主要是通过使用局部不一致性和多次反复迭代来获得一个完整的整体效果。不过,采用松弛迭代计算,必然存在一个计算复杂性问题。

我们知道,从理论上看汉语分词问题,相当于对给定的一个字符串 S(句子)以及 n 个子串 C_i(词典),要给出一个划分 $D_j \in \{C_i, i=1,2,\cdots,n\}, j=1,2,\cdots,k$,使得 $S=D_1D_2\cdots D_k$。这样的一个问题显然就是一个 NP 难问题,因此,要想有效解决词切分问题,只能寻找某种高效的近似算法。而在这其中,关键就在于如何针对特定分词要求来选择利用约束条件,使得算法复杂性得到有效控制。

目前存在的所有分词算法,实际上都可以看作在给定分词背景下,寻找有效的约束条件,从而使得这样一个 NP 难问题,可以近似化解为 P 问题。我们建议采用上述汉字角色确定来描述汉语分词问题,并运用松弛算法来进行歧义消解,其关键也在于有效约束条件的选择。这是一个开放问题,依赖于具体分词系统的应用背景。

汉语分词是一个难问题,尽管目前学术界已经提出并具体实现了众多的算法,开发了无数个实用系统,但这个问题从理论上讲依然没有得到很好地解决。我们期待有朝一日,随着计算方法的不断进步,特别是先进的量子计算方法、基因计算方法以及自组织计算方法的兴起,能够彻底解决这一疑难问题。

2012 年 12 月 21 日,厦门

机器诗歌赏析

在我国，自 20 世纪 80 年代始，就有不少个人和研究机构陆续开展了汉语诗歌的自动创作研究。在 1984 年我国首届青少年计算机程序设计竞赛中，上海育才中学 14 岁的学生梁建章就成功编制了“计算机诗词创作”程序。该程序共收入 500 多个词，以山水云松为主题，平均不到 30 秒钟就能创作一首五言绝句诗，可谓高产“诗人”。下面题为“云松”的诗就是该程序产生的，很有古诗韵味。

銮仙玉骨寒，松虬雪友繁。
大千收眼底，斯调不同凡。

另外，辽宁省建设银行工程师艾群也有电脑创作的诗作“发表”，其中的《北方的思念》和《乡情》尤为让人叫绝。《北方的思念》为：

雨巷盼望孤独/故乡的依稀揉白了/模糊的坐标/全是橡树的风景。
思念你/心的座/甚至去了/美丽的春色，/重回/北方的思念。

而《乡情》全诗如下：

夜空长长/日历交融了墙，/久远的威风上/人迷失在充满生机的故乡。

以看到的背影拒绝回声，/唇急给于心中，/自无束的情里/拂过无声的落叶。

你还别说，真有那么一点思乡情浓的味儿。

很明显，上述的机器诗歌之所以有那么一点诗情画意，当然是源于人们的选择和解读，所谓“三分诗七分读”。从这个意义上讲，机器创作诗歌，困难不在于组合搭配出好的诗句，而是如何在创作的诗句中进行评判，使得机器总能创作出好的诗句，从而真正保证机器产生诗歌的质量。

另外，自20世纪90年代至今，厦门的林鸿程先生独立开发的“稻香老农作诗机”一直在不断地升级和完善中（http://www.poeming.com/web/）。而2006年出现的“猎户星免费诗歌自动制作机”更是在国内的网络和诗坛引起了一场轩然大波（http://www.dopoem.com/）。民间机器作诗的研究热情远远胜过学术研究。作为对比，学术界的研究成果很少，除了有关文献给出的研究工作外，还有就是那篇产生较大影响的《一种宋词自动创作的遗传算法及其机器实现》（《软件学报》2010年第3期）一文。

那么机器创作诗歌的主要方法是什么呢？从国内外已有的研究看，采用的计算方法主要有词语堆砌法、基于模版的方法、基于模式的方法、基于实例的方法、神经网络的方法以及遗传算法的方法，等等。

必须指出，机器诗歌优劣的评价是基于所创作大量诗歌的平均水平的。从以上几首机器诗歌不难看出，机器创作诗歌的最大困难还是诗词的语义问题，以及如何自动评判机器所作诗歌的优劣程度。如果能够建立语词之间的语义搭配一致性，再加上设计一个好的诗歌优劣评判函数，可以发现诗词句子的创作过程本质上就是一个不断优化的过程，而这正是遗传算法的计算原理。因此，目前国内外大多数比较成功的机器诗歌系统，往往都是采用遗传算法作为基本策略。

比如，我们早期开展的中国古典律诗自动创作研究（参见笔者《心脑计算举要》第六章），就采用了遗传算法的计算策略，并加上必要的一些改进，诸如引入网状关系词库、词对映象结构等数据基及其形成的算法。结果，基于诗歌语句群体上，经过一段时间的运行，就可以创作如下质量（统计意义上）更好的诗歌。

（一）

清明传语愁送客，两岸千里欲渡河。
茫茫春光催碧草，晓露琼楼阑珊色。

（二）

白沙平舟夜涛声，春日晓露路相逢。
朱楼寒雨离歌泪，不堪肠断雨乘风。

可以看出，虽然诗歌句子与句子之间的意思仍然改进不大，但是词语之间的搭配关系有了明显的改进。我们认为这主要是因为采用了改进的遗传算法，增加了词语搭配之间的规律性。如果在此基础上再考虑句子之间语义搭配问题，那么句子之间的意义关联性也同样可以得到改进。关键是要找到句子意义关联描述的适当方法，这正是需要进一步研究解决的问题。

正是因为看到问题的所在，在全面构建的全宋词语料库的基础上，加上风格、情感、句法与语义等全方位因素的考虑，我们又开发出了一个产生较大影响的宋词自动创作系统。其中，当输入关键词“菊”和词牌“清平乐”，系统创作宋词的一个例子如下：

相逢缥缈，窗外又拂晓。长忆清弦弄浅笑，只恨人间花少。

黄菊不待清尊，相思飘落无痕。风雨重阳又过，登高多少黄昏。

输入关键词“饮酒”和词牌“西江月”，系统创作宋词的例子则是：

饮酒开怀酣畅，洞箫笑语尊前。欲看尽岁岁年年，悠然轻云一片。

赏美景开新酿，人生堪笑欢颜。故人何处向天边，醉里时光渐渐。

应该说，效果都还是相当不错的。

到此，或许读者会问，如何来判断机器诗歌的好坏呢？特别是如何能够认定机器创作的诗歌可以达到人类诗歌的水平呢？对于像诗歌这样涉及主观审美价值的评判问题，难道还有什么客观标准吗？！

通常，对于人工智能而言，要认定机器是否达到人类的智能水平，通行的方法就是采用图灵测验的途径来进行。对于诗歌而言，所谓图灵测验就是指，将人类的诗歌与机器的诗歌混在一起让人们去判别哪一首是人类作的，哪一首又是机器作的？如果都能正确判别，那么说明机器诗歌难以鱼目混珠。反之，如果在很大的概率上，人们都会判别错误，那么就说明机器诗歌可以达到乱真的地步。比如就如下两首主题一样的《点绛唇》，读者能判断出哪首是机器作的吗？

点绛唇·佳人

人静风清，兰心蕙性盼如许。夜寒疏雨，临水闻娇语。

佳人多情，千里独回首。别离后，泪痕衣袖，惜梦回依旧。

点绛唇·念佳人

娇颜似花，佳期如梦天一方。人海茫茫，何处诉衷肠。

一夜东风，红杏满庭芳！思欲狂？巾短情长，无语寄斜阳。

当然，爱好思辨的读者或许还会从根本上来考虑这个判定问题，将如何评介机器诗歌创作分为三种立场：(1)只看结果不看过程：仿生学思想；(2)只看过程不看结果：要像人一样创作；(3)又看结果又看过程：完美主义。而图灵测验仅仅适用于第一种立场，并不适应于后面两种立场。

其实，机器的"创造力"在于人，我们之所以被机器的"好诗"所倾倒，并不是机器具有如何高明的创作能力，而是我们人类赋予了机器诗歌的魅力。因为诗歌在于解读，所谓"三分诗七分读"，说的正是因解读者的参与才赋予了被解读诗歌的意义。一首诗歌的字符串本没有所谓的意义，是人们用心去解读才赋予了诗歌的意义，这正是阐释美学与接受美学的观点。

因此，最后我们必须清楚，即使机器创作了再优美感人的诗歌，也不能说明机器具有什么优美感人的意境。这意境的感悟，永远属于人。

2012 年 6 月 21 日，厦门

视觉艺术的机器创作

与诗歌创作一样，机器也闯进了视觉艺术的天地，成为特殊身份的“书画家”、“美术家”和“建筑师”。当然，机器的画布主要是荧光屏，但也有直接用画笔画在真实画布或画纸上的机器人。不过，不管是哪种情况，控制绘画过程和效果的，则均是某种快速运行的人工智能算法程序。这些程序，有些是属于控制机器人的“手”和“眼”的协调，有些则是通过图形的连续变换来实现绘图的。

这里必须强调，尽管机器通过成熟的计算机图形学理论和分形理论，可以生成成千上万、无以计数的规则图形，有的甚至还非常美丽，但这样构建的程序系统都还不是真正意义上的计算机“画家”。我们所谓的机器视觉艺术家，指的是那些“出人意料”地创作视觉艺术作品的“个性化”程序系统。

目前，机器“画家”的潜力正在不断被人工智能专家挖掘出来，除了用于科学工程制图外，还广泛涉及绘画领域的众多方面。例如，美国摄制的科幻片《电子管》的 320 幅背景中就有 286 个是由计算机“画家”绘制的。在 1984 年的一次电脑绘图大会上，美国俄核俄州立大学的学生斯詹·巴尔等人研制的电脑动画片创作程序，甚至还创作了描绘两只小鸟恋爱故事的动画片。

在机器绘画程序中，比较典型的是美国某公司老板 Cohen 编制的 AARON 程序。AARON 程序主要是在预先设定的基元范围上，采用随机选择机制来完成各种线条幽默画，具有一定的不可预测性。比如，早期 AARON 程序的一个版本是专门绘制杂技演员的。程序通过“躯体语法”来进行画画，其中“躯体语法”主要给出人类的解剖结构（包括头、躯干、手臂和腿）以及从不同视角和不同侧面呈现躯体部位的规则。通过这样的方法，AARON 程序可以画出只有一个可见手臂的杂技演员，但不会画出独臂杂技演员，因为有关的概念空间不允许独臂人出现——这是不可想象的。

当然，AARON程序也具有利用启发式规则进行画画的能力。比如，设置一些反映所画物体构成要素的数值变量，通过启发变换，就可以创造出原来“概念空间”不允许出现的物体，如独臂人，甚至七臂人。遗憾的是，AARON程序还不具备审美评介能力，也缺乏自我修正能力。

另一类计算机绘画程序主要是通过“创造性”变换来进行绘画创作的。例如，图A给出的漫画就是美国科学家布伦南的变换程序创作的。电脑通过一种“面孔空间”方法来进行创作。

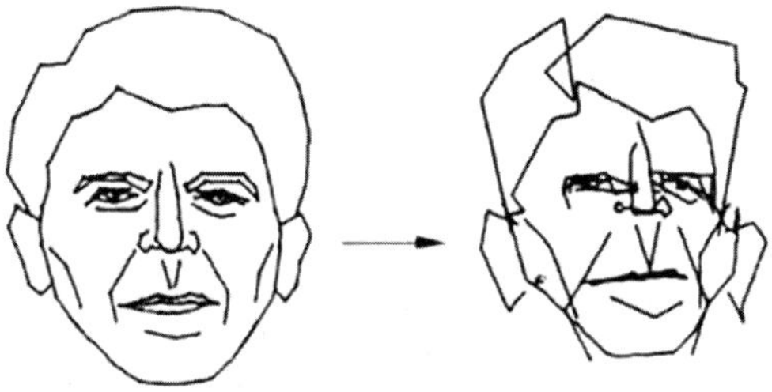

图A　里根的一幅计算机漫画

在书法和建筑方面，也有相应的机器创作研究的成就。比如，对英文26个字母不同书写风格的机器建模研究，以及我国工程院院士潘云鹤教授早期有关计算机美术字的研究工作，就是机器书法的例子。而像建筑空间形体方面的机器设计，以及专门模仿巴洛克风格的建筑艺术设计程序，则是在机器建筑艺术领域开了先河。通常建筑设计程序一般均采用某种建筑语法和功能设计方法来进行机器建筑艺术创作。

不过，在视觉艺术的机器创作研究领域中，目前还缺乏真正具有创造性绘画天才的智能算法程序。

（摘自周昌乐《心脑计算举要》第六章，清华大学出版社2003年版，有改动）

重新发现图灵测验的意义

在人工智能这个学科的上方，始终存在着这样一个根本问题，就是我们人类所制造出的机器，到底能不能拥有人类的智能？这一问题就像悬着的一把利剑，随时都有可能击碎人工智能对终极目标追求的美梦。

首先提出这一问题的是伟大的英国数学家阿兰·图灵。图灵除了因提出图灵机模型给我们带来了一场计算革命外，早在20世纪50年代初，图灵还在《心智》杂志上发表了《计算机器与心智》的文章，明确提出“机器能不能思维”这一重要命题，并给出了一种测验机器心智是否达到人类水平方法，即著名的图灵测验。

所谓图灵测验，指的是在两间隔离的房间里分别关着一个人与一台机器，然后通过向人或机器提问，并根据他们的回答来判断谁是人，谁又是机器。图灵认为，如果通过你的巧问，最终能够正确地将人与机器区分开来，那么说明机器不同于人，否则就说明机器与人在心智上没有差别，起码在语言能力上是这样的。为了使读者有个直观的理解，我们不妨就来进行这么一次测验。

问：你多大年纪了？

人：28岁。

机器：28岁。（机器通过算法查找有关本机资料库，发现已有28年的历史了。）

当然，类似于这样的问题你可以提出许许多多，机器也都可以一一回答。很明显，根据上述的回答，你是无论如何不能判别谁是机器，谁又是人。

但是，如果人们换一种思路，在问了上述“你多大年纪了”之后，接着再问：“你多大年纪了？”那么此时又会得到什么结果呢？也许被问的人性子比较好，仍然回答“28岁”；当然机器照例查出自己有28年历史，还会回答“28

岁”。但如果你一再在同一问题上重复这样问下去，那么这时的人也许会反问：“你怎么老问这个问题？”但机器呢，照例会回答“28岁”，而不管你已经重复问了多少遍。

这样一来，不就可以区分出人和机器的不同了吗？且慢，人工智能专家（特别是强人工智能派的专家）不这么认为。他们或许会反驳道：这有什么了不起（指人的那种回答方式），我们照样可以编制一个按照随机概率来产生回答的程序，使机器在回答第一次提问时答“28岁”；但如果相同问题在第二次提问后，却根据产生的（伪）随机数的奇偶性来决定答问的选择。如果是奇数答以“你怎么老问这个问题”，否则答以“28岁”。这样不就可以乱真了吗？

不过，如果在此前提下（就这一问题进行了多次询问后，人与机器的表现均有上述两种回答现象），你继续不断地一再问这一问题：“你多大年纪了？”此种情况下，又会发生什么情况呢？当然，机器一经编定了程序，那么除了回答“28岁”，就是回答“你怎么老问这个问题”，不会有什么出人意料的事情发生。但人就不同了，此时也许人已被这个老问题问得火冒三丈，扔出一句：“你是不是有毛病的！”

当然，人工智能专家还会申辩说，我们还可以将“你是不是有毛病的”这句冒火话也编入程序，采用一定规则，使得在适当的时候也来这么一句：“你是不是有毛病的”，以达到乱真的目的。

可问题是用什么话语回答并不重要，重要的是，人的感情冲动导致那种出人意料的行为反应，这是不可穷尽的事。机器则顶多在已知情况下编定程序，做出意料之中的回答，除此之外，别无选择。这就是人与机器之间一条跨越不过去的鸿沟，使得当你用巧妙式的提问后，程式化的机器一定会对机器的身份暴露无遗，除非机器放弃预先编程方式。

为了看清楚人类是如何做出“出人意料”的反应，我们举一个人类对话的例子，从而引出更加复杂的意识问题。德国生物学家福尔克·阿尔茨特和依曼努尔·比尔梅林在他们合著的《动物有意识吗》（北京理工大学出版社2004年版，第72～74页）一书中，有如下一段精彩生动的对话（发生在一对男女恋人之间）。

（对话是这么开始的）那位男士在变着法子逗弄他的女伴，半开玩笑半嗔怪地说她只是一台自动机器:“你是一台自动机器,夫人。”

刚开始她的反应泰然自若:“你什么时候见过一台能出汗的自动机器?”

他:“怎么没见过?每台机器都会变热。”

她:“可是你见过想喝饮料的机器吗?”

他:“机器需要加油是非常正常的。”

她:“我说的不是加油,而是喝的欲望。你难道见过对汽油怀有欲望的汽车吗?”

他:“当然!完全可以用计算机的语音提示代替油量表的指针。计算机也可以说:‘我想要无铅汽油。’”

她——现在已经不那么镇定了——:“我说的不是那个意思,见鬼了,再说一遍,我说的是我想喝东西的欲望。”

他:“没错呵,车载计算机在油料耗尽之前,也可以表达这种欲望呵!——你就是一台机器,夫人。”

当我(指《动物有意识吗》的作者)正考虑,是不是去给这两位拿些饮料来,以排解这道不可解的难题时,谈话出现了令人吃惊的转折。

她:“按理我根本用不着那么认真地对待你。”

他:“为什么?”

她:“嗯,因为你很可能根本就不存在。”

他:“你怎么会这么想呢?你是看得见我的呀!”

她:“是的。可是我也许只是在做梦,或者这只是一种错觉。要么你就得向我证明,确实有你这个人存在。可是你能证明这一点吗?”

他——看得出来,对方以其人之道还治其人之身已经让他陷入困境——:“你可以掐我一下,如果我‘啊呀’一声,那就……不行,那你肯定要说,不论你掐我那一下还是我‘啊呀’那一声都是你梦见的事情。”

她:“没错!”

他——作为一种战略撤退——:“我确实无法向你证明我的存在。可那又怎么样呢?”

她——带着显而易见的胜利的喜悦——:“如果你根本不存在,那我是不是一台自动机器对你来说又有什么所谓呢?”接着她又加了一句，声音非常迷人："你是不是也来一点儿无铅汽油？"

可见，要逻辑上证明一个人是不是机器或者是不是存在是很困难的，因为这涉及意识的主观性体验问题，他人是无法知道的（所谓他心知问题）。反过来，要逻辑上证明一台机器是不是一个人一定也是很困难的，这需要证明一台机器是不是跟你一样有主观意识，同样他人也是无法知道的。或者可以这样说，要证明一台机器是否拥有像人类一样的智能（意识），根本就不是一个逻辑证明的问题。

不过，"尽管无法进行合乎逻辑的证明，但对他人之意识的揣测依然可以做到准确无误：只要涉及我们周围的人的行为，这种揣测基本上可以做到恰如其分、明白无误，而且可以加以解释和预测，平常我们谁也不会把它当成是'胡乱猜测'而置之不理。"（阿尔茨特、比尔梅林：《动物有意识吗》，第74页）也就是，我们却可以通过机器的行为反应，来揣测机器是否拥有与我们一样的智能（相同境遇下有类似的行为反应，所谓感同身受）。从这个意义上讲，图灵测验在判断机器是否拥有与人类一样的智能上，有着不可替代的作用。

而通过前面有关"你多大年纪了"的一再诘问中，机器所暴露出来的那种缺陷，恰恰说明机器在遇到此类问题时，与人类的行为反应不能一致，缺少的正是出人意料的行为反应，这是预先编程不可克服的局限性。

由此可见，靠预先设计的程式化算法执行的机器是不可能仿造出同人类心智媲美的机器心智来的。其实，我在《无心的机器》一书中就已经给出了这样的结论："基于逻辑的机器，只能是无心的机器。"

这样一来，根据图灵测验，为了真正能够达到完全实现人类智能的目的，人工智能的研究必须另谋出路。那就是，我们必须突破经典预先编程计算的局限性，寄希望于能够实现机器理解其所执行的内容，并对实施的行为进行灵活调整。显而易见的是，此时就必须考虑开展机器意识的研究工作。因为只有开展机器意识来实现内省反思能力，才可以弥补目前人工智能的这一短处。

这就是图灵测验能给予我们新的启示，也可以说是图灵测验更为重要的意义所在。

2012年3月27日，厦门

以禅眼看人工智能的限度

按：2014 年 7 月 30 日周三晚 9：00—10：30，我应邀在微信平台“静 · 沙龙主题分享”上作《人工智能与禅》的报告。过后，意犹未尽，始终觉得当时随兴而发的一番议论不够缜密，因此今天终于决定对此报告重新加以补充完善。

在我的学术研究生涯里，总喜欢做一些少人过问而自己独自兴趣的研究，因此往往跟主流学术界不太合拍。比如我最近开展的主要研究工作，像机器意识、脑机融合、心法实证这样的研究方向，就是在国内学术界鲜有人为的课题。好在我已有的研究背景，刚好有助于我从比较独特的视角去反思人工智能的发展前景。今天的话题以禅眼来看人工智能的限度问题，就属于这种独特的视角，诸位不妨姑妄听之。

应该说，人工智能与禅原本没有什么直接的关系，因为迄今为止，国内国外也还没有哪位学者专家开展让机器拥有禅悟能力的研究。但是，间接关系还是有一点的，我们今天的话题就从间接关系入手，跟诸位一起讨论。

可能许多关心人工智能限度的人都读过美国学者侯世达撰写的《哥德尔、艾舍尔、巴赫——集异璧之大成》这部奇书，其中就提到了有关无门禅的内容。单就这一点讲，人工智能与禅还是有点关系的，而且第一位将两者联系起来的就是侯世达。因为我对禅宗有一点研究，所以在 15 年前写过一部书，叫《无心的机器》，沿着侯世达的思路，也对人工智能与禅，做过一点讨论。

如果说侯世达在这部书中揭示了不同领域的各种怪圈，从而讨论人工智能的限度，那么禅宗的目的就是要彻底跳出怪圈。所以到了再后来，大概是 2006 年的时候，我干脆出版《禅悟的实证》一书，进一步对禅宗与科学的关系做了更为深入的讨论。这样也对禅宗的科学阐释有了更系统的论述。

有时候，我自己常常产生这样的感觉，好像我自己的研究工作，更值得一提的不是我本行专业人工智能，而是我半路从事的禅学研究。

所以，今天议论的话题，确实是蛮符合我自己一贯兴趣的。当然时代是不断进步的，人工智能的研究也在不断进步。从今天发展的角度上看，人工智能与禅的间接关系大致分为这样三个话题：一是从禅宗思想角度看人工智能方法的局限性；二是开展涉及禅悟意识的人工智能研究的可能性；三是如何看待人工智能终极目标的问题。不过，要以禅眼看人工智能的限度问题，我想首先还是要对禅宗的核心思想做一番简要介绍，然后再围绕着上面三个话题展开讨论。

禅宗，主要是指唐代惠能开创顿悟禅法后所形成的一个中国佛教宗派。所谓顿悟禅法，是参禅悟道方便法门的总称，也是一种最上乘的修行方法，其起源则来自印度的禅那。不过禅宗与佛教有很大的差别，这一点普通百姓往往不甚清楚，常常混为一谈。

当然要参禅悟道，首先必须明白顿悟禅法的宗旨，就是要达成解脱之状态。解脱的前提就是内外离相、心念不乱。须知：外离相是无相，内不乱是无念，无相无念则无住心生，悟识自性，从而得自在解脱。因此，惠能在《坛经》中指出："自性心地，以智慧观照，内外明彻，识自本心。若识本心，即是解脱。既得解脱，即是般若三昧。悟般若三昧，即是无念。何名无念？无念法者，见一切法，不著一切法；遍一切处，不著一切处。"

禅宗的不同流派主要体现在接引门下修行方式的不同上。虽然参禅途径主要有二，所谓理入行入，但随着禅宗分化发展，形成了五家七派，出现了棒喝机锋、四照用、四料简、正偏五位法、破三关、离四句、默照法、参话头等等，体现不同宗风的众多方便法门，往往令初入禅门的人眼花缭乱，无所适从。

但我要强调的是，不管禅法的具体途径如何变化，其总的原则不离双遣双非、回互纠缠之机。因此，从理入的角度上讲，也完全可以通过对科学原理的理解来体悟禅道。比如，通过哥德尔定理的理解、量子原理的理解、混沌动力学的理解、意识难问题的理解、宇宙空性的理解等等，同样可以体悟禅道（参见拙著《禅悟的实证》）。这样就为我们以禅眼看人工智能的限度问题，奠定了可以依据的基础。

首先，我们来看第一个话题：从禅宗思想角度看人工智能方法的局限性。这里面涉及形式方法的破碎性描述与人类智能整体性显现之间的矛盾。这个方面，我在《无心的机器》中做过详细的分析。其实，侯世达在《哥德尔、艾舍尔、巴赫——集异璧之大成》里也作了详尽的分析。简要地讲，就是哥德尔定理已经宣告了形式化方法的局限性，那些具有自指性的心智现象是不可能一致性地加以形式化描述的，因而也就不可以靠基于形式化逻辑的机器来实现。具体的细节我就不再详细展开了，感兴趣的读者可以参阅拙著《无心的机器》。结论就是，基于形式化逻辑方法的机器，是不可能拥有像人类那样的整体性智能表现的。

或许有人会问：什么是整体性智能表现？人类整体性智能表现涉及神经系统动力学的自组织涌现机制，就是神经集群相互作用产生的整体性智能行为。遗憾的是，我们现在的机器还不具备自组织能力。当然，如果采用生物合成技术，说不定这样制作的所谓"生物机器"可以拥有自组织能力。

但问题是，这种依靠生物合成技术制作的"生命体"，到底能不能算作是"人工"机器？比如通过转基因产生的生命肯定不算机器，那么如果用细胞合成一个个体生命，还算不算呢？如果这也不算的话，那就是把所有的生物合成体都排除了。

或许也有人认为，我们不一定在结构上完全制造与人类一模一样的生命体，只需要在功能上一样就可以了。就像飞机不必像鸟一样，不也照样可以实现飞的功能吗？如果追求功能一致而非结构一致，这种仿生的思路当然是可以的。但目前的计算智能肯定不行，因为计算限定了功能实现的范围。我们的心智功能不仅仅是计算，比如情感体验就不是计算问题，而情感又是心智能力的必需。从某种意义上讲，对于人类的心智而言，情感能力比认知能力更重要。如果说认知只是把握前进的方向的话，那么情感是动力和意义的源泉。试想，如果没有动力，我们的心智还怎能前行？因此，情感体验如果不能计算的话，心智能力也就谈不上可以归结为计算方法的实现问题了。

这样就又回到了人工智能方法论的讨论上了，于是根据禅宗的双遣双非，机器的方法一定会存在无法避免的局限性。除非能够实现意识的自明性，否则就一定存在这样的局限性。确实，自明性怪圈是逻辑方法绕不过去的，只要建立在概念分别上的形式语言，都会这样。那些寄希望人机交互的复杂互联网集群来说明能够实现个体智能的想法，从理论上来看，也是靠不住的。因为从计算理论上看，图灵机与图灵机网络在能力上是等价的。至于人机交互因素，顶多也就是不确定性图灵机问题。

这样一来，考虑到无论是心智自明性（自组织、自涌现和自反映）和情感体验问题，都涉及人类心智的意识问题，于是我们就到达了第二个话题：禅悟意识的人工智能研究的可能性问题。这样，也就涉及自我意识机器人的研发问题，进而涉及什么是意识的问题。此时，如果我们将人类的意识分为功能意识和现象意识两个方面，那么我们将会看到基于逻辑计算方法，机器意识根本无法实现，问题的根源就在于现象意识的性质。

为此，我们先来看看什么是功能意识，什么又是现象意识。功能意识就是伴随着我们感知、认知活动的意识活动，其主要特点就是所谓的意向性，即功能意识都是具有意向对象的。有意向对象就比较符合计算表征的要求，因为只要能够给出意向对象的某种形式化表征，我们就可以构造完成某种功能操作的算法，从而来模仿各种心智功能活动。

但对于现象意识，涉及的是第一人称的主观体验问题，是没有意向对象的意识活动，根本不存在表征的对象。这样一来，由于压根儿就没有表征的对象，如何实施计算就成为空中建楼了。中国有句古语说："皮之不存，毛将焉附！"

进一步，我们知道，无论是功能意识，还是现象意识，都反映到人类的自我意识活动之上。因此上述有关意识现象的分析，对应到自我意识上来，也有一样的结论。注意，作为人类意识现象的主要体现，自我意识也有两方面的含义：一是指关于自我的意识，就是佛教中的"我执"；另一种是内省反思意识，相当于佛教中的"悟识"，即所谓的禅悟意识。按照禅法的宗旨，我执是妄念，需要破除；而禅悟意识（悟识）是达成般若三昧的途径，属于去意向性的能力。显而易见的是，这种去意向性能力，最终落实到的就是无意向性意识状态，因此是无法构建其应有的计算算法的。

必须清楚，自我意识尽管有不同的理解，但主要是指对内部心理活动的内省反思能力，这种能力完全依赖于对语言（内部表征）运用及其去除。那种认为自我意识是关于"自我"的意识，实际上是对自我意识的一种误解。

所谓“自我”的意识，其实也是一种内省反思，是主体对自身本体感知活动（属于一种涉身认知心理活动）的内省反思，而在我们心理内部并不存在所谓的“自我”实体。这样一来，推至极致就涉及禅悟意识问题，从而必然就遭遇到禅师们关于“我是谁”的问题了。于是，机器自我意识的人工智能努力最终就会陷入禅境之中，而这种禅境绝非是靠逻辑计算所能把握的。请看如下一则禅宗公案：

> 六祖因明上座，趁至大庾岭。祖见明至，即掷衣钵于石上云：“此衣表信，可力争耶，任君将去。”明遂举之如山不动，踟蹰悚栗。明曰：“我来求法，非为衣也，愿行者开示。”祖云：“不思善不思恶，正与么时那个是明上座本来面目？”明当下大悟，遍体汗流，泣泪作礼问曰：“上来密语密意外，还更有意旨否？”祖曰：“我今为汝说者，即非密也。汝若返照自己面目，密却在汝边。”明云：“某甲虽在黄梅随众，实未省自己面目。今蒙指授入处，如人饮水冷暖自知，今行者即是某甲师也。”祖云：“汝若如是，则吾与汝同师黄梅，善自护持。”

上述公案中六祖所说的“不思善不思恶，正与么时那个是明上座本来面目”，恰恰指向的就是“我是谁”的终极指的，这里涉及的也就是禅宗“以心观心”的禅法。显然，禅宗的观心之心，起码包括自反映意识能力在内的那种元思维之“心”。僧肇在《维摩经注》卷二中就有关于这种元思维的论述：“生曰：‘既观理得性，便应缚尽泥洹。’若必以泥洹为贵，而欲取之，即复为泥洹所缚。若不断烦恼，即是入泥洹者，则不见泥洹异于烦恼，则无缚。”禅宗的这种元模式转绎的超元思维机制，代表的是一种彻底超越逻辑概念分别的顿悟心法。而机器显然无论如何是不可能拥有的。

探讨禅悟意识的人工智能研究的可能性问题，自然可能有两种结果：可能或不可能。从上述的讨论中，由于最终必然会涉及禅悟意识问题，我个人认为人工智能在自我意识的体验实现方面是不可能的，尽管在功能意识实现方面是有可能的。

实际上，目前国际学术界开展的机器意识研究，尽管涉及的内容非常庞杂，包括功能意识，也包括现象意识，更包括自我意识，比如美国、英国、意大利、西班牙、日本等，都有若干团队在开展这方面的探索工作。但究其根本，有所成效的都是关于功能意识方面的，自我意识也往往仅仅实现所谓的元认知能力，跟禅悟意识没有半点关系。

尽管这样，我还是非常赞赏西方人工智能界的这种探索精神，不像我们国家，很少关注人工智能真正的前沿，大多数开展的都是有关深度学习、数据挖掘、视频分析等等低层次重复性的应用研究，甚至一窝蜂地叫喊着“大数据”，不也悲乎！

作为学术探索，完全不同于工程开发，学者们更应该关注人工智能的本源问题，而不是技术应用问题。那么人工智能的本源问题到底是什么呢？像蓝脑计划就属于本源问题，脑机融合也是，情感计算、机器意识自然也是。只有这样，才能真正推动人工智能朝着人类智慧逼近的方向发展，从而可以更清楚地去看待人工智能的终极目标问题。

最后，我们就来讨论如何看待人工智能终极目标的问题。很显然，由于目前基于逻辑计算方法遇到了种种困境（如上分析所述），人工智能终极目标的实现，更多地依赖于人工智能新方法的诞生。最近，随着量子计算、脑机融合和类脑构造等先进技术的发展，为人工智能终极目标的实现提供了一种全新的途径，于是人工智能的前景似乎又出现了新的光明。那么人工制造像人类一样智慧的机器或脑机合成体，除了技术之外，我们还需要什么呢？回答非常简单，就是大智慧！

让机器拥有大智慧，才能够使机器真正意义上具有人类的智能。那么，大智慧是从何而来？大智慧可以植入机器之中吗？大智慧可以合成吗？大智慧可以量子计算出来吗？显然，回答这些问题，首先要弄清合成是什么意思，植入又是什么意思，以及量子计算是如何进行的一些问题。

但是，假如我们将上述这些实现技术都界定为人工的或人为的，那么从禅悟的自信、自力、自为角度看，这样的人为或人工，是不可能产生大智慧的。因此，运用先进技术制造出与普通人媲美的智能机器也许是可能的，但要实现禅宗意义上的大智慧，则可能绝非是技术上的问题。

当然，还有一个问题，就是如何来检验机器是否拥有大智慧呢？显然，既然是大智慧，一定不是靠机械量化标准所能检验的。在中国古代，禅师们是有勘验方法的，这种方法就是：有得没得，于心气上检验。隋唐之际的禅宗四祖道信，甚至还提出行、解和证三个方面的具体标准。也就是说，是否拥有大智慧,或顿悟如如之境,个体自行妄称那是不算数的,而是需要通过机锋勘验的,起码禅宗的传统是这样。比如诸位如果自己申称具有大智慧,那么就请说说如下禅宗公案的“的的”之意吧!

> 五祖曰:譬如水牯牛过窗棂,头角四蹄都过了。因甚么,尾巴过不得?

我师父妙喦法师讲过:悟前讲工夫,悟后论见地。诸位不妨说说对上述公案参究的见地吧,还有见没见?

提示一下读者,东汉应劭的《风俗通》曰:“狐欲渡河,无奈尾何。”张玉穀注道:“喻身之为累也,写得古趣。”(《周易》“未济”卦辞曰:“亨,小狐汔济,濡其尾,无攸利。”)据此,读者再悟,可得正见否?

回到我们的正文上,除了上述论述的大智慧外,人工智能的终极目标是否还有别的什么,以及我们的智能机器到底能够实现什么样的目标?显然,这些问题还有待于我们去作进一步的思考,也不可能给出什么明确的解答。所以,我在这里讲述的这些思考,也仅仅是一些虚而不实的话题,就当给诸位当靶子,希望诸位批评指正。

2014 年 8 月 5 日修改,厦门

五 音乐审美

凤凰树下随笔集

探索审美活动的神经机制

假如你是一位艺术家，或者你是一位艺术爱好者，当你在欣赏或创作艺术作品的时候，你是否曾想过你在进行这种艺术活动时，你的大脑内部正发生什么样的反应？想过这些活动对你思维能力的提高，对塑造你独特的大脑会产生什么影响？或者在长期的艺术欣赏和创作活动中，你是否知道你已经潜移默化地得到许多收益？

1993年美国认知神经科学家肖(Gordor L. Shaw)教授等人在《自然》杂志第365期上发表了一篇题为《音乐与空间任务能力》的科学论文。在这篇论文中，肖教授指出，经常聆听莫扎特D大调k.448号作品的大学生，有助于提高他们的时空推理能力。论文发表后，引起了公众的很大反响，一时聆听莫扎特音乐重新成为大学生们的"时尚"。后来肖教授为了全面阐述音乐与思维能力的关系，干脆出版了《心留莫扎特》一书，将审美活动与大脑的智力发展关联起来。根据肖教授的研究，艺术活动的时空想象能力与语言逻辑的分析能力是提高智力水平相互补充的两个途径。

无独有偶，法国神经生物学家泽剋(Semir Zeki)通过视觉艺术也开始了审美神经机制的研究，并于1999年将他的研究成果写成第一部神经美学专著——《内在视觉：关于大脑与艺术关系的探索》。于是，作为一个相对独立的研究方向，认知神经美学正式形成了。为了概括这个方向的研究内容，美国认知心理学家索尔索(Robert L. Solso)在2003年其所著的《艺术心理学与意识大脑的进化》一书的最后，正式提出"美学的认知神经科学理论"的范畴。或许我们可以称这样的研究领域为"认知神经美学"。

总之，20世纪90年代末，在西方的一些神经学家，如上面提到的肖、泽剋和索尔索等的率领下，人类开始探讨自己的脑与艺术的关系问题，开始了艺术审美神经机制的科学研究。

我们知道，审美活动是一种意识活动的高级形式，涉及我们的感知、情感、想象、记忆，以及价值评判等高级认知过程。美国科学家、诺贝尔奖得主埃德尔曼(Gerald M. Edelman)在《意识的宇宙》一书的最后明确指出："精神作为一组关系有其物质基础：你的脑的作用及其所有机制产生了一种与有意义的过程有关的精神。……正是神经系统和肉体的极端复杂的物质结构产生了动态的精神过程以及产生了意义。"(杰拉尔德·埃德尔曼等：《意识的宇宙：物质如何转变为精神》，顾凡及译，上海科学技术出版社2004年版，第267页)显然，作为高级认知过程的审美活动也不例外，它是我们无比复杂的神经活动的产物。因此，从科学的观点看，对审美活动机制的研究，说到底就是要揭示其神经活动机制。

与传统美学研究的思辨方法不同，认知神经美学的研究主要是实证性的，就是通过实验观测来探询我们审美活动的一般规律。这是一个人文(美学、艺术)与科学(脑科学、心理学)密切交叉的研究领域，也是国际学术界最具有挑战性的新兴学科。遗憾的是，国内尚无这方面系统的研究。

我们知道，长期以来，美学研究主要是形而上学讨论的范围，但随着20世纪西方语言学转型，产生了一些关注审美过程的美学流派，如阐释美学、接受美学，等等。到了21世纪，西方哲学界又开始了一场认知转型的哲学浪潮，美学的研究也开始注重于审美认知机制的研究。可喜的是，随着20世纪80年代后脑科学的蓬勃发展，为美学真正意义上的认知机制研究提供了坚实的基础。于是，在早期审美现象的哲学思考、艺术心理学与生理学研究的基础上，科学家们终于开始了审美活动的神经机制的研究工作。

认知神经美学研究的目标是获取审美的神经机制的认识。具体来说，是对审美活动到底激活了大脑的哪些脑区，它们之间的关系如何的认识。当前的研究主要是研究人脑对艺术作品的认知机制，离美感体验机制的认知还有很大距离。当然，认知神经美学研究的对象是进行审美活动的人脑。这里的人脑有两层含义：第一是研究正在进行审美活动的具体的大脑，比如正在欣赏艺术作品的人的大脑；第二是指研究作为经历了数亿年进化而来的人脑。由于艺术的发展与人脑的进化是同步的，艺术是人脑的创造，所以研究艺术发展的规律可以间接地获取对不断进化(包括审美进化)的大脑的认识。反之亦然。

认知神经美学研究的方法主要是依靠解剖学、病理学的有损脑探测方法和近来应用越来越多的无损脑功能成像技术。前者是传统的神经机制研究手段，应用范围局限于病人。后者是脑科学发展出具有革命意义的技术支持，应用范围扩展到正常人。无损脑功能成像方法包括"单电子发射断层扫描"(SPET)、"正电子发射断层扫描"(PET)、"功能性核磁共振"(fMRI)，以及近年来新发展起来的"近红外光学成像技术"(NIRS)。脑功能成像在认知神经科学领域的普遍应用，对我们认识大脑的正常活动产生了深刻而巨大的影响。

认知神经美学的研究才刚刚起步，从现有的资料来看，研究内容主要集中在以下几个方面：(1)对视觉艺术(主要是绘画)的审美活动的研究，研究对象是视觉神经系统，方法是应用无损脑功能成像和病理学手段。这里面涉及大脑对视觉刺激的线条、形状、颜色、位置、运动各因素的感知和整合问题。(2)对听觉艺术(音乐)的审美感知的研究，研究方法是无损脑功能成像，研究目的是揭示与音乐的审美感知有关的大脑活动机制。(3)对艺术风格的脑成像研究，比如泽剋就对肖像画、抽象画派、写实画、印象主义画派和野兽画派作品分别做了脑科学的研究。(4)对于艺术审美的神经机制探索，更丰富的脑科学实验是关于各种艺术形式的审美体验的实验报告。当然，审美体验是一类高级形态的主观意识体验，对于其中美感产生涉及十分复杂的神经机制。

在上述方面的研究中，已取得了一些初步的成果。比如，在对观看视觉艺术作品的脑功能成像实验中发现，不同的作品所激活的脑区是不同的，对作品不同刺激要素(颜色、形状、运动)感知的反应时间也有差别，并发现了"欣赏"过程中的特异的神经加工通路。再比如，索尔索在对专业画家与普通人进行绘画创作的对比脑成像实验发现，新手的纺锤体区的活动比画家强，这说明新手需要更多的努力才能获取观测的特征，以把它们表现出来。实验同时发现，画家的右脑额区的活动比新手的强烈，额区是创造力活动的关键区，这说明专业画家在创作过程中比普通人更多地进行更高级的思维活动，而不是如后者那样集中于对具体特征的分析和表现，画家的创作超越了基本的视觉感知。

在对艺术风格的脑成像研究中，泽剋通过实验确认，艺术家对特定艺术风格的追求(体现在绘画作品本身和对绘画艺术的讨论等形式)与脑科学对感知的发现是吻合的。艺术家凭直觉而不是知识，遵循了视觉神经系统的运行机制，尽管他们这样的模仿是不自觉的。

在进行美感体验的实验中发现，当受试有（视觉）美感体验时，其左背外侧前额皮层被激活；而不管观看物在受试的眼里美还是丑，与判断有关的扣带回都被激活。当受试有（听觉）美感体验时，结果PET脑成像发现，被激活的脑区除了与听觉感知有关听觉区和颞极区之外，首次观测到这种被动聆听情况下大量的边缘和泛边缘系统的神经活动。在审美体验的实验研究方面，还发现审美体验有一定主观倾向性。

特别是通过实验，一些研究人员推测出这样一个审美规律，即视觉刺激的特征若与视觉机制的运行规律相符，我们就能感受到美。如果这个推论成立，那将是非常鼓舞人心的。因为这就意味着对感知的神经机制的研究将揭开科学研究审美的奥秘。

上述的这些研究结果尽管还十分粗浅，但对于我们了解审美活动的基本规律无疑是有帮助的。应该说，正是这些研究，使得我们对于各种美学理论有了一些（当然还远远不够）客观评价的依据。比如泽剋从审美神经机制角度对柏拉图美学的理式、亚里士多德美学的理念、康德的先验范畴与黑格尔美学的理念进行了考察，发现这些概念的含义尽管不同，甚至对立，但是如果将它们定义为“事物的恒定特征在大脑内部的储存”，它们之间的区别就可以忽略。因为这些貌似对立的美学理论实际上蕴涵着同一个观点，那就是，艺术是对事物的恒定特征的探寻。

很明显，认知神经美学的研究及其成果，对于当今美学理论与实践的发展，有着极其重要的意义。因为既然审美神经机制研究的目标是揭示审美活动的神经基础规律，而美学的对象是审美活动，且任何审美活动都是人的审美活动，更精确地说，是人脑的审美活动。所以从这个意义上讲，审美神经机制研究是美学的重要基础。诚然，目前的审美神经机制研究还不足以构建以它为基础的美学理论，但是它为美学的发展提供了新的可能，挖掘被美学理论家长期遗忘的神经机制将对美学的发展做出革命性的贡献。如果说我们现在离这个目标尚远，那么审美神经机制研究至少为美学提供了全新的视角，我们可以从这个视角来对一些美学概念和美学理论进行全新的分析。

总之，有关认知神经美学的研究还刚刚起步，有许多问题有待我们的科学家、艺术家和美学家等共同去探索和解决，更需要国内的科学家、艺术家和美学家等尽快参与其中，并与中国丰富的传统美学理论相结合，去开创美学领域的一个全新的领域。值得高兴的是，厦门大学艺术认知与计算实验室已经开始了这方面的研究工作。我们希望更多的学者和专家能够加入到这样的研究之中，使得我国科学界也能够为认知神经美学领域的研究与发展做出贡献。

（原刊《光明日报》理论版，2006 年 11 月 17 日）

音乐创作的认知机制

谁都不会反对这样一个事实,就是音乐具有唤起强烈情感的力量,我们甚至可以说,音乐创作的主要目的就是为了唤起不同情感体验的。因此,为了了解音乐创作与欣赏的基本规律,对音乐情感发生与感知的认知机制的揭示,就显得特别重要。

其实,音乐的产生本身就是情感表现的结果。关于这一点,中国古代的《乐记》中就早有认识:“凡音之起,由人心生也。人心之动,物使之然也。感于物而动,故形于声。声相应,故生变。变成方,谓之音。比音而乐之,及干戚羽旄,谓之乐。乐者,音之所由生也,其本在人心之感于物也。是故其哀心感者,其声噍以杀;其乐心感者,其声啴以缓;其喜心感者,其声发于散;其怒心感者,其声粗以厉;其敬心感者,其声直以廉;其爱心感者,其声和以柔。六者非性也,感于物而后动。”战国时期的《荀子》在《乐论》篇中也说道:“夫乐者,乐也,人情之所必不免也,故人不能无乐。”

遗憾的是,在 2005 年之前,尽管已经开展了大量有关音乐的认知神经科学实验研究,内容涉及音乐加工(音响分析、听觉记忆、情景分析),音乐结构(音乐句法与语义分析),侧化效应,音乐文化,音乐迁移,以及失歌症等诸多方面,但音乐情感认知问题却较少被关注。最近 8 年,音乐情感的神经基础研究越来越引起人们的重视,特别是 2007 年以来,引起了学术界的普遍关注。从已有的研究上看,有关音乐情感方面的研究已经涉及音乐的情感作用、脑功能成像定位、有关音乐情感认知的神经相关物、影响音乐情感的因素与机制等众多方面,只是涉及音乐审美评判的研究还相对薄弱。

我们知道,情感是主观评价的主要部分,而评价肯定是审美意义产生的基础,即康德所谓判断力。因此情感不仅是音乐审美活动的基础,同样也是音乐意义发生的基础。从认知神经角度讲,由于与神经活动的宏观模式有关的并不是刺激本身,而是刺激对机体的意义,因此,即使从神经机制上来看，同样神经活动的本质是意义而不是信息，而决定外部信息是否有意义的是价值评判。

这就意味着，情感除了决定着音乐的表现，同样也是意义产生的基础，是意义价值的反映，从而决定着我们审美价值的判断。德国科学家阿尔茨特与比尔梅林在他们合作的《动物有意识吗》一书中甚至这么说："没有情感我们就会失败，没有情感我们就会失去据以做出判断的方向和尺度——无论在个人生活还是职业生涯中都是一样。当我们运用数学和事实努力进行实事求是的论证时，当我们提醒人们注意应不带成见地进行分析时，或者换句话说，要想保证我们的判断符合理智，就必须要有情感的作用。"（阿尔茨特、比尔梅林：《动物有意识吗》，第 154 页）更何况是以表现情感为主的音乐审美能力了。

应该说，审美能力是我们人类智慧中的一种天性。因此，对于音乐而言，无论是创造还是欣赏，都是离不开审美认知机制的。从这个意义上讲，只有揭示音乐情感发生的审美认知机制，才能够更好地明确开展有关机器音乐创作的研究工作。

过去十年，有关音乐审美认知的神经基础研究已经广泛开展，其中主要的研究工作包括音乐欣赏的情感基础，音乐审美价值评判的脑功能定位，主观评价对音乐审美判断的影响等方面的零星研究。当然，有关音乐认知的审美评判机制研究还处在一个刚刚起步的阶段，有许多现象与规律有待于我们去探索、研究与发现。

事实上，作为一门艺术，音乐唤起情感体验的神经机制与那些其他潜在的音乐感知的基本结构不同，也与其他非审美情绪感受（如恐惧、愤怒、负疚等）的神经机制不相同。由此可见，审美性情感体验可以说是音乐活动的主要目的。在大多数情况下，这种内在情感体验与审美是不可言传的，因此，如何将音乐创作活动与情感审美认知联系起来就成为认知神经科学研究中的一个难题。

这就为切实了解人类审美创造能力的认知机制提出了挑战。不过，我们可以通过目前已有音乐认知神经科学研究的部分成果，勾勒出有关音乐创造性思维活动主要涉及的脑区及其相互作用关系，以便能够对其中的音乐审美创作过程有一个大致的了解。

除了涉及一般音乐认知加工的脑区外，根据我们查读到的文献综述，音乐情感认知活动主要涉及的脑区包括：胼胝体扣带回（属边缘系统），前额叶（涉及审美控制与联想冲动）与前扣带回（被认为是自我意识的中枢所在，属边缘系统），压后皮质（参与情感加工，属边缘系统），海马（涉及联想记忆，属边缘系统），前脑岛（涉及社会情绪的编码），以及伏核（奖赏中枢的一部分，属边缘系统）。而与音乐审美评判活动相关的神经基础则主要是前头眼野皮质（属前额叶），下前楔状核（属右颞叶），以及左侧下前额叶皮质（属前额叶）。加上在音乐信息处理中起主导作用的右颞叶韦尼克区，也就是埃克尔斯所强调具有创造性功能的右脑新新皮层，是音乐创造功能实现的基础，以及情感认知活动所涉及的“扣带回”、“海马”、“丘脑前核”、“下丘脑”等。那么，在音乐创造性思维活动中涉及的主要脑区及其相互作用关系，可以用图A来描述。

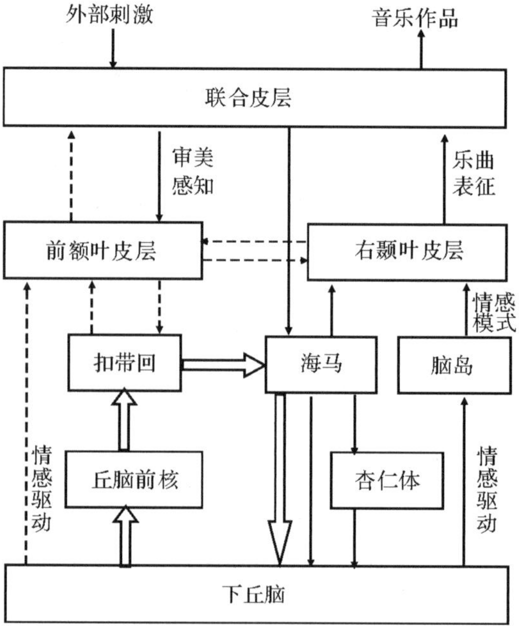

图A　音乐创造性思维活动主要脑区及其相互作用关系图

在图A中，音乐创作过程主要分为三个相互作用的功能部分。第一部分主要在双线箭头构成环路的边缘系统中进行，是音乐创作中的原创性情感驱动部分。产生的情感冲动一路经脑岛形成情感模式通向右颞叶皮层，另一路作为唤起信号通向前额叶皮层。第二部分则在单实线箭头构成环路更广泛的脑区中进行，是音乐创作中的认知加工部分，产生具有内在象征意义的乐曲模式。第三部分则将认知加工范围进一步扩展到单虚线箭头构成环路的脑区，进行乐曲模式的审美评判加工，最终完成音乐作品的创作活动。值得注意的是，三个部分并非是截然分离的，而是存在着广泛的相互作用。比如前额叶皮层与(接受外界刺激的)联合皮层一起产生联想冲动，通过海马直接参与了情感驱动与认知加工的脑活动，如此等等，在图 A 中均有回路反映。

根据当代认知神经科学的研究成果已有的结论与艺术创造中情感的作用，我们可以总结出，情感驱动是创造性艺术表现的原动力，审美选择是创造性艺术表现的约束力，认知表达则是创造性艺术表现的形成力，这三个部分分别涉及下丘脑、前额叶，以及颞叶与联合感知区。因此，说到底艺术创造性能力的核心是情感驱动，再通过前额叶的有序化审美选择，然后以感知和运动相关的认知活动加以表现。其中前额叶的抑制和控制能力是美成为有效表达的关键。

总之，根据对艺术创造性思维的认知过程研究分析，针对音乐创造性思维，这里强调的有三点：(1)去习惯化(打破常规)；(2)关联性(事物之间)；(3)非线性思维(跳跃思维)。具体地说，创造性音乐作品的产生是大脑情感、认知、控制三大功能相互作用的结果。其中，情感功能提供不稳定信息源，对系统中细微变化起到竞争、放大、自激等作用，以隐形模式带来创造张力；认知功能提供稳定信息源，对创造过程起到协调和规范作用，以保证创新过程的有序性；而控制功能则对形成的阶段性乐曲进行动态监控与评判，保证作品的审美价值。因此，在艺术创造性思维过程的每一个阶段，都必须整体考虑这三大功能的相互耦合问题。我们上述研究脑区之间相互作用的目的就是认识脑中神经组织与协调活动的机制，并归纳出能够体现音乐创作过程的一般认知原理。

(摘自周昌乐《古琴艺术的机器演绎》第四章第一节，2013 年 6 月 23 日修订)

漫谈计算音乐学

计算音乐学(Computational Musicology),顾名思义就是将计算机科学与音乐学研究结合在一起,主要是计算机科学技术和电子音响技术迅速发展的产物。类似于计算语言学,一般而言,计算音乐学有狭义和广义两种解释。狭义的计算音乐学主要是指运用计算机科学理论和方法,来对音乐描写和创作进行形式化和自动化研究,主要包括乐谱、曲式的形式化描写以及音乐乐曲的机器创作等。而广义上的计算音乐学包含了更宽泛的研究范围,凡在音乐领域中结合了计算机科学和技术内容,都可以划入计算音乐学的范畴之中。比如目前已在国内广泛流行的电脑 MIDI 技术就属于广义的计算音乐学范围。显然要想通过一篇随笔,来全面介绍计算音乐学有关内容是不现实的。因此,下面单单就乐谱识读及其形式表示、曲式的文法描述及音乐的机器创造等方面作一点粗浅的介绍。

利用计算机科学方法和技术,特别是模式识别和人工智能方法,可以对音乐乐音和乐谱进行识别和识读处理,使得机器可以自动获得谱写的乐曲,并进行自动播放。日本早稻田大学工程系主任加藤一郎于 1984 年研制出"瓦伯特"2 号音乐家机器人,就是靠其头部的一架电子摄像机,来准确识读"乐谱(五线谱)"的,并通过阅读乐谱上的各种标记符号来弹奏出不同的旋律。据说这位机器人曾经同著名的 NHK 广播乐团同台演出了流行歌曲《玻璃苹果》,博得了全场喝彩。

通常,识读出的乐谱,还需要将其转换成机器能够处理的形式,并最后形成音序序列。为了实现这样的目标,日本小林光则曾经给出过一种基于蒙塔鸠语法的乐谱语言描述形式。这种方法首先导入三种音符及其变量表达,并记为基本范畴 N。接着,将音的高低、强弱进行符号化并记为范畴 Q。最后,从上述基本范畴出发,根据蒙塔鸠语法中的范畴复合原理,就可以推导出比较复杂的乐谱表达式。有了这样的乐谱表达式(范畴上的),再通过范畴表达式的转换（蒙塔鸠语法中的核心内容），就可以最终形成适合于机器处理的乐谱内部表达式了。

当然，上述形式化的乐谱是指五线谱。如果换成了古琴减字谱，那么对乐谱的识读就变成了完全不同的问题。此时，需要像识别手写汉字一样，先识别出一个个“减字”，然后根据减字构成规则，解读出其“含义”，最后再形成机器内部表示的乐谱表达式。

不管怎么样，一旦得到乐谱的机器内部表达式，就可以通过一定的音乐语义解释规则，来解释乐谱并控制机器演奏了。

狭义计算音乐学的另一个问题是如何给出音乐曲式的一般性形式描述。一般不同的乐曲都有一定的章法可循，音乐学中往往将这些章法归纳为曲式，并形成了一门学科，称为曲式学。由于音乐也可以看作一种语言，因此在了解了形式语言（乔姆斯基及其之后的各种语法理论）之后就不难看出，我们同样可以采用形式语法理论来对乐曲的章法进行形式描述，形成各种曲式文法，并为机器描述和创作音乐提供方法基础。

例如，对于马辉同志在《歌曲写作教程》中给出的基本曲式描述，就可以用如下的属性文法来描写。

＜基本曲式＞：：=＜乐段＞（乐句数，全终止）|＜复合乐段＞

＜复合乐段＞：：=＜乐段＞（2，不稳定半终止）＜乐段＞（2，全终止）

＜乐段＞（乐句数，终止性）：：={＜乐句＞（乐节数，半终止）}＜乐句＞（乐节数，全终止）

＜乐句＞（乐节数，终止性）：：={＜乐节＞（动机数）}＜乐节＞（动机数）＜终止性小节＞

＜乐节＞（动机数）：：={＜动机＞}＜动机＞

＜终止性小节＞：：=＜全终止小节＞|＜半终止小节＞|＜不稳定半终止小节＞

当然，除了乐句数、终止性等属性外，这些规则还应加上旋律属性以及属性合一运算，才能形成真正有效的乐曲属性文法。

另外，在基本曲式的基础上，通过某种转换规则的应用，我们还能描述更加复杂的曲式。比如我们可以有：

（1）复部曲式：$A(a+b+a^1)+B(c+c^1+b^1+c^2)$，$A(a+b+a^1)+B(b$

$+b^1$),$A+B+A^1$

(2)回旋曲式:$A+B+A^1+C+A^2+\cdot\cdot\cdot\cdot+A$

(3)变奏曲式:$A+A^1+A^2$

其中小写字母表示乐段,大写字母表示基本曲式,上标表示第 n 次变奏。

其实关于乐曲的文法研究,国外自 20 世纪 80 年代以来就有大量的成果。很明显的是,有了这样的乐曲形式化描述,就为音乐的机器自动创作奠定了基础。注意,这里讲的乐曲机器创作,不是指作曲家使用计算机作为工具来进行音乐的创作,而是指计算机独立自动进行的音乐创作,其中关键是要为计算机编制能够自动作曲的程序。

最早进行机器自动作曲的是希勒(L. Hiller),他通过计算机程序(采用马尔可夫随机过程模型),成功创作出音乐作品《伊里亚克组曲》。实际上,机器能够作曲,很大的原因在于乐曲一般都有一定规律可循,并且这种规律又往往与自然的规律或数学的规律有某种共通之处。

据说日本科学家林建志和宗像信生曾经完全按照大肠杆菌的基因碱基编码链进行简单的音符替换(G 换成"2",C 换成"3",T 换成"5",A 换成"6"),就形成了优美动听的乐曲。美英两国的科学家根据同样的原理还录制出了《遗传密码组曲》和《遗传密码变奏曲》,公演获得巨大成功。由此可见,乐曲的规律确实与自然规律有某种共通之处。

目前在音乐机器创作研究中,归纳起来大约有语法生成、神经网络、遗传算法以及仿脑模型等多种方法。语法生成方法主要是采用各种层次的"语法"来生成不同的乐曲。比较典型的代表有 Longuet-Higgin 系列的全音程和声 Jazz 作曲计算机模型,音乐智能实验系统 EMI(采用 ATN 语法对莫扎特等音乐家风格进行模仿作曲),进行 Jazz 即兴演奏的计算机音乐系统和采用多层次语法生成方法的作曲模型等。

神经网络方法则不同,其主要通过学习识别已有乐曲的表现特征,来产生其他同样类型的乐曲。如 WOLFGANG 系统就是基于记忆的神经联结主义理论,使用激活展开分布式问题求解以及黑板记忆来构建乐曲的。

遗传算法是一个使用适应函数来演化候选者(染色体)的全局优化算法。在使用遗传算法进行音乐创作的工作中,主要是如何构造适应函数来评估及选择系统生成的旋律问题。这方面比较有代表性的系统和研究包括：Biles 构造的一个被称为“GenJam”的交互式即兴演奏系统。这是一个和人一起演奏爵士乐的作曲家 Agent；另外，2002 年，Unemi 用模拟繁殖的方法开发了一个音乐作曲工具 SBEAT，音乐初学者可使用 SBEAT，通过人机交互的方式创作自己喜爱的音乐。

图 A　形成二声部创意曲的作曲结果

图 A 是我的学生杜鹏，采用神经网络、遗传算法和简单文法相结合的方法，机器自主创作的一首二声部创意曲。读者不妨自己去演奏，乐曲还是非常动听的。图 B 则是我的同事冯寅博士，带领学生开展有关为中国民歌自动编配伴奏研究的一个结果。图 B 给出的《对花》伴奏曲，就是由计算机为民歌《对花》自动生成的钢琴伴奏曲。

与上述纯机器算法的研究方法都不同，Gordor L. Shaw 在 *Keeping Mozart in Mind* 一书中提出一种三元脑模型用于音乐创作之中。其依据主要是音乐认知涉及背侧前额区、枕叶皮层和小脑这三个脑区所起着的关键作用，构建了一种称为三元功能柱皮层的模型。该模型主要是通过在功能柱之间的耦合，引入 Hebb 学习律，能够给出一种皮层语言与语法的优先高级体系结构，并用于描述音乐创作的内部表示。

可以预想，将来随着人工智能理论和技术的进一步发展，特别是有关情感计算、人工意识、仿脑计算等科学研究的成熟，机器创作音乐的计算技术也将更加趋于完善。当然，这其中也还有一个不容忽视的困难，那就是机器如何评估其所创作乐曲的美学价值问题。因为只有机器真正具备了同人类一样的审美判断力，才能称得上是自觉意义上的创作音乐。但这也许正是机器难以逾越的一条鸿沟。因此，未来机器作曲的最可能发展方向，将是人

图 B　机器自动为民歌编配伴奏的曲谱实例

机交互式的计算机作曲系统的研究开发。也就是说,适合于形式化生成方面的工作由机器去完成,而需要审美评判方面的工作则由人类参与来完成。

总之,作为一门新兴的交叉性学科,计算音乐学还非常年轻,有许多问题有待于音乐学界和计算机科学界的研究人员共同去研究、探索和解决。我们期待这一新兴学科也能在我国生根开花,为繁荣我国的音乐事业做出应有的技术性贡献。

2012 年 4 月 5 日,厦门

美妙动人的机器歌舞

制造能够载歌载舞的机器歌姬，是中国古代先民们早就有的梦想。在《列子·汤问》就有这么一段记载：

> 周穆王西巡狩，越昆仑，不至弇山。反还，未及中国，道有献工人名偃师，穆王荐之，问曰："若有何能？"偃师曰："臣唯命所试。然臣已有所造，愿王先观之。"穆王曰："日以俱来，吾与若俱观之。"翌日，偃师谒见王。王荐之，曰："若与偕来者何人邪？"对曰："臣之所造能倡者。"穆王惊视之，趋步俯仰，信人也。巧夫顉其颐，则歌合律；捧其手，则舞应节。千变万化，惟意所适。王以为实人也，与盛姬内御并观之。技将终，倡者瞬其目而招王之左右侍妾。王大怒，立欲诛偃师。偃师大慑，立剖散倡者以示王，皆傅会革、木、胶、漆、白、黑、丹、青之所为。王谛料之，内则肝、胆、心、肺、脾、肾、肠、胃，外则筋骨、支节、皮毛、齿发，皆假物也，而无不毕具者。合会复如初见。王试废其心，则口不能言；废其肝，则目不能视；废其肾，则足不能步。穆王始悦而叹曰："人之巧乃可与造化者同功乎？"诏贰车载之以归。

虽说这段记载是否是真实史实，难以稽考，但其中反映出古代人民的一种美好愿望，则是确定无疑的。

现在好了，随着仿人机器人研究技术的不断成熟，机器人舞蹈已经真正成为民众娱乐的一种时髦，媒体也不时有这样的报道。比如据去年日媒报道，日本东京舞蹈伎町流行别具一格的"机器人餐厅"，这家餐厅里设有机器人歌舞手，专门为客人奉上别开生面的舞台表演。又据去年美国《大众科学》网站报道，在美国也上映过一台充满了新技术和新概念的歌舞剧，这台歌舞剧的表演者是机器人歌手。在第13届中国（上海）国际玩具展览会上，机器人阿尔法精彩的歌舞表演，也成为轰动一时的新闻。

其实,机器人舞蹈并不是什么新鲜事物。最早开展机器歌舞表演的是在 2003 年,日本索尼公司研制的 ORIO,就是第一台可以漫步、歌舞,甚至指挥乐队的仿人机器人。法国 NAO 机器人也是比较先进的仿人机器人,采用这种机器人,就可以开展有关机器歌舞方面的研究工作。

在机器人歌舞表演方面,日本科学家们所进行的研究最为成功。图 A 左边就是有关日本机器人歌舞姬真人同台秀的机器人歌舞手,右边是日本机器人歌舞姬真人同台秀视频的截图。

图 A　日本开发的舞蹈机器人及其表演

我们相信,随着机器人技术的不断发展,特别是仿人机器人技术的跨越性发展,机器人歌舞不但会越来越普及,而且形式也会越来越多样,并迟早会走进千家万户,丰富我们日常的娱乐生活。

的确,仿人机器人可以借助其自身类人形态和功能上的优势,采用智能计算方法来完成机器编舞并控制其歌舞行为表演。这样借助于高度发达的智能技术,仿人机器人可以提供令人耳目一新的优美歌舞,可以更好地为人们的娱乐生活服务,满足人们日益增长的精神文化需要。

还有,作为一种全新的歌舞艺术传播平台,机器歌舞开发技术也可以为保护、拓展与传播人类歌舞文化,尤其为那些因缺乏传承人而濒临灭绝的民族歌舞文化做出特别的保护与传承性贡献。除此之外,机器歌舞也可以弥补人类固有思维的局限,以机器自身独特的方式来进行歌舞创新,丰富人类歌舞艺术的表现形式。

凡此总总，我们都应该大力提倡和发展机器歌舞技术。衷心希望我国学术界的机器歌舞研究能够生机蓬勃地开展起来。

2015年2月23日，厦门

数字化古琴艺术

古琴是中华民族最古老的弹弦乐器，在其悠久传承历史中，涌现出众多著名演奏家与琴学家，他们为我们留下了数目繁多、内涵丰富和影响深远的非物质文化遗存，最具民族精神和审美情趣。因此数千年来，古琴一直是中国文人修身养性的道器，并已经成为中华文化完美人格的象征。2003 年 11 月 7 日，中国古琴艺术正式列入联合国教科文组织第二批世界人类口头与非物质文化遗产代表作品录。从此，作为一种特殊的文化遗产，古琴文化的保护与传承，也开始成为一切爱好古琴艺术者的自觉行为，其中就包括自发开展有关古琴艺术的数字化研究工作。

所谓古琴艺术的数字化研究工作（以下简称“数字琴艺”），就是要在中国琴学丰富的研究成果的基础上，特别是在琴器、琴艺（曲谱、音律、指法）与琴论研究内容的基础上，围绕着古琴减字谱的识读与运用这一中心问题，广泛开展有关中国古琴艺术数字化保护与传播研究课题。其中的着眼点就是要为古琴艺术文化的保护与传播提供数字化技术平台，使得古琴艺术文化的保护与传播更加持久、快捷、方便，同时也能加快古琴艺术文化的国际化进程。

数字琴艺的研究范围主要是围绕着古琴减字谱的识读与运用展开。具体研究内容包括古琴减字谱编码及其输入编辑系统、古琴减字谱的机器识读、机器辅助打谱的数字化研究、琴曲自动创作及其播放和鼓琴表演的机器动画仿真等等。当然，为了更好地开展这样的研究工作，对于琴史的追踪、琴理的认知、弦歌的创作等也是不可或缺的。所有这些研究，必然对保护和弘扬古琴音乐艺术文化起到不可估量的积极作用。

我们知道，古琴艺术作为成熟音乐形态的一种标志，自隋唐时期起，就有了可以记录古琴音乐的成熟乐谱，古琴减字谱。从已有的古琴文献资料来看，古琴减字谱作为古琴乐曲的记录方式，由于其使用方便、功能详尽等优点，已经沿用1500余年。古琴减字谱不仅是古琴独有的记谱方法，而且还保存了大量古琴传统曲谱。实际上，我国现存古琴谱集140余种中的全部3365个不同传谱和658个不同传曲都是用减字谱记录的。

但是迄今为止，由于减字谱奇特的字形导致其数字化过程困难重重。在信息化高度发展的今天，减字谱的记录仍然只能依靠手抄和复印方式，这对于大量琴书的编辑与出版是极为不利的。因此，广大古琴研究者一直希望拥有能够进行古琴减字谱输入与编辑的软件工具来满足其工作需要。如果能够解决减字谱的编码、输入、编辑与输出这一瓶颈问题，那么对于古琴艺术的研究、交流与传播，必定能够起到重大的促进作用。

为了有效开展有关古琴减字谱的数字化研究工作，首先需要解决古琴减字谱的数字化编码问题。古琴减字谱的机器编码，应该充分考虑古琴减字谱自身的特点，以及数字琴艺所要开展诸方面功能实现的整体要求，给出一种切实有效的古琴减字谱编码方法与体系。作为一种附带性的研究工作，还可以利用古琴减字谱编码方法与体系，建立任意规模的数字化编码琴曲库，为数字琴艺其他方面的研究工作奠定必要的资源基础。

在古琴减字谱编码体系的基础上，数字琴艺的一项基础性研究工作就是要充分利用现有机器的已有有关文字符号处理与编辑功能，具体开发可以进行琴谱输入、编辑与输出的古琴减字谱输入编辑软件系统。显然这样的古琴减字谱编辑数字化研究工作，不仅仅可以方便琴人们读谱、打谱和创作琴曲，而且可以以数字形式更加有效地保存古代遗存下来的琴谱。因此，古琴减字谱输入编辑软件系统的开发，古琴艺术的传承与保护提供技术手段有着极为重要的意义。

作为对古琴减字谱处理自动化程度更高的要求，也为了充分利用现存大量琴谱的自动输入，数字琴艺的另一个重要的研究内容就是开展有关琴谱的机器自动识读。为此，必须对古琴减字谱识读规律进行深入而细致的研究，总结古琴减字谱，特别是线装古籍琴书中琴谱书写习惯以及减字造字的规律特点。同时必须充分认识到古琴减字类别庞大，相似字众多等困难，根据人类认读减字谱的规律，运用人工智能先进的方法与技术，特别是有关手写汉字机器识别技术，来提出有针对性的古琴减字谱识读方法。然后，在此基础上再构建一种比较稳定的减字谱识读方法，能够具体给出谱字的识别归类以及曲谱的意义解读，并加以机器实现。最后，给出进行减字谱自动识读的软件系统。

数字琴艺第四个研究重点是开展有关琴曲的机器辅助打谱。众所周知，古琴打谱是一项专业性很强又费时费力的工作。如何利用先进的人工智能技术来进行机器打谱，哪怕是辅助性的，对于古琴打谱事业的发展无疑会起到重要的促进作用，从而可以间接地为保护与弘扬古琴文化做贡献。

机器辅助打谱可以利用古琴减字谱输入编辑软件，甚至识读软件，在古琴减字谱输入与识读的基础上，首先建立完整的数字化古琴曲谱库。由于机器存储容量十分巨大，这样的数字化古琴曲谱库可以收录我国全部现存琴谱。然后，在古琴谱字识别与解读的基础上，结合古琴减字谱曲谱本身的文化背景、琴曲背景等信息，通过人机交互的方式，为琴家打谱提供一个方便的辅助性软件系统。这样，便可以减轻琴家烦琐的重复性打谱工作量，尽量实现一定程度上的自动打谱。

在数字琴艺的研究中，比机器辅助打谱还要具有挑战性的研究工作是琴曲的机器创作。要让机器自动创作一首可以为人类接受的古琴乐曲，从人工智能角度上讲，确实是一项非常困难的研究工作，也是一项开放性的研究工作。这项研究工作，将会涉及艺术创造理论、创造性思维认知机制、艺术创造计算方法、算法作曲具体方法与技术等众多方面。

当然，作为降低这种研究工作复杂性的一种替代性研究，也可以开展相对简单的移植性琴曲译制研究。所谓移植性琴曲译制，就是将现代音乐曲谱翻译成古琴减字谱，并实现乐曲在古琴上的演奏。相对于创作而言，这种移植性翻译，只需先对被翻译的曲调进行分析，然后选择古琴适合的曲调与之相对应，并将乐曲分成虚音部分、主干部分、半虚半实音部分，分别进行处理，最后形成对应的古琴乐曲，完成整个现代乐曲的翻译工作。

不管是机器创作的琴曲还是移植翻译的琴曲，甚至是机器辅助打谱，作为数字琴艺理想的目标，最后都应该能够在机器上自动播放，形成可听性的琴乐。这便涉及数字琴艺另一个重要的研究工作，就是建立古琴音乐自动播放系统。

严格意义上讲，古琴音乐自动播放系统接受的应该是古琴减字谱形式某种具体输入曲谱，而给出的则是“弹演”该曲谱生成出具有古琴乐器音色特点的音响音乐。一般而言，某种乐器音色模拟包括仿真与合成这样两种常见的方法。所谓仿真方法，就是对乐器的发声过程进行直接建模仿真来模拟古琴音色，甚至对琴弦、共鸣箱进行发声模拟等，并进行组合生成音乐的播放。而所谓合成方法，则主要是在录制建立基本音色元素数据库的基础上，通过组合生成的方法来实现音乐的播放。这种合成方法的播放系统开发周期短，故障率低，兼容性好，可扩充性强，不因声音种类和数目的改变而增加系统成本，是古琴音乐自动播放系统开发比较好的选择。

当然，一种更加完善的方法就是采用两种方法混合的策略，即一方面通过对古琴音色的分析，来建立古琴音色库；另一方面，则从古琴琴弦振动理论和音律学理论入手，利用分析得到的古琴音色频谱特征，来给出重构古琴音色的策略。最后通过采用基于音色数据库和音色重构两种方法，对古琴音色进行机器生成，从而建立起古琴音乐播放系统。

数字琴艺最后一项重要的研究内容就是古琴演奏过程的动画表演。这项研究内容远要比古琴打谱的数字化研究困难得多。对于给定的古琴减字谱输入，除了同步性地实现琴曲音乐自动播放外，这项工作还需要实现所有减字所对应的指法动作及琴弦震动模式的三维动画仿真，甚至要实现虚拟“演奏家”各种演奏姿态的三维动画仿真。如果实现的是弦歌伴奏，那么还要考虑歌唱动作以及动态表情的三维动画仿真的实现工作。只有切实完成上述三个方面的研究工作，并将三个方面的研究成果进行系统合成，最终才能够形成古琴演奏过程的动画表演系统。

显然，古琴演奏过程动画表演系统的研究开发是具有相当难度的，即使我们可以充分利用目前比较成熟的三维动画方法与技术，但对于仅仅依靠古琴减字谱所提供的指法信息，要完整地重构一首琴曲整个动态演奏表演过程，仍然是非常艰巨的任务。不过，开发有关古琴演奏过程动画表演系统这样的研究成果，对于建立数字化古琴辅助教学系统有着重要的现实意义。也就是说，如果我们真的能够综合音色音响、动作姿态、歌唱表情三个方面的研究，加上收集全面的数字化古琴资源库，并结合现有的古琴演奏教程，我们就可以系统开发一种具有综合性功能的古琴辅助教学系统。让更多的人能够通过我们的数字化辅助教学系统来正确地认识古琴，查找文献，了解曲谱，欣赏琴曲，学习演奏，辅助打谱。这样一来，真正意义上的古琴艺术的现代化、信息化、计算化时代就指日可待了。

我们知道，在留存至今的3000多首古琴乐谱中，只有不到100首的古琴乐曲被现代琴家发掘、演奏、传播和发表，还有大量的乐谱没有得到及时的发掘、整理和传播。如果上述所涉及的数字琴艺研究工作有了实质性的成果，那么完全可以期待，留存至今的3000多首古琴乐谱可以得到全面的开发与利用。让这些中国传统的优秀音乐作品更好地丰富现代人们的音乐生活。换句话说，如果我们可以利用数字化技术来发掘和整理这些优秀的作品，那么我国古老的古琴艺术定能在新的时代更加发扬光大。

正是出于这样的目的，厦门大学艺术认知与计算实验室自2005年成立以来，就开始致力于数字琴艺的研究工作。希望通过在古琴艺术文化计算化方面的努力，为推动古琴艺术的国际化传播和发展做一些力所能及的工作。

目前该实验室已经实现了一个实用性的古琴减字谱录入编辑软件系统，并申请了软件著作权，解决了一个令古琴界苦恼了很久的问题，即无法像汉字那样方便地使用机器来输入、编辑与输出古琴减字谱。改变了目前古琴减字谱只能依靠手写与影印的落后局面，为古琴艺术的信息化提供了一种技术手段。

有了古琴减字谱录入编辑软件系统，我们就可以毫无困难地进行琴书的录入、编辑与整理工作。不过即使这样，这也是一项极其枯燥乏味的工作，要把琴书中的减字一个一个用键盘人工敲入减字编辑软件中去，确实不是一件容易的事情，需要花费许多人力物力。面对这样的困难，如果此时能够让机器自动识读这些减字，并自动转化为机器内部意合编码。这样一来，不仅我们可以直接通过手写减字来录入减字，而且还可以通过扫描古代留存的琴谱，批量进行琴书减字谱的识读录入工作，大大减轻整理古籍琴书的劳动强度。为此，厦门大学艺术认知与计算实验室也开展了古琴减字谱的自动识别研究，开发了《古琴减字谱手写输入系统》，并申请了软件著作权。

另外，在其他方面，特别是机器辅助打谱（已申请获批了国家发明专利）、琴曲创作与移植、琴乐播放以及动漫表演等，该实验室也都开始了初步的研究工作。我们希望通过不断的努力，能够为古琴文化的保护、传承与发展做出技术性的贡献，并加快古琴艺术文化的大众化进程。

展望未来，数字琴艺主要可以在古琴艺术的数字化、智能化与网络化方面做出更大的贡献，具体可以开展如下三个方面的研究工作。

(1)古琴文化保护的数字化资源工程。在古琴减字谱的编码与编辑软件系统基础上，全面开展古琴文化保护的数字化资源工程。这对于古琴艺术的传承与保护有着极为重要的意义。

(2)提供学习古琴的智能化教学工具。结合现有的古琴演奏教程，我们将系统开发一个具有综合性功能的数字化古琴资源库，并建立一个古琴辅助教学系统。让更多的人能够通过我们的数字化辅助教学系统来正确地认识古琴，查找文献，了解曲谱，欣赏琴曲，学习演奏。

(3)构建古琴文化的网络化交流平台。在互联网高度普及的今天，如何利用网络化技术，搭建古琴文化的网络化交流平台，人们可以依托互联网进行古琴文化方面的广泛交流，因此这也是一项十分重要的研究。

总之，数字琴艺的研究任重道远，数字琴艺的前景光明美好。我们衷心希望，通过古琴艺术文化在数字化方面的努力，能够为推动古琴文化保护与传承做出贡献，为古琴艺术事业的繁荣发展做出贡献。

(原刊《CCF技术动态》第28期，2011年9月19日修订)

建议重建武夷琴派

2006 年 11 月 28 日，我曾经给僧人琴家智藏法师写过一封私信，主要是谈了有关“重建武夷琴派的一些线索与建议”。这里我将旧事重提，希望引起琴学界的重视。若有琴家发宏愿，致力于此，促成此事，实乃一桩美事。

提到武夷琴派，或者说武夷琴派之所以为世人所知，主要是由于著名古琴演奏家管平湖(1897—1967)的缘故。1923 年，师承“九嶷派”创始人杨宗稷的管先生重访故乡苏州，游天平山时遇到从武夷山来的悟澄和尚。悟澄老人向管先生传授了武夷指法及用谱规则，经过近五个月整理指法，管先生作风大变，琴艺有显著进步。因此可以说，管先生的古琴演奏风格是受到悟澄极大影响的。

那么，作为一个古琴流派，武夷琴派又是源自何人呢？据与管先生同时代的琴家查阜西先生在《琴坛漫记》中提到：“悟澄和尚自称只在武夷山自修，并无师承，云游至北通州时曾识黄勉之，后遇杨时百(即杨宗稷)，听其弹《渔歌》，则已非黄勉之原法矣。”这里需要说明的是，黄勉之曾师承广陵派琴师释空尘(由于空尘不收俗家弟子，黄勉之为了跟随空尘学琴，竟毅然遁入空门数年，学成后还俗)，加上管平湖幼时从其父之徒叶诗梦受琴，而叶诗梦又与空尘相遇过。因此，悟澄的琴风最有可能的是与广陵派释空尘系有关。

综上所说，武夷琴派，或者说悟澄和尚的琴风流派，在所有的琴派中，与之最密切的琴派当属广陵派的禅琴系与九嶷系(也有人认为九嶷派只是广陵派的一个分支)。图 A 给出的就是与悟澄有关的广陵派传承谱系。

应该强调，对于古琴演奏来说，要形成一个流派，需要有三个条件：一是要有自身特有的琴学思想和理念作指导；二是具有一定的自然人文环境作基础；三是博采众家，创建独特的艺术演奏风格，并形成特定琴谱作依据。据此，结合上述与之相关琴学流派的传承情况，我个人认为重建武夷琴派时应该注重如下三个方面的建构。

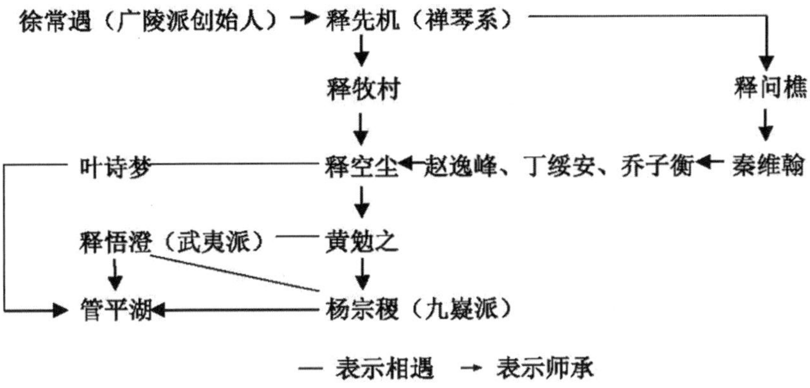

图 A　与悟澄有关的广陵派传承谱系

首先，在琴学指导思想和理念方面，要继承释空尘“寓禅于琴”的理念，也即强调“琴德与禅理互为表里”。唐代疏山禅师有偈曰：“我有一宝琴，寄在旷野中。不是不解弹，未有知音者。”其实琴心就是禅心，天下唯此一心。以琴寓禅，就是要将琴学作为传授佛法的载体。这方面，要留意空尘和尚1893年传刻的《枯木禅琴谱》，特别是其中以佛教梵音而创作的《那罗法曲》、《怀古曲》、《枯木吟》、《独鹤于飞》等琴曲。另外，也要留意收集、了解悟澄和尚的言行事迹。

其次，要考虑到武夷山独特的自然与人文环境，“寄情山水”。我们知道，无论是广陵派，还是九嶷派，甚至“管派”，以山水为题材的琴曲一直是其传承琴谱中主流琴曲。如《渔歌》、《樵歌》、《渔樵问答》、《平沙落雁》、《潇湘水云》、《水仙》、《山居吟》，特别是管先生率先发掘打谱《欸乃》、《秋鸿》等，非常符合武夷山水的人文自然环境。南宋思想家朱熹于淳熙十年（1183年）就在武夷山五曲隐屏峰下的平林创建了武夷精舍，写有诗句：“五曲山高云气深，长时烟雨暗平林。林间有客无人识，欸乃声中万古心。”描写的正是这种山水情怀。唐代诗人柳宗元的《渔翁》诗也有：“渔翁夜傍西岩宿，晓汲清湘燃楚竹。烟消日出不见人，欸乃一声山水绿。回看天际下中流，岩上无心云相逐。”这种“欸乃”声中所反映的就是琴人“寄情山水”的情怀。

最后，重建武夷琴派，当然就要博采众家，特别是要细心揣摩广陵派中“九嶷”、“管派”和“禅琴”的风格，但又要有所创新，所谓“因师启声，后乃自悟”。通过不断地摸索及打谱，最终形成独具风格的演奏艺术和琴谱。

“学诗在诗外”，于琴也一样。武夷琴派的特别之处，一定与禅道密切相关。悟澄和尚的指法灵活多变，是禅者任情自在的反映。因此，创建这样一种“寓禅于琴”的琴学流派，其更多的工夫也当在“琴外”的禅道，这也正是教外琴师们所无法企及的。

最后，当然是寄希望琴界有志于重建“武夷琴派”的仁人志士的出现，并预祝这项功德无量的事业能够成功，并从此发扬光大。

2012年3月25日再撰，厦门

琴德最优的认知验证研究

经过2000多年的发展与积累，古琴音乐已经成为中国历史最久、水平最高、遗产最多、最具艺术特征的古典音乐之代表，其音乐形成也完全成熟。因此，自古以来，历朝历代，古琴艺术一直被文人雅士广为推崇，并形成了“众器之中，琴德最优”之千古绝论。这种将一种器乐凌驾在所有器乐之上的论断，在世界音乐史上是绝无仅有的。

从现有的史料来看，最早明确提出“琴德最优”观点的，是东汉时候的桓谭(约前20—50年)。桓谭在其所撰写的《新论·琴道》中指出：“八音之中惟弦为最，而琴为之首。琴之言禁也，君子守以自禁也。大声不振华而流漫，细声不湮灭而不闻。八音广博，琴德最优。”我们知道，在中国古代，八音是指金、石、丝、竹、匏、土、革、木八种不同质材所制造的乐器，是对桓谭那个时代全部乐器的统称。桓谭在这里不仅明白无误地将古琴推向了独尊众器的地位，而且还给出了社会功用与音乐品质两方面的理由。

难怪后来同是东汉的应劭(约153—196年)在《风俗通·声音》中论及古琴时，对之备为钟爱：“雅琴者，乐之统也，与八音并行。然君子所常御者，琴最亲密，不离于身，非必陈设于宗庙乡党，非若钟鼓罗列于虡悬也。虽在穷閰陋巷，深山幽谷，犹不失琴。”对古琴的这种情有独钟，后来就发展成“君子之座，必左琴右书”风尚。比如刘籍《琴议篇》中就有：“是以古人左琴右书，无故则不撤，琴之为义大矣哉。”

到了魏晋的嵇康(224—263年)，则对古琴音乐更是推崇备至，其在《琴赋·序》中说：“众器之中，琴德最优。故缀叙所怀，以为之赋。”不仅继承了桓谭“琴德最优”的观点，而且还专门为此撰写了长达两千余言的《琴赋》。嵇康在其赋的结尾总结说：“愔愔琴德，不可测兮。体清心远，邈难极兮。良质美手，遇今世兮。纷纶翕响，冠众艺兮。识音者希，孰能珍兮？能尽雅琴，惟至人兮。”也就是说在所有的乐器中，不但古琴在情操修养、音乐遗响等方面是“冠众艺兮”，而且只有达到最高精神境界的至人，才能体察到这种最优越的琴德之雅。

从魏晋之后，“琴德最优”的观点从来就没有间断过，并不断加以发展，甚至直把琴德视同神明。明代朱权（1378—1448 年）在为《新刊太音大全集》所作的序是这样描写古琴的：“琴之为物，得天地之正音，可以感神明而合造化之妙。是以有道之士，得之于心，应之于手，发乎丝桐，律为音声，以合神明之德。犹是达人高士俯仰宇宙，含情寄意，慨古感今，释怀伸志者，皆不谓人知而为神达矣。何其大哉！”将“琴德最优”之说推向了顶峰。

那么“琴德最优”，到底“最优”在哪些方面呢？根据我们的归纳理解，“琴德最优”主要表现在“琴音最优异”、“琴乐最优美”与“琴境最优越”三个方面。

第一个方面是琴音最优异。古琴乐器，不同于一般乐器，其所产生的音声具有许多颇为独特的优异品质，被古人誉为九德，即古琴音质具有奇、古、透、润、静、匀、圆、清、芳九德。确实，古琴音质具有松脆（奇）、平和（静）、芳溢、通透、清亮、浑厚、圆润、古朴、清灵等诸种特点，无一不是乐音优异品质的具体写照。

第二个方面是琴乐最优美。其实，真正体现“琴德最优”莫过于在具体的琴乐之上。古琴音乐不同其他“俗乐”，在于琴乐不追求声色的享受，而在于追求弦外之音的深邃意境。因此，在古琴音乐中，无论曲目名称、音色特色、音乐结构等方面，还是演奏环境、鼓琴姿势、琴人修养等方面，都追求一种淡泊清和、优雅恬静、温柔敦厚的平和艺术风韵与幽远审美意境。因此用明人徐上瀛的话讲，琴乐的展现方式往往是“纡回曲折，疏而实密，抑扬起伏，断而复联”，其目的正是“以音之精义而应乎意之深微也”。

据《太古遗音》转载刘籍《琴议篇》所言：“夫声意雅正，用指分明，运动闲和，取舍无迹，气格高峻，才思丰逸，美而不艳，哀而不伤，质而能文，辨而不诈，温润调畅，清迴幽奇，参韵曲折，立声孤秀，此琴之德也。”正是对琴乐之德的最好概括。

确实，古琴音乐的这种超凡脱俗的取向，正好与中国古代文人雅士们所追求的那种恬淡人生理想是一拍即合的。清徐祺在《五知斋琴谱·上古琴论》中对琴乐之德的这种效应做了精辟的概括：“其声正，其气和，其形小，其义大。如得其旨趣，则能感物。志躁者，感之以静；志静者，感之以和。和平其心，忧乐不能入。任之以天真，明其真而返照。动寂则死生不能累，万法岂能拘。古之明王君子，皆精通焉。未有闻正音而不感者也。”

第三个方面就是琴境最优越。在所有的器乐中，似乎只有古琴艺术，才能够达到那种出神入化的登峰造极之境界。那么，何为琴境呢？汉代刘向在《雅琴赋》中说：“观听之所至，乃知其美也。潜坐蓬庐之中，岩石之下。游子心以广观，且德乐之愔愔。末世锁才兮知孔寡。穷音之至人于神。弹少宫之际天。授中徵以及泉。葳蕤心而息愬兮。伏雅操之循则。”讲的就是无与伦比的琴境之境况。

琴境之意不在琴乐，而是在于琴心。欧阳修在《赠无为军李道士》诗中对此有深刻的论述：“无为道士三尺琴，中有万古无穷音；音如石上泻流水，泻之不竭由源深。弹虽在指声在意，听不以耳而以心；心意既得形骸忘，不觉天地白日愁云阴。”这种得琴心而忘琴乐的境界，就是古琴音乐所追求的琴境。推及终极，就是近代张鹤先生在《琴学入门》所说的：“时习熟歌，趣味生焉，迨乎精通奥妙，从欲适宜，匪独心手相应，境至弦指相忘，声晖相化，缥缥渺渺，不啻登仙然也。”甚至可以到达超越生死之禅境，如唐代诗人孟郊诗中所言的那样：“学道三十年，未免忧死生。闻弹一夜中，会尽天地情。”这恐怕真的是没有任何其他器乐能够与之比肩的，“琴德最优”的根本落脚点也在于此。

确实，中国古人抚琴，目的不仅仅是单纯将音乐呈现出来而已，其中蕴含了人道与天道的和谐，追求的是一种天人合一的人生境界。侯辉先生在为金蔚的《琴度》所作的序说道：“琴之道大矣哉。冠众器之长，统大雅之尊。志静气正，苍古空灵。鼓天地之和而和天下，此琴道绵延数千年而不绝之至理也。操琴见性。其境界之高，段非斤斤乐工所能窥其堂奥者。”这就是为什么千百年来，对于“众器之中，琴德最优”认同的根本出发点。

当然，或许有人会质疑，“琴德最优”是钟爱古琴艺术的古代文人雅士所流露出的一种情感偏好，是对中国悠久古琴艺术文化的一种情感性赞美，正如西洋人赞美钢琴一样，反映的正是文化取向的不同而已。如果抛开文化情感，甚至古琴文化情结，来看所谓的“众器之中，琴德最优”，不过仅仅是一些泛泛而议的空论，是没有确切科学依据的。

那么，从现代科学角度来看，古琴音乐是否真的有优越于其他器乐，比如钢琴音乐的特质吗？显然，“琴音最优异”、“琴乐最优美”与“琴境最优越”三个方面都是与“观听之所至，乃知其美也”有关，主要是音乐认知与体验的评介结果。因此，如果“琴德最优”属实的话，那么一定也会在人类倾听音乐的认知效应上有所反应。

为此，我们开展了中国古琴音乐与西方钢琴音乐脑电对比实验分析研究。实验被试分为古琴组、钢琴组与空白组三个组别。其中古琴组中的被试均接受过1年以上的古琴训练，而钢琴组中的被试均接受过1年以上的钢琴训练，空白组中的被试没有受到任何正规的音乐训练。通过对脑电图激活程度的脑区分布来看，有如下现象。

（1）在前额区，古琴组激活程度大于空白组；而在顶区，钢琴组激活程度大于空白组。说明长期的古琴训练和钢琴训练，对脑区的影响是不同的。

（2）在前额区，古琴曲背景激活程度大于白噪声背景；而钢琴曲在整个脑区都大于白噪声。相比较，古琴音乐对额区有更明显的影响。

（3）在左侧和中间，古琴组激活程度大于空白组，而右侧没有明显区别；钢琴组在整个脑区都表现出大于空白组。说明古琴训练对脑区的影响有左偏侧性。

分析上述实验，结果表明古琴音乐在中国被试身上表现出对选择性注意和记忆更新过程的影响，以及对判断分类和评估时间的影响有两种效应：前额区优势和左偏侧效应。对这两种区别的存在可解释为：

（1）前额区优势，可能是古琴音乐更能激发人的想象力，对其的审美欣赏涉及更深层次的加工。

（2）左偏侧效应，与中国被试所说汉语的五声调式有关，古琴特有的“摇声”与汉语四声相对应，因此涉及左侧的语言区。

总之，通过中国古琴音乐与西方钢琴音乐脑电对比实验分析研究证实，就脑区分布而言，古琴音乐对前额区有更明显的影响（前额区优势），而古琴训练对脑区的影响也存在有左偏侧性效应（左侧优势）。前额区优势，说明古琴音乐更能激发人的想象力，古琴音乐的审美欣赏涉及更深层次的神经加工；而左侧优势，则说明五声调式的古琴音乐与中国被试所说的汉语四声调式相关联，因此有助于语言能力的提高。这里特别需要强调的是古琴音乐导致的前额区优势，这是西方音乐所不具备的。

我们知道，想象主要是在前额叶中发生，即使在没有外来信息刺激的情况下，前额叶也能够驱动大脑产生虚拟的体验，并与感觉联合皮层相互作用产生文化意义与价值。因此，古琴音乐的这一认知特点，可能正是说明“琴境最优越”的科学线索之一。

在上述研究成果的基础上，特别是发现古琴音乐对大脑前额区的刺激反应效果明显，这就为进一步开展创造性认知效应影响方面的研究工作提供了基本的依据。所以，我们进一步开展有关古琴音乐对创造性认知效应影响的脑电实验。实验主要目标就是要通过脑电实验与行为学实验的结合，来综合考察古琴音乐对创造力的干预影响。

在实验中，首先通过行为学实验将被试分为低创意与高创意两类，共 14 名被试(在校男性大学生/研究生，平均年龄 23.14 岁)。然后将被试随机分成实验组与对照组两个组别，实验组的被试完成一个特殊用途联想任务与一个空间作画任务之后听了一首古琴曲《平沙落雁》，接着完成第二个特殊用途联想任务与第二个空间作画任务。整个过程由 64 导脑电仪记录被试的认知活动，并把四道创造力题的测验结果记录在纸上。而对照组的被试除了中途不听古琴曲，而是换成闭眼休息之外，其他实验步骤与实验组完全相同。结果表明，不管是从行为学统计，还是脑电频谱分析以及前额叶与枕叶的相干分析，我们得到如下主要的实验结果：

(1)对于特殊用途创造力，古琴音乐对低创意组的特殊用途创造力正面影响比较大，对高创意组意义不大，甚至有一定负影响。

(2)对于图形创意任务，古琴音乐对不完整图形创意构图(图形组合创意构图)具有正效应，对高创意组的图形创意正面影响比低创意组大。

总之，我们的脑电认知实验研究发现，聆听古琴的实验组与进行休息的对照组在前后两个特殊用途联想与空间任务之间呈现不同的脑电活动。尽管在行为学数据上表现得并不显著，但在脑电层面，古琴音乐对被试的正面效应还是有显著体现的。这起码说明，古琴音乐对创造性认知活动是有积极影响的。

值得强调的是，我们上述有关古琴音乐对创造力影响的脑电实验研究，虽然填补了国内外认知神经领域音乐对创造力影响研究的空白，但却是非常初步的，有许多问题有待于做深入研究与探索。另外，在我们的实验中所选用的《平沙落雁》是一首宁静的古琴曲，我们推测如果选用欢快的古琴曲，可能对创造力认知效应会有更积极的影响。进一步说，被试也只是在实验中临时性偶尔听听古琴曲，对于长期经过古琴训练的大脑，其对创造力所产生的影响，可能会更为深远。

通过上述有关古琴音乐的认知实验研究，起码有一点是肯定的，那就是，相对于西方音乐的代表“钢琴音乐”而言，古琴音乐不仅有一些独特的认知效应优势，而且对于创造性认知能力也有明显的促进效应。而重要的是，这些认知效应都是发生在最能体现人类智慧水平的前额区皮层之上。因此，如果说有什么“琴德最优”的认知证据存在，也必定存在于其对人类前额区皮层认知效应的作用上。

总而言之，虽然要通过认知研究来完全证明“众器之中，琴德最优”的论断还需要从诸方面开展更多的认知实验研究。但就目前已经得到的研究结果，我们可以确认，古琴音乐的确具有激发人类前额区一些独有认知效应的作用优势。从这个意义上讲，在目前还没有负面科学证据的情况下，强调“众器之中，琴德最优”是完全可以认同的。因为迄今为止，我们还没有看到比古琴音乐更能够激活前额区认知效应的其他音乐认知的实验结果。

（原刊《心智与计算》2012 年第 1 期，本文在原文的基础上做了较大删减）

聆听琴乐，升华孩子们的心灵

公元 2008 年，在北京奥运开幕式上，伴随着巨幅画卷的缓缓展开，一段飘逸挥洒的古琴音乐不期而至。从“太古遗音”那张古朴唐琴中流淌出的优美旋律，将全世界的观众带入了绵绵无尽的久远时空，心中无不激荡着丰富的想象，百感回味。当人们追随着那悠悠的古乐，不禁又使人凝神静气，倍感神清气爽，意趣盎然，臻于妙境。这便是中华古琴音乐的无穷魅力！

音乐可以引发情感想象，升华精神境界，甚至增强认知能力，在科学界这已经是不争的事实。早在 1993 年，美国认知神经科学家肖（G. L. Shaw）教授等人在《自然》杂志第 365 期上发表了一篇题为《音乐与空间任务能力》的科学论文。根据肖教授的研究，音乐艺术活动的时空想象能力与语言逻辑的分析能力是提高智力水平相互补充的两个途径。

不仅如此，在此后的研究中，包括中国在内的全球众多认知科学家也纷纷开展有关音乐认知神经科学的研究，发现音乐审美认知活动是一种意识活动的高级形式，涉及我们的感知、情感、想象、记忆，以及价值评判等众多高级认知过程。经常聆听音乐，影响的不仅仅体现在莫扎特效应方面的记忆能力、语言能力、阅读能力、视觉空间能力等智力范围，更重要的还在于对情感想象能力的塑造方面。就这一点而言，古琴音乐较之西方钢琴音乐，对于想象能力的提高具有更大的效应。

音乐对大脑及其情感体验的塑造，主要是通过细胞层面诱导突触建立相应的神经回路，从而推动审美情感体验能力、记忆联想能力、想象推理能力、自我反思能力的整体深化发展。必须明白，情感的最大奥秘就是，人们只有通过情感才能激起想象力极致的发展，而古琴音乐的魅力便是可以通过引发审美性情感来活化人们的想象力。

然而，非常遗憾的是，长期以来我们对孩子们的教育往往注重智力的开发，而忽视情感的教化，所谓的素质教育，也常常蜕变为某种知识竞赛式的另一种灌输。这样教育的结果是：孩子们知识泛滥，体验孱弱，逻辑发达，情感脆弱，想象贫乏，意志薄弱，缺乏理想，从而导致孩子们厌学、惶惑、焦虑、自私、冷漠的泛化。

那么，如何补救这种情感想象能力培养缺失的教育呢？答案只有一个，那就是加强音乐情感方面潜移默化的熏陶，特别是要让孩子们多多聆听古琴音乐。在这里，需要强调的是，不管是个人，还是整个人类，都是以追求优良的生活为宗旨，而人类对各种生活的感受与体验，最终是要通过审美体验后才能够升华，达到最高的精神境界。由此可见，古琴音乐这种引发情感想象能力的提高，对于塑造孩子们的高贵心灵是何等的重要。

作为一种音乐表现形式，古琴音乐相对于其他音乐形式而言，对陶冶性情、培养情操所具有的优越性，早在中国古代就有充分的认识。嵇康在《琴赋》中就直言："众器之中，琴德最优。"也就是说在所有的乐器中，古琴在塑造品德方面是最优越的。诚如《礼记·乐记》中指出的："德者，性之端也，乐者，德之华者。"也就是说，德是人的天性，乐是德之光华。这样，就把古琴音乐与道德品行等沟通起来了。

首先，自古以来，人们就十分强调古琴音乐的道德教化作用。蔡邕在《琴操》中记载："昔伏羲作琴，以御邪僻，防心淫，以修身理性，反其天真。"桓谭在《新论·琴道》中也说道："琴，神农造也，琴之言禁也，君子守以自禁也。""昔神农氏继伏羲而王天下，上观法于天，下取法于地，于是始削桐为琴，绳丝为弦，以通神明之德，合天地之和焉。""神农氏为琴七弦，足以通万物而考理乱也。"也就是说伏羲氏、神农氏作琴，周公制礼作乐，古代的圣王以"德"教化人民，顺应天道与人心。

中国的"古琴"具备修身养性，教化天下，通神明之德，合天地之和的意义，这在我们倡导构建和谐社会的今天，尤显重要。明代的蒋克谦在《琴书大全》中提倡的"鼓琴七则"云："一曰明道德，二曰感鬼神，三曰美风俗，四曰明心察，五曰制声调，六曰流文雅，七曰善传授。"其中的"明道德"、"美风俗"、"明心察"、"流文雅"，强调的都是修身养性，提高品德的教化作用。这种高境界的教化作用，古人往往称其为"元化之功"。比如方干的《听段处士弹琴》诗曰："几年调弄七条丝，元化分功十指知。泉迸幽音离石底，松含细韵在霜枝。窗中顾兔初圆夜，竹上寒蝉尽散时。唯有此时心更静，声声可作后人师。”

除了这种道德情操上元化功能之外，古琴作为一种音乐艺术，其主要作用及意义更在于寄托人们的思想感情，是一种精神享受，也是一种娱人悦己的思想交流和感情沟通。就个体而言，一个人若心中有所思，抚琴时，从其琴声与抚琴的姿势，就能被了解。听一个人弹琴，如同在读一个人的心，琴仿佛像一面镜子，将人内心世界映照出来，借着琴音的传达、他人抚琴的姿态与神韵，就能了解这个人的性情、喜好、情感。因此，倾听不同的古琴音乐，总能唤起不同的情感体验。久而久之便起到潜移默化地丰富情感能力的作用。唐代诗人白居易在《清夜琴兴》中写道：“月出鸟栖尽，寂然坐空林。是时心境闲，可以弹素琴。清泠由木性，恬澹随人心。心积和平气，木应正始音。响余群动息，曲罢秋夜深。正声感元化，天地清沉沉。”正是这种境况的生动写照。

琴乐引发的情感，主要是审美性的，所反映的多为对境生情的人生感悟，如《秋塞吟》、《获麟》、《墨子悲丝》等；或模拟天籁之生机不息和变化，如《流水》、《平沙落雁》、《阳春》；或抒情之作，如《阳关三叠》、《忆故人》等，多景中含情，或情中寓景，使人之精神有所寄和有所游，意有所会。当然，琴声淳厚淡泊，特别能使人的心灵平和安静，甚至超然空灵，此时便是情感体验的最高境界，恍若登仙之境界。这种心灵深处的喜悦与满足感是只能意会而不能言传的。对此，苏轼的《减字木兰花·琴》写道：“神闲意定，万籁收声天地静。玉指冰弦，未动宫商意已传。悲风流水，写出寥寥千古意。归去无眠，一夜余音在耳边。”这就是古琴音乐的魅力。

当然，古琴音乐不仅音律优美，富有情感，更重要的还在于其文化内涵丰富，不但可以陶冶性情，还可以培养孩子们丰富的想象能力。著名琴家顾梅羹在《琴学备要》中指出：“古琴曲都是标题的，不但用曲名标了题，而且每一个标题曲名之后，必定有一个题解，很详尽地述说它所表现的意义或内容。”因此，每一首古琴曲不但情感归类比较明确，而且都有具体表达的内容供孩子们畅想。应该说，琴曲借助丰富的艺术表现指法，蕴含着生动的故事内涵，也是体认自然美景、生活情趣与人生感悟的最佳载体。这些丰富的文化内涵往往给人以无穷的想象空间，激发孩子们内心深处的想象动力。

比如，古琴浙派创始人南宋郭楚望作《潇湘水云》，就是一首表现爱国热情的琴曲。当时，金兵入侵，郭楚望移居于湖南宁远九嶷山下，深感国事飘零，便借水光云影，以抒眷念故国之情。乐曲通过古琴特有的吟、揉等手法，时而奔放浑厚，借云水掩映，烟波浩瀚的景象描写，抒发对山河残缺，时势飘零的感慨和荡气回肠的爱国热情。

再如，《广陵散》，又名《广陵止息》，原为东汉末广为流传的民间音乐，是一首以战国时期聂政刺韩王为题材的叙事曲，以磅礴的气势，独特的风格，庞大的结构，表现出一种慷慨激昂的英雄气概。

还有，《高山流水》，描述的是战国时期俞伯牙鼓琴遇知音的故事。明代《神奇秘谱》的解题有："《高山》、《流水》二曲，本只一曲。初志在乎高山，言仁者乐山之意。后志在乎流水，言智者乐水之意。"久听必生热爱自然之情。

以及《鸥鹭忘机》，表现了《列子》中一则寓言：渔翁出海时，鸥鹭常飞下来与之亲近，后来渔翁受人指使，存心捕捉它们，鸥鹭就对他疏远了。倡导的便是一种人与自然和谐共处的精神。

而《阳关三叠》，则是根据唐代诗人王维《送元二使安西》诗句谱写的一首琴歌。王维的诗是为送友人去关外服役而作："渭城朝雨浥轻尘，客舍青青柳色新。劝君更尽一杯酒，西出阳关无故人。"谱入琴曲后又增添了一些词句，加强了惜别的情调，充分表达出作者对即将远行的友人那种无限关怀、留恋的诚挚情感。

又如著名琴曲《梅花三弄》，借物咏怀，全曲表现了梅花洁白，傲雪凌霜的高尚品性，通过梅花的洁白、芬芳和耐寒等特征，来赞颂具有高尚节操的人。

正是有像上述这样一大批优秀的琴曲，经过2000多年的发展与积累，古琴音乐已经成为中国历史最久、水平最高、遗产最多、最具艺术特征的古典音乐的代表之一，其音乐形式也完全成熟。据查阜西先生《存见古琴曲谱辑览》记载，我国现存古琴谱集140余种，3365个不同传谱，658个不同传曲。这为我们进行孩子们的琴乐教化提供了充足的资源。

显而易见，用承载着丰富中国文化内涵的古琴曲陶冶孩子的心灵，不仅能够升华孩子们的精神境界，陶冶高尚情操，而且也同时能够提高孩子的情感想象力以及种种认知能力。让所有关心孩子们健康成长的老师、家长和社会各界朋友们赶快行动起来，充分利用这份丰富的古琴文化遗产，为孩子营造一个充满天籁琴乐的生活环境，用动听优美的古琴音乐潜移默化地去滋养孩子们的心灵吧！

2012年3月18日，厦门

六 国故新知

凤凰树下随笔集

死后灵魂续存吗

在历史上，主张灵魂存在的一个重要方面就是有关灵魂不朽的观点。这种观点认为，寄住于肉体中的灵魂是独立于肉体而先存于天地之间的。当肉体坏死时，灵魂离开肉体而继续存在。至于肉体死后的灵魂到底去了何处，则有不同的说法。

印度古代学者注重的是一种轮回不朽说，认为一个灵魂可以从一个个体转移到另一个个体。也就是说，生命死亡后灵魂会再次轮回，进入新生的生命个体中。其实，灵魂轮回与先存的观点，在许多其他民族的先民那里都有发现。

在古希腊，有一些哲学学派并不主张灵魂不朽。比如伊壁鸠鲁学派虽然也认为死亡是灵魂与肉体分离，但灵魂离开肉体后就立刻消散了，不会永远存在。原子论者甚至认为，死亡不是灵魂与肉体分离，而是灵魂和肉体一起死去，灵魂在肉体中熄灭。

但尽管如此，在古希腊占主导地位的并对后世产生重大影响的柏拉图学派则依然认为灵魂是不朽的，死亡是灵魂从肉体中分离出来，并永远存在。柏拉图学派认为，离开肉体的灵魂有两种可能的去向。如果灵魂在人间被恶习熏染，沉湎于种种欲望，或犯下种种罪行，那么人死后的灵魂就会偏离神明的道路；而如果灵魂能够始终保持纯洁无瑕，很少沾染与肉欲有关的恶习，虽处于人体之中，却能够出淤泥而不染，过着类似于神明的生活，那么人死后的灵魂就可以回到原来神明之处。

看得出来，古希腊柏拉图学派的灵魂不朽观，完全是一种道德说教，因此非常符合宗教的需要。后来西方的基督教，就进一步发展了这种说教，并勾画出更加完善的天堂与地狱之说。基督教教义认为，受造于神的灵魂是附在人体上作为主宰的一种东西，肉体死亡后灵魂不死；灵魂离开肉体将面临神的审判，或上天堂或下地狱，完全取决于神预定的旨意，即所谓的预成论。

有趣的是，由于宗教的影响以及对永生的期盼，在科学昌明的今天，依然有为数众多的人相信人死后灵魂续存，其中还包括许多从事科学研究的专家学者。甚至出现了许多企图去证实灵魂死后续存的科学实验。

从逻辑上讲，要探索人死后灵魂续存的可能性，就必须说明这样三个事实的存在：(1)灵魂是可以离开肉体存在的；(2)人死后确实有灵肉分离的奇异感受；(3)离开肉体后灵魂续存种种迹象的存在。于是在科学研究中也就出现了各种有关灵魂出窍(也称脱体体验)、濒死体验、死后续存或灵魂迁移等现象的科学实验分析。

为了一探究竟，我们下面就来详细介绍并分析一些主要的有关灵魂出窍、濒死体验、死后续存或灵魂迁移等方面所谓的科学实验，看看这些实验或现象究竟是否能够证实死后灵魂续存这样的断言。

首先我们来看有关脱体体验(灵魂出窍)现象的科学报道。在 2007 年 8 月 24 日出版的 *Science* 上发表有两篇心理学论文(Mill G.，Out of Body Experiences Enter the Laboratory，*Science*，2007，317(24)：1020，1021)，描述了有关脱体体验(out-of-body experience)的实验。这些科学实验表明，正常人在一定实验条件下会出现“灵魂出窍”的现象。

在瑞士 Lenggenhager、Blanke 等人进行的一项实验研究中，让健康成年人带上特殊的目镜，目镜中只能看到摄像机拍摄到的景物，实验时摄像机放置在被拍摄物体之后 2 米处。然后，实验分别在这样三种不同的条件下进行：(1)第一种条件是将摄像机放置在被试者身后，这样被试能够看到自己的背后，当然这是一个虚拟的身体；(2)第二种条件是将摄像机放置在一个假人身后，被试能够看到假人的背后；(3)第三种条件是将摄像机放置在一个直立立柱的后面，被试能够看到一个立柱体。

在实验进行时敲打被试的身体，并让被试看到上述三种影像的同时也看到同步或非同步的敲打过程，当然这需要通过电脑处理来达到这一效果。敲打一阵后关闭摄像机，被试看不到任何影像，然后把被试拖离原先站立的地方，再让他走回原先站立的地点。

实验结果，有趣的情况发生了。在第三种条件下(观看立柱体)，被试可以毫无困难和无差错地走回原处。如果敲打身体与敲打影像的节奏不同步，第一种条件（真人）与第二种条件（假人）下，被试也能够顺利地没有差错地回到原处。但是敲打身体与敲打影像同步情况下，被试走到离原处前面有几步距离的地方。也就是说，在这样的实验条件下，被试看到的影像与身体敲打的触觉感受联系到一起，自我意识体验融入影像之中，而不在自身之中。换句话讲，就是被试的灵魂从自己的肉身中出来，进入到虚拟的影像之中，这就是所谓的灵魂出窍。

另一个实验是瑞典科学家 Ehrsson 开展的研究工作。实验条件类似上述实验，也是头戴特殊的目镜，目镜中只能看到摄像机送来的景物，摄像机放置在被试的身后，让被试看到仿佛坐在了自己的身后。实验时拍打被试的胸部，同时让摄像机也能拍摄到手的拍打动作。拍打几次以后，被试感到自己仿佛进入目镜前面虚拟人体之中。当然，这是被试的主观感觉，为了给出客观指标来刻画这种变化，Ehrsson 把电极放置在被试的手指上，然后用榔头在镜子前虚晃一下，被试看上去好像是真的被打击了一样，手指的电极也测量到相应的电阻变化，尽管实际上根本没有触及被试。看来被试真的把虚拟的身体看作自己，即对自己的本体感受转移到虚拟的影像之中了。

关于脱体经验的科学实验，Blanke 等人在 *Nature* 上发表的论文（Blanke O. et al.，Stimulating Illusory Own-Body Perceptions，*Nature*，2002，419：269，270）也给出一些有趣的报告。该报告指出，在对一位癫痫患者（女，43 岁）头部进行植入电极刺激的实验中，宣称已经找到负责灵魂出窍的脑区是位于右角回与顶颞联合部。实验发现，当植入角回的电极通电刺激时，被试报告各种脱体体验，如“沉到床下”、“高处落下”、“在高处看到自己躺在床上，但只看到自己下半身”之类，并多次报告自己浮在空中 2 米高处，靠近天花板的地方。

那么如何看待上述科学实验结果呢？我们认为，上述科学实验证实的所谓灵魂出窍现象，实际上是一种幻觉，就像视觉错觉一样，只不过是本体感觉上的错觉而已。正如吉尼斯在《心灵学》一书中所作的界定那样，所谓脱体体验（灵魂出窍）是指：“当一个人似乎从身体之外的位置上感知世界时所具有的体验。重要的是它是指一种体验，而不是指任何客观的分离事实。”（I. G. 吉尼斯：《心灵学——现代西方超心理学》，辽宁人民出版社 1988 年版，第 100～101 页）

其实，脱体体验仅仅只是一种普通的心理现象，甚至在我们的睡梦中，在其他意识变更状态中都会发生的现象。对于脱体体验现象，完全可以解释为一种大脑状态变化的结果，或大脑活动的特殊状态结果，跟灵魂死后续存没有任何关系。

在死后灵魂存在的实证研究中，濒死体验方面的报道更为那些相信灵魂不朽的人所津津乐道。认为科学为灵魂存在提供的证据是有多方面的，其中最具影响也最有说服力的当数濒死体验（Near Death Experience，NDE）。

那么什么是濒死体验现象呢？所谓"濒死体验"，指的是死而复生的人，也就是心脏停止跳动或大脑功能停止的人重新活过来后所叙述的死亡来临时刻的主观体验。有科学观察研究发现，人的意识在大脑停止活动后会继续存在，这被认为是灵魂续存的有力证据。

根据一些临床报道，具有濒死体验的病人为数不少，虽然病人们"死亡"的原因各不相同，但醒来（死而复生）后都有一些类似的濒死体验报告。比较常见的体验报告包括感觉到自己飘在半空，能够看到自己的身体，看到医生们正在忙碌地在抢救他，甚至看到病人所处位置根本看不到的东西，等等。读者可以在《心灵学：现代西方超心理学》这部书中读到许多这样的事例。

在濒临死亡的意识体验中往往会声称有脱体体验，或许这正是大脑缺氧或因极度恐惧导致大脑活动奇异表现的结果。也许可以用大脑缺氧症来解释濒死体验所报告的诸种幻觉现象。不管如何，有一点是肯定的，那就是濒死不等于死亡。所谓那些"死后复生"者，正确地说并没有真正死亡，而仅仅是"假死"。是的，人们可以谈论濒死体验，但濒死体验并非是死亡体验。因此，通过濒死体验现象的存在来证明人死后灵魂续存，这在逻辑上是讲不通的，不可作为死后灵魂续存的证据。

于是，那些相信灵魂不朽的人们便把证明灵魂存在的努力放到了灵魂死后续存迹象的考察与证实之上，出现了许多荒诞不经的众多"科学"实验与假设。有人认为，死后的灵魂可以通过电子噪音传递讯息，用超自然电子噪声现象（Electronic Voice Phenomena，EVP）来说明鬼魂的存在。也有人试图通过人死亡前后的死者体重变化实验来证明肉体的灵魂存在，并煞有其事地宣布灵魂具有 10.6～42.5 克的重量。还有人试图通过各种先进的科学仪器去捕捉鬼魂的踪迹，以证明死后的灵魂存在。比较著名的有美国哈佛大学心理学博士盖瑞·史瓦兹(Gary E. Schwartz)在 2002 年所出版的 *The Afterlife Experiments*。当然，更多的是一些有关讲述前生或后世故事的记录，以说明灵魂转世的存在，如此等等。

显然，上述种种所谓的“科学”实验的努力都是毫无说服力的。比如将灵魂看作某种物理现象，甚至还声称拥有质量，这违反了灵魂非物质性的假设。用前生或后世故事来证明人死后续存以及轮回，多半是宗教性不可验证的鼓吹。从科学角度上讲，顶多可以归结为当大脑达到某种超稳定(静息)状态时会洞悉平时不能洞悉的体验，但这与前生后世的经历恐怕不能相关联。至于探索鬼魂的踪迹，则多半是幻觉、海市蜃楼或其他未名物理现象的结果。中国有句老话，“日有所思，夜有所梦”，当这种所思，特别是潜在的所思化为幻觉时，说不定真的可以产生“魂灵”等现象。

既然这样，为什么还会有那么多的人愿意相信死后灵魂续存呢？其实，在古代，由于对生命有机体必将衰亡原理认识的缺位，大多数人都多少抱有长生不老的梦想。应该说，置生死于度外，对于大多数人而言是难以实现的。相反，多数人对死亡具有本能上的恐惧，并且这种恐惧往往是根深蒂固的。面临死亡，人们的第一个本能反应就是极力设法逃避，人与生俱来就有求生的本能。但当残酷的现实不断证实一个个肉体无一幸免地离开人世的时候，就把不死的梦想寄托在精神的层面。于是，肉体死亡后灵魂不朽的观念也就自然成为芸芸众生的一种可以用于自我慰藉的信仰。

另外，人生往往充满着不幸与痛苦，或许摆脱肉体痛苦的灵魂才会得到永久的幸福，而追求这种幸福一直是人类美好的愿望。因此，怎么能够让灵魂就这样随肉体的消亡而消亡呢?！如果生命的终点不是灵魂熄灭之时，而是灵魂能够迁移到另一个美好的地方，那么世上还有什么比这个更加令人向往的呢？反之，随着肉体的死亡，灵魂也一同彻底毁灭，那么我们生命辛辛苦苦所经营的一切还会有什么意义呢？

是的，谁也不想死，当人们意识到死亡是不可避免的，于是就会寄希望于灵魂的不朽。人死后，灵魂可以续存，并具有如同生前一样的自我，等待着复活或转世，继续着新的人生历程。因此，对于许多人来说，死亡不可思议，宁愿相信肉体的死亡并非是人生的终点，并将自己的永生寄希望于灵魂的不朽。

事实上，我们每一个人，谁也不可能意识到自己的死亡，更不可能体验到死亡后的滋味。因为人一旦死亡，神经系统也就解体，人的思维活动不复存在，与之相伴随的意识体验也必将随之烟消云散。对于主观体验而言，人的死亡是不可证实的一件事，你永远不可能知道自己的死亡。因此，每个人都发自内心具有自我不朽的念头，这便是灵魂不朽观念的心理基础。

正是因为如此，加上我们从未有过意识缺失的经历，我们只有在意识状态下才能够意识，于是，没有意识的死亡就成为可以赋以任意想象的事情。换言之，将自我的续存寄托在精神层面的灵魂之上也是无可厚非的。如果没有这样的观念，那么人们又会走向及时行乐的立场。人们会对永生失去期盼，使得道德的生活没有了意义，于是放弃全部道德规范，一味追求眼前享受，就成为人生的目的。

这样一来，对所有宗教而言，也就需要死后有灵魂的续存，或称灵魂不朽。因为如果只相信今生而对来世不抱信念，会使良心失去立足之地，似乎人们就不可能建立应该具有的道德生活。一句话，灵魂不朽在宗教上是必要的前提，因为只有人死后灵魂继续存在，灵魂才会有得救与惩罚的可能。

问题是，出于期盼、道德或宗教上的原因，需要灵魂续存，但我们的心智又无法想象灵魂如何脱离肉体靠自身生活，于是便赋予灵魂固定的住所，如坟墓或天堂，并采用各种仪式来招纳那些幽灵游魂，让人死后的灵魂能够有安定的栖息地，这就是所谓的招魂。这样有关灵魂的观念也越发走向荒诞不经的歧路。

实际上，死后灵魂是不存在的，也不需要存在。范缜在《神灭论》中说得好："神即形也，形即神也。是以形存则神存，形谢则神灭也。"灵魂是物体伴随性的一种整体关联性，因此根本谈不上迁移问题，不管是轮回还是上天堂下地狱，都是不可能的。按照我们的观点，所谓神灭是指随着有机体的消亡，其代表有机体的整体关联性也随之消亡；而所谓神不灭，只是指那个消亡有机体的整体关联性在另一个有机体的意识体验中得到反映，比如对已故亲人的思念之情，就是典型的例子。

就这一点而言，我们应该遵循中国儒家文化上的生死观。古代中国的先民们一开始也是持有灵魂观念的，相信人死后有灵魂存在，并与鬼魂的观念相联系，对生前的灵魂谈论很少。但后来，春秋时期通过儒家学说的创立，人们开始舍弃灵魂观念而另寻人生之不朽的新观念，专从人心上立足，提倡“人心世道”，而不谈上帝了。

中国儒家传统思想所强调的人生不朽有两种情况：一是家族血统传袭的世禄不朽，遗传基因，与世袭地位；二是对社会立德、立功、立言的三不朽。如果从灵魂不朽上对照的话，前者是从生物意义上讲的不朽，灵魂就是遗传基因信息；后者则是从社会意义上讲的不朽，灵魂是文化传承信息。两者都是反映事物的整体关联性，尤其是后者，代表的是精神上的不朽，最是灵魂的体现者，可以看作流传在后人心中（通过感悟精神）的历史性整体关联性。

中国儒家的这种人生不朽观，实际是舍弃了西方观念中自己死后的灵魂不朽，而代以他人心中的念想来实现精神的不朽，因此是一种不同西方灵魂观念的灵魂不朽论。其中的整体关联性体现在先人与后人之间的精神关联、个人与社会之间的精神关联之上。

这也就是我们所希望倡导的正确的灵魂不朽观，所谓“慎终追远，民德归厚矣”。在现实的感知世界中，鬼神固然是不可得见的，但其生时的音容笑貌、言语功德与精神品格，却是可以永远活在人们的心中。王充《论衡·订鬼》就指出：“凡天地之间有鬼，非人死精神为之也，皆人思念存想之所致也。”人们可以在心里体验到亲人的存在，这便是社会文化整体关联性的体现。所谓灵魂不朽，当指这种情形。

不朽是指永远在有灵魂的后人之心底里得到体验传承。因此，中国非常看重祭祀活动，其所重视的只是临祭者心中念想的一番反映，被祭者在每一次的祭祀中重新复活在后人的心中。推而广之，任何时刻的一点念想，都促使逝者在后人心中的灵魂复活，通过精神上的整体关联性，死者活在活者的心里。西方人希望死后灵魂在上帝心里永生，东方人则希望死后他的生平事迹思想在后人心里不朽。推而广之，西方人做事依靠上帝，中国人则凭己良心，其根源便在于斯。

肉体终究是会坏死的，因此那些对永垂不朽怀抱巨大期望的人们，与其说希望灵魂死后续存，还不如说希望自己的精神、思想、伟绩能够成为不朽，永远活在人类后代的念想感受之中。把小我的人生融入世道人群之中，于是灵魂就不朽了。西方靠上帝的眷顾而生活着,因而死后灵魂存在才是重要的,这样可以以此要挟活着的人们皈依宗教的教义;东方人则靠人际的关照生活着,因而重要的是维持生平精神事迹的万世流芳,永远活在后人的心目中,外在的任何权威也就不需要了。基督教重在个人灵魂的得救,强调神的主权;而儒家的传统观念则看重良心的发现,强调人心相互关照。

过去,世人关心灵魂问题,往往关注人死后灵魂是否依然存在,而并不关心人活着是否有灵魂。孔子则曰:“不知生,焉知死。”其实,对于幸福生活而言,活着拥有灵魂远远要比死后灵魂依然存在要重要得多。因此,只要在今生能够伴随灵魂显现,就足以体现完美的整体关联性,使得生活充分展现人性至善,无须依靠对死后灵魂的恐吓来强迫人们行善。那些宗教的死后审判或灵魂轮回的说教是没有意义的。

(援引作者未刊手稿《歌天灵魂新论》第四篇,2012 年 12 月 12 日)

揭示占卜算命“灵验”底下的玄机

据说，世界范围内，中国人迷信人群的比例是最高的。现实生活中，许多受过高等教育的中国人依然会相信占卜算命的灵验。特别是眼下，随着国学热的不断红火，风水八字、周易算卦、星象手相等迷信算命现象也随之越来越风靡。

我因为懂一点“揲蓍卜卦”之术，因而也常常被恳请给人算卦卜命。出于礼貌但又反对算命，我也总会以“善为易者不占”加以推辞，并不愿意愚弄大众。只有遇到不会产生严重后果时，偶尔兴头一发，也会游戏性算上一卦，往往奇准，非常灵验。其实，对于百姓而言，算命如同表演魔术，惊奇的表演底下不过是运用了一些障眼之法，超出了百姓们的常规思维，于是就视算命者为神奇，甚至顶礼膜拜起来。

人生是非线性的，因此人生的命运从根本上讲是不可预测的。由于对初始条件的敏感性以及环境的动态变化性，任何对未来命运的预测都是不可能有确定性预言的。所谓对人生命运的预测（算命），不过就是一种概率性猜测，谈不上什么灵验不灵验。

或许，热衷于相信占卜算命的人们会反驳说，他们遇到的许多算命先生都是非常灵验的，绝对不是概率性猜测。之所以会有这样的感觉，其实是因为这些相信占卜算命的人并不知道算命先生们所掌握的玄机（魔术师们掌握的魔法技巧）。我相信，一旦清楚了占卜算命灵验底下的玄机，就再也不会有人相信占卜算命了。

那么，“灵验”的占卜算命底下到底有哪些玄机呢？为了破除大众迷信，不再相信各种形形色色的算命伎俩，下面就从科学解说角度来加以揭示，以正视听。

第一，算命者充分利用语言的弹性，给出定性分析而不是定量分析的断言，并总是留有解释的余地，从而在任何情况下总可以“翻手为云覆手雨”。

《中庸》云:“天地之大也,人犹有所憾。故君子语大,天下莫能载焉;语小,天下莫能破焉。”突破语言障碍,向来是算命者的第一基本功。因此,善于运用语言而不露破绽,是算命者的第一伎俩。比如,算命先生对即将参加工作的30岁左右的单身男性预言:“三五年之内,你会做官。”这样的算命一定非常灵验,因为即使这位男性没有当官,多半也会结婚吧!而男子结婚就意味着当上了新郎官。你看,这不就算对了吗?

第二,就是借用“预言的自行实现”机制来保障预言的“灵验”。要知道,许多预言本身无所谓灵验不灵验,但如果接受者坚定不移地相信了给定的预言,那么该预言就会影响接受者的身心状态(比如心理暗示效应),甚至听信预言而采取行动,结果真的导致了该预言的达成。这种现象就叫做“自行实现的预言”。这就是为什么算命者一直喜欢强调“心诚则灵”和努力提高自身权威性的原因。因为,一个占卜算命者越有权威,接受者越是膜拜迷信,预言自行实现可能性的几率就越大。

第三,就是务必记住“小概率事件是经常发生的”。常规上,人们会以为小概率事件是稀有发生的,因此能够预见其发生就是了不起的神奇能力。其实大家忽略了这样一个前提,当小概率事件发生的基数非常大的时候,小概率事件就会经常发生。在某些条件下预言小概率事件的发生并不需要“神奇”能力。比如算命先生对一位从未相识的你说:“你2岁那年得过一场病。”你回去向母亲一打听,果真如此,你是否会对这位“神仙”佩服得一塌糊涂?其实如果你知道,绝大多数人在2岁的时候都会生病,而且父母因孩子幼小生病而印象深刻,那样的话,你还会对这样的猜测感到神奇吗?

第四,就是算命者利用“巴纳姆效应”。所谓“巴纳姆效应”,指的是“普适预言+主观理解”。也就是说算命者在进行预言时只需讲述一些每个人普遍适用的预言,接受者会自动将这些预言主观性地理解到自身所处的境遇中,从而导致预言的“灵验”。比如,十二星座的解说词就属于普适预言,每个人主观套用,都会很“灵验”。但十二星座的那些解说词几乎就是一些废话,因为即使你不是某个星座的,如果误以为是这个星座,那么其解说词照样也会很灵验。实际上,全球少说也有60亿人口,而我们却只有12个星座,平均5亿人共用一个星座,难不成这5亿人都一样命运不成?!

第五,就是利用一定迷信文化催眠下的过敏性侦测机制。在长期迷信文化氛围的熏陶下，人们会有倾向性地相信算命预言的过敏性侦测机制侦测到的“事实”，从而进一步证实了“预言”的“灵验”。但实际上，这些所谓的侦测到“事实”，都是捕风捉影，或被随意夸大的。过敏性侦测机制是每个人都具备的一种能力，在一定文化催眠的作用下就会被算命者所利用，结果导致预言的“灵验”。也就是说，对于执迷不悟坚信的算命结果，人们会千方百计捕风捉影地去证实，而绝不会去否定。即使一旦无法证实，也会责怪自己心不诚，所以才不灵，绝不会怀疑神仙的预言。

第六，算命者的预言之所以都很“灵验”，也是信息传播不对称性的结果。人们喜欢传播“灵验”事件，而忽略失败的“预言”，结果发现传播中的算命预言都是灵验的，给人造成一种算命都很准的错觉。这也意味着，算命者尽可以胡乱算命，凭借概率总会有对有错，但错误的预言会被人们遗忘；而一旦重大的预言算对了，就会被到处传播，于是神算的美誉就会接踵而至。这样根据自行实现的预言机制，其预言的灵验性又会不断提高，算命者便进入良性循环，成为真正的预言家！

明白了上述这六个方面的算命玄机，你们还会相信那些无稽之谈的算命预言吗？美国作家 T. Stappard 在 1993 年出版的 *Arcadia* 一书中指出：“现在也许是最好的时代，你曾以为正确的东西几乎都是错的。”我想这一点就针对各种算命怪象而言是十分贴切的，那些所谓灵验的算命法宝，其实都是文化糟粕，不值得一提。

其实，要拆穿算命先生所谓的预测能力非常简单，你就让他去澳门赌场赌一把，看他敢不敢去，能不能赢。如果那些所谓的预测高手真的会定量预测的话，那他绝不会靠算命来挣钱，去澳门赌场来一把赌大小，押上 1000 万，肯定能赢，何乐而不为呢？算命与赌博之间的差别就在于，算命不怕预测出错，属于无风险定性预测；而赌博则属于有风险定量预测，一朝失误，则立马输钱。从这一点就不难知道，算命均是假的，如果是真的话，必然能够应用于赌博之胜算，算命先生为何无人敢去赌博呢？

或许，许多热爱甚至痴迷周易占卜的人士会极力反对：难道古老的周易占卜就真的一无是处吗？既然这样，为何历朝历代有识之士都会万分推崇《周易》呢？我的回答是：要区分周易占卜算命与周易哲学思想，这两个是完全不同性质的概念，历朝历代有识之士推崇的是周易哲学思想而非周易占卜算命。

确实，早期《周易》就是一部卜筮之书，用来推断人事之吉凶。朱熹在《七经语类》中说："《易》，本为卜筮而作。"迷信的成分很浓。起先，起码在周代前期，统治阶级确实设立专事占卜的官员，为天子们决断吉凶祸福。但后来经过长期的实践证明，占卜之言往往并不灵验，于是到了战国后期，统治阶级基本上弃之不用。于是这些被摒弃的术士，转向民间谋生，开始愚弄百姓了。

其实，据出土的楚竹简记载，"孔子晚而好《易》"，就是"观其德义"，而不信占卜之术。后来，先哲们发现，事实上，吉凶由人，天道无常。不管是谁，原则上都无法正确预测天道和人道。所以，到了战国，《荀子·大略》就明确指出："善为易者不占。"人们开始转而注重易理思想，出现了"阴阳变易"的《易传》，用于指导人生。

再后来，有识之士之所以重视《周易》，并不在于占卜算命方面，而是其"知天道而为世用"的人生指导意义。孔子曰："圣人立象以尽意，设卦以尽情伪，系辞焉以尽其言，变而通之以尽利，鼓之舞之以尽神。"(《系辞上》)《周易·易传》的人生指导思想的好处就是要"假物之象以喻人事"(特别是《象》中之言)，比如"天行健，君子以自强不息"，"地势坤，君子以厚德载物"等，都是典型例子。

唐代孔颖达在《周易正义》中指出："是知易理备包有无，而易象唯在于有者。盖以圣人作《易》，本以垂教，教之所备，本备于有。"如果推及终极，真正领悟《周易》精神的，乃在于"圣人悟无言而示有言，学者因有言而悟无言"(明代智旭的《周易禅解》)之上，而不是津津乐道于占卜算命。因此，在科学昌明的当代社会，我们理应去除占卜算命的糟粕，而弘扬能够正确指导人生的易传之道。

2013 年 6 月 28 日，厦门

重构中医的藏象理论

重构中医的藏象理论，我们的主要思想是突出神经系统在人体生理功能实现中的重要地位，挖掘《内经》中有关“神经系统”表现和作用的论述（不自觉的、经验性的），与血脉系统一起构成维护生命、互为阴阳的两个相互依存系统，完成《内经》没有清晰完备构建的中医神经本原理论体系（但已有雏形，只是由于对神经系统，特别是脑机制认识的不足或不完整，才没有显式地突显神经系统的重要地位，但从心主神明、“灵枢”的命名中不难看出，“神明”所代表的神经系统功能反映，在《内经》中还是十分明确的）。因此，要强调心的两面性，是阴阳合一的本体：一是心主神明，即心脑的一面；另一是心主血脉，即心脏的一面。只有这样，才能正确理解《内经》的系统性陈述，比如“心”与“十二官”的关系等。为此，要对“心脑”之“心”与“十二官“的关系重新厘定；要对“神经”、“血管”与“经络”的关系重新厘定；要对“气血”的“气”、“血”概念重新厘定，特别是“气”周遍“十二官”，即信息（脉冲与激素）的作用重新厘定。更要基于当代脑科学有关突触传递机制与毛细血管循环机制及其相互关系的科学成就，给出脑气系统与心血系统构成的“心”生命机体的解释理论，这涉及生命微结构动力学学说及其整体性刻画。

我们强调“脑主神明”这个观点，不是局部改变而是彻底重建中医理论体系。当然，这其中中医的精神和原则要继承，包括阴阳学说、五行学说、整体思想、生态观念、关联互动等。也就是说，阴阳依然有阴阳，但阴阳的中医指的要有调整；五行依然有五行，但五行的中医种类要有调整；整体关联依然要有整体关联，但关联的机制和对象要有调整；如此等等。不这样，无以重建更加完善，更加符合后现代科学成就的新中医体系。

现在我们就从中医理论的源泉——《内经》（凡下文引用《内经》的论述，均出自太古真人：《黄帝内经》，敖清田等整理，四川科学技术出版社 1995 年版）开始我们的分析批判与重构整合。我们知道，《内经》是中国古代医疗经验系统总结的结果，其中所论述的内容自然也是长期医疗实践不断摸索，不断完善的表现形式。由于主要是基于不甚精确了解（相对现代人体解剖和生理知识而言）的人体生理知识之上，所以在所形成理论体系的一些细节部分上难免会存在不足和牵强之处。大体上讲，对血气循环功能了解得比较确切，而对神经传导功能知识（神经与激素相互作用）知之甚少。因此，古代中医理论的不足主要是关于神明精气方面。值得注意的是，中医长期实践所归纳形成的理论体系，与中医诊断病情的方法非常相似，都是建立在“司外揣内，见微知著，以常达变”原则上的。尽管也有基本的解剖实践，但自《内经》以后，直到《医林改错》，几乎一直沿袭旧学，没有大的改变。于是，在无确切甚至缺失人体生理和解剖知识的前提下，特别是对神经传导系统了解缺位的情况下，却又要将诸多精神心理现象纳入中医体系，因而就产生了令人难以理解的脏器功能定位的叠加性和含糊性。比如，虽知有脑，但终因不知神经传导及内分泌激素的功能作用，以至于难以将神明之主认定为脑，而归之于心及其他诸多脏器。应该说，在当时对人体的认识水平下，就“构筑”司外揣内的方法而论，对于周遍性的神经活动，这种功能分布式定位无疑是最好的归纳。这样，可以解释许多医疗实践中遇到的现象，比如针灸的疗效、心理调节的认识等。当然，许多的牵强附会和错误失当之处，也同时由此引起。其中涉及整体中医理论体系的问题主要包括如下三个功能性范畴。

（1）心。将心当作阳心与阴心的叠加，阳心主灵机精神，阴心主形体血脉，然后一阴一阳相合主神明（生命的最高表现形式）。

（2）经络。经络是第二个含混性范畴，实际上是血脉系统与神经系统的叠加，神经属阳，血脉属阴，一阴一阳相合，气血周行全身。至于五脏六腑，则是经络系统中的中转站，具有不同的功能，也均有阴有阳。

（3）气。中医里“气”的范畴最为混乱，凡梳理不清之事物，则归之为“气”。其中最重要的有两种“气”，即精气和血气，也分阴分阳。阳气为精气（精神），入神经；阴气为血气，入血脉。对于阳神而言，诸脏各有其神；对于阴气来说，诸脏也各有其气，如此等等。

为了能够更加客观地分析《内经》藏象体系的整体性构成，对其中的概念使用有整体的了解，我们对《内经》中比较重要的范畴的出现频度进行了统计。根据形成的统计结果，我们起码可以说明如下几个问题。

(1)“心”在《内经》中确实有两种用法，一是五脏之心，一是统神之心。“心”的频度基本上是其他脏器频度的2倍，原因就在于此。除心为560次外，其他脏器的频度统计大体相同，均为300次左右，其中以脾为最少，为240次。

(2)“胃”的频度几乎与五脏频度一样，并高于脾，可见胃主运化血气的重要性。脾胃关联才能说明运化血气的功能，所以即使将胃替换脾来主运化，也不会影响运化功能的论述。而其他腑器的频度均非常低，几乎可以忽略，没有胃的问题这样突出。

(3)“阴阳”是核心学说，凡事均可分阴分阳，所以出现频率均很高。

(4)“气”的概念是核心概念，又是最为复杂的概念，如何厘清“气”的概念网络，必将对理解《内经》学理体系有重大影响。

(5)“针”刺的治疗方法是古代重要的医疗手段，包括导致“神变”和“血出”两种途径。

(6)有关心智的描述，主要还是在于“心”、“志”方面，其他出现频度均不高(“意”稍高些)。所以，“心主神明”无疑是《内经》的主要思想。至于“精明之腑在头”之说，不能成立，因为此处“精明”是指“眼睛”之明，不是指普适的“神明”。

值得注意的是，《内经》中医学体系主要是经验的总结，因此中医理论上的缺陷并不影响中医实践中的有效性。除了一些直接涉及的神经疾病，如半身不遂、癫痫等，临床上几千年积累下的奇方妙药照样能治百病。也正因为此，如果能恰当地改造中医理论体系，存大统，补不足，特别是将神经系统所反映出来的现象规律进行重新梳理，那么完全可以建立起新的中医理论体系，并真正与中医实践衔接起来，更好地指导临床实践。

中医思想的精髓，我们认为在于心身关系的互根。具体地讲，就是血肉之身与灵枢之心互为阴阳，一显一隐，相互作用，相互依存，相互影响。这里要注意的是，灵枢之心是隐式的，并不归于显式身躯的任何特定部位。中医一直没有神经系统(脑)所表现心灵的解剖部位和功能归位，原因就在于此。灵枢之心是与血肉之身相对的一个全局功能概念，不可等位于五脏六腑之类的具体功能概念，因此其表现的不同侧面的性质也就归于五脏六腑，比如心藏神，肺藏魄，脾藏意，肝藏魂，肾藏志等，将灵枢之心的表现分属五脏。注意，心藏神的“心”是五脏之心，非“灵枢之心”。身与心的联系则是经络，通过血气运营相关联。所以中医治病，明为治身，实为治心。其要略分为三：一是养心为上，所谓养生之道，预防为主，这是中医的主导思想，二是针灸为中，通过刺激神经系统来达到经络调节之功效，是一种经络—皮层—内脏的作用；三是药物为下，说到底也是药物归经之法，是通过血运影响神经系统，从而调节身躯的作用。这样一来，除了整体的灵枢之心的调养外，不同部位的刺激对治不同的病证，不同药理效果对治不同的病证，就显得十分重要。于是就有经络理论、脏腑学说等，强调的都是归经问题、分类作用问题。

于是，当我们进一步再综合考虑现代人体生理学的内容时，依据《内经》原有的、不系统的，甚至隐含的思想陈述，可以对基于阴阳五行学说的传统藏象体系进行调整，形成新理论。大致框架如下述三个方面。

1. 总则。生命为一体，分阴分阳，凡精神之灵为阳，血肉之躯为阴，阴阳和合，相互依存，相互作用，相互影响。统摄全身的阴阳本真对照表参见表A。由于神经系统和血管系统均为周遍性系统，因此其诸分属性质均分布于五脏六腑，形成具体的形神称名。

表A　统摄全身的阴阳本真对照表

项目	精神之灵	血肉之躯
总括	神明	形体
支持组织	神经系统	血管系统
本体	信息	血液
细微结构	突触神经传递	毛细血管循环
核心器官	脑	心
对治途径	神经刺激，如针灸	药物作用，如方剂

2. 除了全身性的神经系统和血管系统外（广义的脑与心，一主精神，一主血肉），人体各局部系统还包括循环系统、呼吸系统、消化系统、代谢系统、内分泌系统等。分别对应于五行之数如下：

(1)循环系统,主血,心—脾为司主,属火能,提供能量;

(2)呼吸系统,主气,肺—肤为司主,属金风,提供氧气交换;

(3)消化系统,主物,肝胆—胃肠为司主,属土谷,提供营养物质;

(4)排泄系统,主水,肾—膀胱为司主,属水液,排泄代谢物质;

(5)调控系统,主神,脑—腺为司主,属木命,提供调控激素信息。

从脏腑而言,除了全身整体性心脑疾病外,主要的病理也是可分为心病、肺病、肝病、肾病和脑病五大类的。因此,简言之,金、木、水、火、土对应的脏器应重新认定为肺、脑、肾、心、肝,均为实质性器官,其他均为辅助性器官。如果一定要增加的话,第六位重要的器官就是胃肠,可以将消化系统再分为两个系统:消化系统——胃肠;代谢系统——肝胆。其他不作细分。

3. 所有五行系统均有阴阳关联。其中木命与火能,涉及全局性的功能子系统,而金风、土谷、水液,为局部性的功能子系统,分别为血液提供营养物质、气体,或排泄代谢物质等。所以传统中的心火有其独特地位,便在于此。所谓"心主神明",实际上是"心"通过为"脑"提供支持物质,而脑才真正是主神明的,全部问题的关键在"血液"的中介。而调控系统中的腺分布很广,包括肾上腺、胰岛、甲状腺、脑垂体、甲状旁腺、胸腺、核果体、前列腺,等等,与生命迹象息息相关,因此属木命。中医传统中的命门学说应归于此。至于脾胃问题改为肝胃问题,胃肠主消化,肝胆主运化。这样才能够说明人体生理的真实状况。

在上述的框架及其说明下,更加全面的中医学说就可以分为六方面的内容:

(1)阴阳总纲,最根本之阴阳即心灵之阳和身体之阴。

(2)五行推演关系,照样可以运用五行推演关系来进行整体关联演算。

(3)经络体系,气血运营,通阴阳,是神经系统与血管系统的统合,卫气走脉外,是神经系统;营气走脉内是血管系统。

(4)针药治病,调制气血,一为神经刺激,一为血液吸收。

(5)色脉察象,气色和血脉,乃察病之要,一为观察精神,一为了解躯体。

(6)脏象归属:气血生成转运,脏腑为枢纽,通过腺体内分泌激素的关联,也有藏神与运化两个方面的阴阳相互作用。

上述这些内容,其实在《内经》中或多或少都有论述,只是有显有隐,有详有略而已。

表 B 藏象新说与《内经》之间核心范畴对照表

项目	神经系统	血管系统	《黄帝内经》
本体	精气	血气	气血
主脏	脑(阳心)	心(阴心)	心
通路	神经	血管	经络
机道	突触传道	毛细循环	机道
诊法	色	脉	色脉
治法	针	药	毒药针砭
组织	髓海	血气水谷之海	四海
归属	阳	阴	阴阳
总象	神	形	神形

表 B 给出了《内经》中与我们藏象新说之间核心范畴的对照表。中医理论讲阴阳,讲气血,讲经络,讲针药,讲神形等,实际上是讲生命整体的阴阳相搏、相依、相补的运营法则。精神的一面属阳,躯体的一面属阴,并通过长期实践经验的归纳总结,形成了复杂的体系以给出生命万象之所以然的解释理论。依我看,这个解释理论的出发点和基本原则是正确的,但由于缺乏许多真实可靠的解剖生理知识,特别是对有关神经系统的作用机制缺乏深刻的了解和认识,因此存在着许多问题和不足。

如上所述,我们正是看到传统中医理论的这些不足,才敢于在现代人体生理学新成就的基础上,重新构建一种中医藏象新学说的框架。当然这个新框架是十分初步的,其中还有许多细致的内容需要进一步填补和发展。在这其中,特别是对于微观突触传递与毛细血管循环的阴阳依存关系能否建立非线性动力学方程,以及科学地探索神经递质、神经肽、激素等的相互作用机制,都将成为新学说体系构建的关键性问题,有待于将来开展实质性的研究。只有这样,才能建立起中医藏象新学说真正的科学基础。

(摘自周昌乐《中医辨证的机器推演》第二章,科学出版社 2009 年版)

国学的精华是圣学

“国学”这个概念范畴，有大有小。大者，几乎囊括了中华传统文化的一切方面，比如《四库全书》的经史子集之全部，甚至包括民间异端杂说。于是那些原本已经被扫地出门的封建迷信玩意，近些年来也借着国学的名义又泛滥了起来。小者，主要是指经学，但往往也会扩展到诸子的思想范围。从这个角度看，有人认为国学的核心是经学，大体上是没错的。

但是即便这样看待国学，国学依然像是一座年久失修的破旧仓库，里面结满了蛛网，布满了灰尘，充满了霉味。已经歪斜的梁柱也开始东倒西歪，更不用说那些砖块瓦砾、门框窗棂和货架纸箱，更是一片狼藉，破损得不成样子了。倘若一位对国学懵懂无知的探寻者，想要破门而入，一探究竟，那么迎接他的首先就是那些散落的灰尘、坠落的斜梁、乱舞的飞虫，不弄得灰头土脸才怪呢！当然，如果探寻者心诚志坚又有好运，不放弃进一步深入探寻，那么说不定随便一摸，也会摸到若干惊世溢彩的瑰宝。因为这个历经3000多年文化积累的破旧仓库，其实也是一个名副其实取之不尽的富饶宝藏。总之，对于探寻者而言，能否满载而归，就看探寻者有没有根器慧眼了。

不过，眼下学界对待有着悠久文化传统的国学，向来毁誉参半，褒贬不一。因此，应该主张去其糟粕，存其精华，然后加以发扬光大。但问题在于，到底哪些是糟粕，哪些又是精华呢？如果没有一种大家公认的统一标准，那么“去其糟粕，存其精华”也就会成为一句空话。

我向来认为，划分国学糟粕与精华有三个基本准则：一是看其是否符合天道法则，特别是看其是否符合当代科学揭示的规律事实；二是看其是否符合人们心身健康幸福的要求；三是看其是否符合人类社会和谐发展的宗旨。按此标准，那么国学思想体系中，最值得称道的就莫过于圣学思想体系了，或者说国学的精华基本上就是圣学。

那么，什么是圣学？圣学是指直接以孔子思想为核心，又经历代有识有为思想家不断丰富完善而展开形成的学说体系，是构成中华文化思想体系的核心学说。这一学说的核心思想内容主要体现在四书五经之中，常被归结为圣人之道。无可争议，圣学在先秦就已经形成了完整的思想体系，其思想内容主要体现在《论语》、《中庸》、《易传》、《孟子》和《大学》之中。

进入秦汉之后，圣学的传统不幸中断，直到两宋才重新得到中兴。晚清贺瑞麟在《周子全书序》中说："孔孟而后，千有余年，圣人之道不传。道非不传也，以无传道之人耳。汉四百年得一董子，唐三百年得一韩子，皆不足与传斯道。至宋周子出，而始续其统，后世无异词焉。"

当然，我个人认为，这间隔的千余年，众多的思想家并非一点作为也没有。起码汉魏在天道认识方面有所建树；而隋唐在心法发展方面，又有划时代的贡献，特别是惠能开创的顿悟心法。这样才为两宋圣学的中兴，积累了可供吸收的新内容，形成了以理学为代表的新形态，并在明代王守仁时期形成了更加完善的阳明心学体系。

纵观圣学这一中华文明核心思想体系的发展历程，很明显的一个事实就是，圣学中兴发达，关键在格物致知的中兴发达。两宋圣学中兴之所以肇始于濂溪先生，主要就在于他在前人研究的基础上，重新构建了解释能力更加完善的天道学说——太极理论。后来又有张载、邵雍、二程，对易学天道思想加以发展，形成了更加精密完整的天道思想体系。

遗憾的是，到了明清之际，虽有顾炎武、王船山和颜习斋等倡导实学的纠偏努力，但最近 200 年来，随着西学东渐，以圣学为核心的中华传统文化，渐渐失去了耀眼的光辉。个中原因，也就因为格物致知(科学)的落伍。

因此，在当今科学昌明的时代，我们应该以当代科学思想、方法和成就为参照，重新审视圣学经典，进一步去其糟粕，存其精华，并加以发扬光大，重振中华文明的核心思想——圣学，用以指导当代人们的幸福生活。

确实，中华圣学博大精深，你可以在易学思想里体悟万物之理(毋不敬，敬天)，在中庸思想里感悟求其放心(思无邪，明心)，在仁学思想里体会爱民济世的情怀(泛爱众，爱人)。当你一旦参悟了中华圣学之精妙，你便拥有豁达率性之真，宽厚仁慈之善，历久弥新之美。

总而言之，我们可以说国学的核心是经学，经学的精华是圣学。因而对于重振圣学，我们责无旁贷。正如张载所言的那样，我们理应要再次“为天地立心，为生民立命，为往圣继绝学，为万世开太平”。

2014 年 6 月 2 日，杭州

寄语青少年多读圣学经典

眼下时风日浮，碎片化、快餐化和庸俗化，已经严重侵害青少年的心灵健康和行为规范，应该引起社会和家长的高度重视。圣学之道倡导格物、致知、诚意、正心和修身，足以匡救时弊，是促进青少年心身健康成长的最佳良方。

因此，对于青少年而言，在正规的学校教育之外，除了科普读物（格物致知），就是要潜心阅读、践行圣学经典（诚意、正心和修身），如《大学》、《中庸》、《论语》等等，方能树立远大胸襟志向，养成良好行为规范，拥有美好品德素质。必须明白，读什么书，跟交什么样的朋友一样，对于青少年而言，是成长过程中最为重要的事情。

当然阅读圣学经典，是很难无师自通的，因而需要良师指导。良师益友，可以引导青少年积极向上，在行为习惯方面起到潜移默化的良好影响。而圣学经典，则可以丰富青少年的知识体系，培育青少年的素质情操，提高青少年的思想境界。特别是，阅读圣学经典不可盲目无序乱读，而是需要循序渐进，方可达到事半功倍的效果。常言道，名师出高徒，并非名师可以替代青少年阅读，而是名师以其丰厚的学识、深邃的思想和独到的见解，一则可以正确指导阅读经典的顺序，二则可以在关键环节指点阅读中的困惑。

当然，有了好的老师指导只是一个方面，更重要的是诸位青少年要有自觉阅读经典的进取之心。《易传》云："立心不恒，凶。"所以凡事要有恒心，读书贵在坚持。唯有坚持，才能博览群书；唯有坚持，才能融会贯通；唯有坚持，才能将学识隐于无形，达到学富五车而心中不留一字的最高境界。

最后，衷心祝愿青少年们在阅读圣学经典之中能够真正体验到读书的乐趣，体会到知识的力量，体悟到仁智的价值。

（原刊《中国家庭教育报》2015 年 1 月）

阐释《大学》之道

《大学》原是《礼记》中一篇，由于在北宋道学家看来，其思想内容非常重要，认为是圣学入门之要，就抽出来单独成书，并与《论语》、《中庸》、《孟子》一起，成为所谓儒家经典的四书之一。

《大学》经句部分，传说为曾子根据孔子之意所著述，但据郭沫若在《十批判书》中的考证，当为孟子的弟子乐正克的作品(据说钱穆也早有此论，郭沫若不过是沿袭了钱穆之说)。我认为郭沫若的这一推断比较可信，因为从内容来看，当是乐正氏对先秦圣学思想系统总结的结果，不太可能出自曾子那个时代。

按照传统，《大学》分为经与传两个部分，其主要思想体现在经文部分，也是我们本文所要阐释的主要内容。因此，为了方便阐释《大学》之道，现将《大学》经文部分全文抄录如下。

> 大学之道，在明明德，在亲民，在止于至善。
>
> 知止而后有定，定而后能静，静而后能安，安而后能虑，虑而后能得。
>
> 物有本末，事有终始。知所先后，则近道矣。
>
> 古之欲明明德于天下者，先治其国；欲治其国者，先齐其家；欲齐其家者，先修其身；欲修其身者，先正其心；欲正其心者，先诚其意；欲诚其意者，先致其知。致知在格物。物格而后知至，知至而后意诚，意诚而后心正，心正而后身修，身修而后家齐，家齐而后国治，国治而后天下平。
>
> 自天子以至于庶人，壹是皆以修身为本。其本乱而末治者，否矣。其所厚者薄而其所薄者厚，未之有也。
>
> 此谓知本，此谓知之至也。

上述这段文字，篇幅不大（字数只有256字），但历代对其解读注释却层出不穷，无法一一介绍。其中不能不提到的是理学大家朱熹和心学大家王阳明的精到阐释。所以我们不妨先来回顾一下这两位宗师的解读，然后再据此给出我们新的阐释。

作为两宋理学的集大成者，朱熹自然对《大学》情有独钟，做过全面深入的注释，不但撰写有《四书章句集注》，而且在《四书语类》中对《大学》逐句进行详细的阐述。大体上，朱熹是这样理解《大学》经文的："格物、致知、诚意、正心、修身"，皆明明德之事，并通过"知止"来达到"止于至善"；所谓"明德、新（亲）民皆当止于此（至善）"，而新（亲）民就是要"齐家、治国、平天下"。注意，在朱熹的理解中，"定、静、安、虑"也"实在知止能得之间"。这其中最大的不足是对"知止"的理解还不够深入，不能与"定、静、安、虑""而后有得"相衔接，更不能很好地衔接后面的"物有本末，事有终始。知所先后，则近道矣"。

王阳明对《大学》也是极为重视，在其《传习录》中多处论及和阐释《大学》的思想，并对朱熹的观点作了修正。相比朱熹而言，王阳明主要突出了其心学思想，将至善境界归结到心性，有了不少进步。总体上看，虽然将"至善"归于心，解决了"定、静、安、虑"的衔接问题，但依然没有衔接好"知止"只能"近道"而不能"得道"的问题。

我认为，除了《大学》三纲要"在明明德，在亲民，在止于至善"之外，对《大学》的解读关键就在"知止"两字的理解。

其实，在稍早于乐正氏的庄子那里，就有对"知止"的论述，指出："故知止其所不知，至矣。"（《齐物论》）另外，在《庚桑楚》中也有："知止乎其所不能知，至矣！"因此，所谓"知止"，就是达到了用尽认知能力的极限。

我们知道，对于"明德"这样的终极之道，是与"天道"、"太极"、"空性"等一样，属于无度之物，都是超越人们认知能力所能把握的范围的，只能通过直觉体悟，所以庄子说"莫若以明"，禅宗讲"明心见性"，而《大学》这里讲"明明德"。

关于人类认知能力的限度早就为历代思想家所认识。对此，不但庄子的《齐物论》有过系统的论述，而且儒家圣学的学说中也有明确的论述，比如《中庸》里就强调尽心尽性之道是"不勉而中，不思而得"的。至于后来的禅宗，更是强调“不立文字，直指人心”，要摒除一切“思议”之心。

有了上面对“知止”的解释，我们就可以将《大学》经文部分的内容无缝地衔接起来了。大体思想结构是这样的。

首先，在提出“大学之道”的三纲领“在明明德，在亲民，在止于至善”之后，针对“明明德”，提出了其达成之途径，就是在“知止”之后通过“定、静、安、虑”来“得道”。而“知止”只能“近道”，就是说，通过认识能力可以了解事物的发生发展规律，所以有“物有本末，事有终始。知所先后，则近道矣”。这样，达成“明明德”的途径就是先尽力通过认识能力来“近道”，然后再通过“定、静、安、虑”来“得道”。

其次，“明明德”有得之后，还要去“亲民”，并要“止于至善”。因此，《大学》经文接下来通过所谓的八目“格物、致知、诚意、正心、修身、齐家、治国、平天下”，给出了以修身为核心的完整过程。这里“格物致知”是通过认知能力来“近道”的，为的是“知天道”；“诚意、正心、修身”则是通过修己体验来“得道”的，为的是“致中和”；最后的“齐家、治国、平天下”则是“行道”的要求，为的是“躬亲民”。

这样，《大学》的经文，实际上讲述了先后关联的这样三个方面：知天道、致中和与躬亲民。

知天道，就是要了解认识自然法则，具体途径是通过格物、致知以近道来实现。但单单知天道还不够，作为圣贤君子的大人（《周易·乾卦·文言》曰：“夫大人者，与天地合其德，与日月合其明，与四时合其序，与鬼神合其吉凶。先天而天弗违，后天而奉天时，天且弗违，而况于人乎！况于鬼神乎！”），还需要将所知之天道，加以内化而得道（天人合一），从而达成中和之境界，这就是诚意、正心和修身所要达到的目标。

诚意是做到不自欺，所谓君子慎其独也，关键在于“诚”，于是才能正心。正心则是要除去忧虑、恐惧、愤恨、好乐四种不正之心，孔子曰：“知者不惑，仁者不忧，勇者不惧。”因此修身主要是努力成就仁、智、勇这三种最为基本的品质能力，并自然将修身与正心关联起来。

作为高士达人，实现了知天道和致中和一般就可以“独善其身”了，如道家之流。但对于圣贤君子，仅仅这样还不够，还需要发扬大爱精神，要做到“躬亲民”而去“兼济天下”。这便是圣人之道的高明之处。

人类社会，乃至整个宇宙，都是相互密切关联的一个整体。因此，不但天道、世道和人道是完全一致的，而且唯有提倡仁爱精神，用“明明德”去“齐家、治国、平天下”，才能够真正维护人类社会的整体关联性，使全人类共同走向幸福的生活之路。这就是《大学》指导我们人生的意义所在。

2014 年 8 月 2 日，厦门

科学解读易道思想

易道思想的系统论述，主要体现在《易传·系辞》中，并首先将易道看作万物之理，是一切事物产生的根源。比如《系辞》说："易与天地准，故能弥纶天地之道。""易简而天下之理得矣。天下之理得，而成位乎其中矣。"以及"夫易，开物成务，冒天下之道，如斯而已者也"，讲的都是这个意思。跟《老子》所说的"道者万物之奥"类似，《系辞》中把易道看作自然万物的根本法则，这一点是无疑的。

那么，作为万物之道的这个"易"具有什么本性呢？关于这一点，《系辞》中虽然只用一句"故神无方而易无体"来刻画，但其确实把握了自然法则的根本性质。我们知道，作为一切事物的根本之道，其本性上不但是变化莫测的（神无方），也是无形无状的（易无体）。对此，可以用科学原理来加以解释。

从现代量子理论来看，论及万物的本性起码涉及如下三个性质：(1)就宏观的观点看，一切事物都是虚妄不实的；(2)对于微观的粒子，其存在性又是依赖于主观测量的；(3)没有物质的真空，照样能够产生可观测的物质效应。应该说，这三个性质的合一，体现的就是万物所遵循的自然法则。

首先，虚而不实的一切事物都是由看不见、听不到和摸不着的根本之道所支配的，这个根本法则就是"无体"之易道。如果将易道看作道家的"道"，那么关于这一点，《老子》一书讲述得更为具体："视之不见，名曰夷；听之不闻，名曰希；搏之不得，名曰微。此三者不可致诘，故混而为一。其上不皦，其下不昧。绳绳兮不可名，复归于无物。是谓无状之状，无物之象，是谓惚恍。迎之不见其首，随之不见其后。执古之道，以御今之有。能知古始，是谓道纪。"

其次，更重要的是，易道的变化是"神无方"的。那么何为"神无方"呢？《系辞》说"阴阳不测之谓神"，也就是说易道的变化根本上是测不准的，对其变化的把握,从根本上讲是没有可遵循的途径。如果把"阳"与"阴"看作正负能量的变化,那么这里所说的"神无方",与量子理论中的"海森堡测不准原理"是如出一辙的。这也导致所谓"波粒二象性"这种量子叠加态的概念描述。

当然,如果你把这种本性上测不准看作《老子》所描述的"恍惚",那么《老子》中对这种"道性"的刻画就更加周全。《老子》说:"道之为物,惟恍惟惚。惚兮恍兮,其中有象;恍兮惚兮,其中有物。窈兮冥兮,其中有精;其精甚真,其中有信。"这里,不但强调了测不准的"恍惚"性,从而推出"或象或物"的叠加态,而且给出了作为能量最小单位"精"的生发性("信")。注意,在中国古代,"精"指"气"之极,而"气"的概念,约略相当于现代科学中"能量"的概念。因此,"精"可以看作能量的最小单位。至于"信",通常可以理解为"生发性":不期而至,动静之间。

因此,《老子》这里的"信"相当于《系辞》易道描述中的"几",便是"神无方"的真正蕴意所在。而易道之神几,正好应验了量子学说中能量涨落的波动本性,这正是万物发生变化的根本。所以《系辞》不但指出"知几,其神乎!……几者,动之微,吉凶之先见者也",而且还强调"知变化之道者,知神之所为乎"。

其实,"君子知微知彰"(《系辞》),上述讲述的原则,不仅仅微观世界是如此,即使是宏观世界,也同样是遵循"神无方"规律的。就是《说卦》所说的"神也者,妙万物而为言者也"。用科学的话语讲,这便是混沌科学所要揭示的原理。混沌科学刻画的是事物发生发展的非线性过程中所蕴含的规律。大致结论有:(1)复杂事物的发生发展都遵循非线性相互作用之规律;(2)在事物发生发展中,初始条件的微小扰动往往会导致完全不同的结果,因此预测事物发展的长期行为是不可能的;(3)自组织、自涌现、自反映等是复杂事物发生发展的必然现象与规律;(4)复杂事物发生发展具有跨越尺度自相似性,不同层级、不同方面和不同尺度无处不在、无时不有地遵循着共同的规律法则;(5)事物发生发展是整体相互关联的,整体与部分共同演化发展。于是,从这种非线性发生发展的观点看,易道既然是自然根本法则,那么其一定是不仅可以刻画万物的本性,同样也可以刻画万物发生发展的规律。实际上,易道也确实具有这样的性质,这便是"生生之谓易"的落脚点。

那么,《系辞》中是如何描述这种“生生之谓易”的呢？首先《系辞》指出：“天地设位而易行乎其中矣!”就是说这个“易”蕴含在天地万物的运行之中。当然,作为根本之道,易道具有“太极”之性,可以生阴阳两仪,并因此而有天地大业。故《系辞》又说:“是故易有太极,是生两仪,两仪生四象,四象生八卦,八卦生吉凶,吉凶生大业。”

进一步,不仅天道如此,世道、人道也一样遵循这太极之道的。《系辞》所谓:“一阴一阳之谓道,继之者善也,成之者性也。”也就是说,天道赋予人的便是这心性之善,这就是人道。《中庸》开宗明义指出:“天命之谓性,率性之谓道”,讲的就是这个意思。这样一来,也就说明,易道,或称太极之道是放之四海而皆准的根本之道,是具有跨越天、地、人不同层次尺度的普遍法则。因此,《说卦》明确指出:“昔者圣人之作易也,将以顺性命之理。是以立天之道曰阴与阳,立地之道曰柔与刚,立人之道曰仁与义。”

毫无疑问,按照这样的立场,天地万物无不是遵循“一阴一阳之谓道”并通过这一易道“蕴育化生”而来。如果再考虑“阴阳不测之谓神”的三性之和(参见拙著《禅悟的实证》第一章),那么易道蕴育化生万物的思想,也可以看作《老子》这样的论述:“道生一,一生二,二生三,三生万物。万物负阴而抱阳,冲气以为和。”不同的是,在易道思想的阐述中,由于特别强调阴阳和合的“生生不息”,因此还包括生物不断进化繁衍的论述。也就是说,易道也是一切生物,特别是有性生物繁衍之道,即《系辞》所言:“天地絪缊,万物化醇;男女构精,万物化生。”

既然如此,自然易道也必然成为人生明心显性之根本。一方面《系辞》指出“天地设位而易行乎其中矣！成性存存,道义之门”;另一方面强调“圣人以此洗心,退藏于密,吉凶与民同患”。具体的途径就是“显诸仁,藏诸用,鼓万物而不与圣人同忧,盛德大业至矣哉”。这样就可以做到“知周乎万物而道济天下,故不过；旁行而不流,乐天知命,故不忧；安土敦乎仁,故能爱”。

总的来说,易道作为宇宙万物发生发展总的法则而言,《系辞》中作了这样的概括:“易,无思也,无为也,寂然不动,感而遂通天下之故,非天下之至神,其孰能与于此？夫易,圣人之所以极深而研几也。唯深也,故能通天下之志；唯几也,故能成天下之务；唯神也,故不疾而速,不行而至。”这同《老子》中对"道生万物"的论述，具有异曲同工之妙。《老子》指出："有物混成，先天地生。寂兮寥兮，独立而不改，周行而不殆，可以为天地母。吾不知其名，强字之曰道，强为之名曰大。大曰逝，逝曰远，远曰反。故道大，天大，地大，人亦大。域中有四大，而人居其一焉。人法地，地法天，天法道，道法自然。"这便是中国古代宇宙自创论学说的精髓。

将上述这些易道思想整合起来，就可以形成强调天人合一的太极学说，这便是北宋道学家周敦颐在如下《太极图说》中所论述的内容。

> 无极而太极。太极动而生阳，动极而静，静而生阴，静极复动。一动一静，互为其根；分阴分阳，两仪立焉。阳变阴合而生水、火、木、金、土，五气顺布，四时行焉。五行一阴阳也，阴阳一太极也，太极本无极也。五行之生也，各一其性。无极之真，二五之精，妙合而凝。"乾道成男，坤道成女。"二气交感，化生万物，万物生生而变化无穷焉。
>
> 惟人也，得其秀而最灵。形既生矣，神发知矣，五性感动而善恶分，万事出矣。圣人定之以中正仁义（自注：圣人之道，仁义中正而已矣）而主静（自注：无欲故静），立人极焉。
>
> 故圣人与天地合其德，日月合其明，四时合其序，鬼神合其吉凶。君子修之吉，小人悖之凶。故曰："立天之道，曰阴与阳。立地之道，曰柔与刚。立人之道，曰仁与义。"又曰："原始反终，故知死生之说。"大哉《易》也，斯其至矣！

首先是"无极"，也就是无有一极，体现的就是"易无体"的空无一物状态。然后这空无一物的"真空"并非死寂，而是具有所谓能量波动性的，即一动一静，称之为太极。这样，根据阴阳不测之神变，太极一动（宇宙大爆炸），正负能量便可产生，正者为阴，负者为阳，两仪立也。随着时间的推移，能量的变化，便产生了五种不同的表现形态，分别取象比类称之为水、火、木、金、土。于是，有了时空，五气顺布，四时行焉。

这里需要解释一下，《周易》八卦与五行，都是采用取象比类的象征方式来喻指万物的，因此不可死抠文字本身的含义，而是要了解其象征所指。这里的水（对应坎卦），当看作液态物质的代表；火（对应离卦），当看作等离子态的代表；木（对应巽卦），当看作气态物质的代表；金（对应乾卦，取其坚固之义)，当看作固态物质的代表；土(对应坤卦，取其可为万物母之义)，当看作物质之母即电磁波辐射的代表。

这样，五行及其相克相生，基本上代表了一切能量表现形态及其相互转换关系。比如土生金，是指随着宇宙大爆炸温度的不断冷却，电磁波辐射能量可以形成固态物质粒子；金生水，固态物质升温可以转变为液态；水生木，液态物质升温可以生成气态；木生火，气态物质升温可以形成等离子态；火生土，等离子态发光生成电磁波辐射。

当然，即使形成了五种能量表现形态，其变化依然要遵循能量相互作用的守恒定律，看作阴阳互根支配下的变化，所以说“五行一阴阳也”；而阴阳变化自然是能量波动性的根源，所以“阴阳一太极也”；以及太极就是真空之本性，故有“太极本无极也”。当然，由此产生的五种能量形态都各自拥有自身的性质，所以说“五行之生也，各一其性”。但归根结底都是真空能量的波动性这个根本(无极之真，二五之精)“妙合而凝”的。

进一步，各种能量物质形态经过这样漫长的“妙合而凝”，也产生了生命，并随着进化，特别是有性繁衍的“(男女)二气交感”，于是更为奇迹地产生了复杂纷繁的生物世界，形成了丰富多彩的万千生物(化生万物)，并一直不断地生息繁衍着。

而经过生命漫长的演化，最终演化出拥有十万基因的顶级复杂生物——人类，所谓“惟人也，得其秀而最灵”。这其中的最灵之处，就是人类拥有高度发达的神经系统，从而生发出高度发达的仁智能力，从而能够发明万事，所谓“形既生矣，神发知矣，五性感动而善恶分，万事出矣”。

需要注意，在古文中，“义”者，“宜”也，乃藏用之智。而仁与智互为其根，合而为一是为易道所成之性。只是因为“百姓日用而不知”，加以分别对待，支离过度，才会“仁者见之谓之仁，知者见之谓之知”。因而，只有保持寂然不动之纠缠态，“显诸仁，藏诸用”，无过无不及，方为圣人之道。所以周敦颐在此强调“圣人定之以中正仁义而主静”，这样才能“原始反终，故知死生之说”。

显然，所有这一切都是易道生生不息的结果。所以易道也就具有跨越尺度的自相似性，从天道、地道(世道)，到人道，都无不遵循这根本法则。所以说：“立天之道，曰阴与阳。立地之道，曰柔与刚。立人之道，曰仁与义。”天道的阴与阳是从正能量(物质)与负能量(精神)的相互作用产生一切物理、生理与心理现象上讲的;世道的柔与刚是从社会治理的刚柔相济(比如法制与民主)形成美好社会制度上讲的;而人道的仁与义则是从个人素质的仁爱(情感能力的基础)与智慧(认知能力的基础)相互依存形成良好心理品质上讲的。当然,无论是天道的阴阳,世道的柔刚,还是人道的仁智,都可以归结到一动一静、互为其根的根本易道之上。无怪乎,周敦颐在《太极图说》最后不无感叹地说:"大哉《易》也,斯其至矣!"

从上述的讨论分析中我们不难看出,在中国古代朴素的形而上学之中,易道思想是与当代西方科学最为接近的思想体系,主要表现在如下几个方面。

1. 易道强调的是一种自创论的宇宙观,认为万物发生发展的本源在于易道,是生生不息之易的结果,此乃不易之道。当代科学也一样,反对神创论和心创论,认为宇宙是自发产生的,是道法自然的结果。

2. 强调事物发生发展的变化之道,特别是指出了无处不在的变化、变化的不可预测性、非线性混沌效应,"易"字本身的含义就意味着"变易"。这种动态变化、生生不息的演化思想,也普遍存在于当代科学之中,如进化论、生态学、遗传学等生命科学,量子论、相对论、宇宙学等物理科学,突变论、协同学、混沌学等非线性科学。

3. 全面覆盖了当代西方科学的核心成就,并以简易的形式表述了量子理论、混沌科学、宇宙学说中的类似思想。具体地讲,易道思想中体现了当代科学中的许多核心观点,比如量子理论中的测不准原理、波粒二象性现象、阴阳纠缠性等;混沌科学中微小扰动的蝴蝶效应、跨越尺度的自相似性、自组织发生发展规律等;宇宙学说的大爆炸思想、能量守恒及其表现形态、生物不断繁衍进化等。

由此可见,在当今科学昌明的时代,如何引入当代科学成就,更好地弘扬发展中国古代的易道思想,使之更好地适应现代社会发展的需要,就成为一项十分重要的文化思想事业。我们期待更多精通科学理论的学者,加入到这样宏伟的工程中,为中华文明思想的复兴做出贡献。

2014 年 8 月 3 日,厦门

乐易心法介绍

所谓“心法”，按照中华传统文化的意思讲，就是内心存养方法（Mental Cultivation Methods）。从孔子开始，直到清代的颜习斋，中华传统文化最具特色，也是最为核心的思想内容，就是丰富多彩而又博大精深的心法学说。

实际上，在中华文明发展历程中，留下众多的核心经典著作，无不体现了对内心存养方法的论述。比如读《中庸》知孔门心法，读《庄子》知道家心法，读《坛经》知禅宗心法，读《悟真篇》知内丹心法，读《传习录》知阳明心法，等等。最后则是，读《禅悟的实证》知科学心法。但要切记，心法不是读出来的，对于真正的修行而言，知识多了往往反而会成为明道显性的智障，因为心法天成。

按照中华传统心法学说，内心存养方法能够使人达成难以企及的神奇的心灵境界，所谓天人合一、任运自在、长生久视等。当然从现代心理科学的角度看，内心存养方法对于提升心理素质，完善心理品质，提高心理能力，都是有极大的帮助的。因而有些心法，如正念方法被广泛应用于压力缓解、心理治疗，甚至成瘾戒断等方面。

因此，为了更好地传承中华心法的精髓，使之能够在当代社会更加有效地造福于民众的精神生活，让普通民众也可以通过简易的心法途径来提升自身的心理品质，从而更加自如地应付日益紧张的生活节奏、获得属于自己的幸福生活，我们创立了“乐易心法”修行途径，以满足民众日益迫切的需求。

“乐易心法”中的“易”当然是指“易道”之“易”。北宋理学家程伊川曰：“易非难易之易，乃和易乐易之易。”此“乐易”之所谓也。从具体的构成而说，乐易心法是由易道洗心密法、临济宗门禅法和圣学传统心法三部分内容融会贯通的产物。一般在古代，切实有效的具体心法，往往都是秘而不宣的。因此在历史上常常因为传人不当或无人可传而断灭遗失，成为憾事。乐易心法其中有一部分内容就是属于民间秘密传承的秘法，为了避免断灭失传，故将其公开流布，凡心诚志坚且有意愿修行者，均可得到传播指导。

显而易见，对于古老的心法，传承只是一个方面，更重要的另一个方面则是改造。要让古老心法的理念、内容和形式符合当代科学规律和当代社会的要求，并能够为缓解当代社会生活中人们的精神问题提供帮助。我们需要重新找回那种从容不迫的自信和久已失落的神圣感，这便是构建乐易心法的宗旨所在。

乐易心法的最大特色可以概括为：在修行策略上以易道为宗旨，在修行途径上则以禅修为方法，在修行内容上以圣学为体用，并辅助以科学手段来适应当代民众精神生活的需求。简单讲，就是以易道为旨，以禅修为法，以圣学为用，并辅助以科学手段，来开展内心存养的修行过程。

图 A　天地自然之图

易道洗心密法遵循的根本主旨，就是天地自然之图，如图 A 所示。该图也称为先天太极图，乐易心法的修行要领不出其右。当然，另外我们也都知道，易一名而含三义，变易、简易与不易。因此，针对不同人群的修行要求，乐易心法也相应提供不同的修行教程，分别称为“变易版”、“不易版”和“简易版”修行培训教程。其中“变易版”最接近易道洗心密法的原貌，属于渐修教程；而“不易版”及其压缩形式“简易版”，则属于顿悟教程，都是针对现实需要，融入不同的禅法，从“易道洗心密法”改造而来的。

当然，不管是渐修还是顿悟，从根本上讲，其禅法宗旨是一样的。惠能说：“善知识，我此法门，从上已来，顿渐皆立无念为宗，无相为体，无住为本。何名为相无相？于相而离相。无念者，于念而不念。无住者，为人本性，念念不住。”（《敦煌版坛经》）惠能的这一主张，也是我们乐易心法的根本主张。只是人有根器不同，悟有先后之别，采用不同教程修行只是因势利导、因材施教而已，其宗旨都是希望更方便促成民众良好的心理品质。

（南唐）文僜禅师在《祖堂集》序中指出：“最上根器，悟密旨于锋芒未兆之前；中下品流，省玄枢于机句已施之后。根有利钝，法无浅深。……然遗半偈一言，盖不得已而已。言教甚布于寰海，条贯未位于师承。”可谓至理名言，特寄语于诸位读者，此也是乐易心法培训的基本准则。

乐易心法的修行培训，一切以民众的需要为出发点，以提升民众的心理品质为目标，以民众获得幸福生活为宗旨。唯有如此，庶几能够透彻“乐易是谁”，得无碍自在之心。《系辞》曰：“君子安其身而后动，易其心而后语，定其交而后求。君子修此三者故全也。”此便是乐易心法愿景之所在，也是我们创立乐易心法的初衷。

我们生活在一个精神日益空虚的现代社会中，生活压力日趋严重，核心价值感或缺，缺乏自我充实感等等，给人们带来的紧张、焦虑和孤独，正不断吞噬着人们的幸福感。这就需要我们重新承认大自然的无穷魅力——主体性的、经验性的和直觉性的魅力，用乐易心法重建我们的心灵家园。

确实，正如美国心理学家罗洛·梅在《人寻找自己》一书中指出，“生活在一个焦虑的时代，我们仅有的幸福之一乃是我们不得不去认识自己”（罗洛·梅：《人寻找自己》，冯川、陈刚译，贵州人民出版社 1991 年版，第 1 页），以期获得内在的完整性。是的，现代社会中，生活节奏和压力越来越强化，人们对未来的把握也越发迷茫，我们的幸福感受，那种内在充实感，越来越稀缺，这就更加要求我们去认识自己。乐易心法就是建立自信的有效途径之一。

因为，根绝焦虑的最好途径就是唤起内在的自信心，通过自我肯定来获得精神的自由。人类生活的最高境界，就是获得精神上的自由，精神的自由使得我们的生活充满意义和价值。我们必须找回那失落的价值，那种与万物同一的心性。这就是中华心法传统所强调要达到的“明心见性”境界。这种境界,也是人生经历自我意识的最高阶段,现代科学称之为茅塞顿开的超越阶段。

这种最高阶段的自我意识就是创造性的自我意识,是一种心性洞明状态或意识湛明状态,具有生生不息性质的顿悟状态。自然,自我意识这种茅塞顿开的超越阶段,也是一种无将迎、无内外的至乐状态。在民众的实际生活中,通常很少有人能够自然达成这一自我意识状态,往往可遇不可求。但是可以通过系统的心法训练增加其达成的概率,而我们的乐易心法就是这种努力途径之一。

《论语》曰:“子之燕居,申申如也(自在),夭夭如也(愉悦)。”“夫子温、良、恭、俭、让以得之。”此即“乐易心法”之企求,也是幸福愉悦生活的简约要求。衷心希望我们所创立的“乐易心法”,能够成为民众成就幸福生活的积极有效手段,从而为促进社会和谐发展做出贡献。

2014年2月28日,厦门

七 禅学蠡测

解读禅道之旨

眼下大多数初入禅道，或者初习禅法的好禅者，往往对于打坐、数息、入定之类的禅修趋之若鹜，甚至达到痴迷的程度。当然，不可否认，这些小乘禅法确实对调整心态，从而促进身体健康有所裨益，并已经为现代认知神经科学的大量实验所证实。但是，我要指出的是，这并非是禅宗所倡导的终极禅法。

禅宗的禅法之所以常常被称为禅道，原因就在于其并非停留在小乘禅法的具体操作层面，而是将道家，特别是庄子之“道”引入传统禅法之中，形成了一种以道摄禅的智慧禅法，故称之为“禅道”。惠能当初为了与传统禅法相区分，特地创造了“顿悟禅法”这个概念，就是要以见性悟道为宗旨。

其实，源自印度瑜伽的禅那（静虑），只是佛教徒修行手段之一。按照目前西方科学界的一般看法，通常将其称之为禅修（Zen Meditation），属于一种特定的冥想（meditation）。而“冥想”作为修行手段，广为流传于各种宗教传统之中。比如伊斯兰苏菲咒语（Sufi Zikr，用心来体验天人合一的和谐状态）、道家的内丹修炼实践、基督教的灵修、印度教的瑜伽、藏传佛教的观想，以及佛教的禅修，都还处于修行的操作层面。但是，惠能提倡的顿悟禅法（禅道）就不同了，其虽从禅法实践中应运而生，但却使禅法的内涵发生了根本的改变，从而直接促使中华禅宗（Chan School）的建立。

禅宗的顿悟禅法，其宗旨在于明心见性，反对机械打坐、死究教条，而是强调自信、自立与自悟。《坛经》说：“但行直心，于一切法上无有执著，名一行三昧。”又说：“善知识，此法门中坐禅元不看心，亦不看净，亦不言动。”“若自悟者，不假外求善知识，若取外求善知识，望得解脱，无有是处。识自心内善知识，即得解脱。……”句句掷地有声，说是一场彻底的革命，是一点也不为过的。

禅道的宗旨便是《坛经》所指出的：“善知识，我自法门，从上已来，顿渐皆立无念为宗，无相为体，无住为本。”因此，坐禅与禅定的含义也发生了根本的改变，如《坛经》所云：“此法门中何名坐禅？此法门中一切无碍，外于一切境界上，念不起为坐，见本性不乱为禅。何名为禅定？外离相曰禅，内不乱曰定。外若有相，内心不乱，本性自净曰定。只缘触境，触即乱，离相不乱即定。外离相即禅，内外不乱即定。外禅内定，故名禅定。”这样就将修行的重点转移到对禅道的自行证悟之上了，而不是一味地死坐与入定。

比如，深得惠能顿悟要旨的马祖道一禅师，就特别反对机械打坐，死究经文，强调机锋契心，日用是道。马祖的这一禅法思想源自他的开悟因缘。据《五灯会元》记载：

> 开元中有沙门道一(马祖)，在衡岳山常习坐禅。(怀让)师知是法器，往问曰：“大德坐禅图甚么？”一曰：“图作佛。”师乃取一砖，于彼庵前石上磨。一曰：“磨作甚么？”师曰：“磨作镜。”一曰：“磨砖岂得成镜邪？”师曰：“磨砖既不成镜，坐禅岂得作佛？”一曰：“如何即是？”师曰：“如牛驾车。车若不行，打车即是，打牛即是？”一无对。师又曰：“汝学坐禅，为学坐佛？若学坐禅，禅非坐卧。若学坐佛，佛非定相。于无住法，不应取舍。汝若坐佛，即是杀佛。若执坐相，非达其理。”一闻示诲，如饮醍醐，礼拜，问曰：“如何用心，即合无相三昧？”师曰：“汝学心地法门，如下种子。我说法要，譬彼天泽，汝缘合故，当见其道。”又问：“道非色相，云何能见？”师曰：“心地法眼能见乎道，无相三昧亦复然矣。”一曰：“有成坏否？”师曰：“若以成坏聚散而见道者，非见道也。听吾偈曰：‘心地含诸种，遇泽悉皆萌。三昧华无相，何坏复何成！’”一蒙开悟，心意超然。侍奉十秋，日益玄奥。

是啊，“坐禅岂得作佛”！要想明心见性而悟道，当须“于无住法，不应取舍”。而“汝若坐佛，即是杀佛。若执坐相，非达其理”，可作为迷恋打坐者的警醒醍醐。

从上述分析，不难知道，除了顿悟禅法所强调的日用是禅，任运自在之外，与传统禅法主要的差别就是以道统禅。也就是说，以顿悟自性之“道”为目的，而所谓的打坐入定之类的禅修，至多只是其中的一种辅助途径。因此，对于顿悟禅法而言，只求明心见性，不会执着修行的形式与途径。这就是为什么对于禅宗而言向来强调入道多途，既因袭小乘禅法，也倡导大乘禅法，更开创了名目繁多的顿悟接机手段。

应该强调的是，在禅法中引入“道”的这种崭新思想的形成，与中华儒道两家所开创的“道论”学说，是密切相关的。正因为如此，我们才说，禅宗是深深打上中华文化烙印，是由中国人自己建立起来的一个佛教宗派。

那么在中华儒道思想中，何为“道”呢？《老子》说：“道，可道，非常道。”《中庸》说：“道也者，不可须臾离也；可离，非道也。”《庄子》说：“彼是莫得其偶，谓之道枢。枢始得其环中，以应无穷。是亦一无穷，非亦一无穷也。故曰：莫若以明。”一是强调不可言说性（无法用语言名相言说）；二是说明不二周遍性（无处不在的唯一）；三是指只可直觉体悟（超越概念是非分别）。这些不正也是禅宗所指终极本体的根本属性吗？

不仅如此，就连禅宗所涉及的多种入道途径，在庄子那里，也早有论述。比如，《庄子·人间世》论心斋有：

> 回曰：“敢问心斋。”仲尼曰：“若一志，无听之以耳而听之以心，无听之以心而听之以气。听止于耳，心止于符。气也者，虚而待物者也。唯道集虚。虚者，心斋也。”

其实也就是专注一境之法。又如，《庄子·大宗师》论坐忘有：

> 颜回曰：“回益矣。”仲尼曰：“何谓也？”曰：“回忘仁义矣。”曰：“可矣，犹未也。”他日复见，曰：“回益矣。”曰：“何谓也？”曰：“回忘礼乐矣！”曰：“可矣，犹未也。”他日复见，曰：“回益矣！”曰：“何谓也？”曰：“回坐忘矣。”仲尼蹴然曰：“何谓坐忘？”颜回曰：“堕肢体，黜聪明，离形去知，同于大通，此谓坐忘。”仲尼曰：“同则无好也，化则无常也。而果其贤乎！丘也请从而后也。”

可以说也是一种正念亡心之法。

至于通过正念之法达到“无住生心”这种境界，则正是《庄子·应帝王》中所描述的至人之用心：“至人之用心若镜，不将不迎，应而不藏，故能胜物而不伤。”注意，这里将者，是指事已去而恐惧或悲伤之心未去；迎者，是指事未到而预先忧虑。二者都是为事所累的心态。而“应而不藏”意思就是“应无所住而生其心”。《朱子语录》中有言：“事如何不思？但事过不留于心可也。”讲的就是“应而不藏”的心境。

再如,《庄子·大宗师》论朝彻有:

> 南伯子葵曰:“道可得学邪?”曰:“……吾犹守而告之,参日而后能外天下;已外天下矣,吾又守之,七日而后能外物;已外物矣,吾又守之,九日而后能外生;已外生矣,而后能朝彻;朝彻而后能见独;见独而后能无古今;无古今而后能入于不死不生。杀生者不死,生生者不生。其为物无不将也,无不迎也,无不毁也,无不成也。其名为撄宁。撄宁也者,撄而后成者也。”

就是修行顿悟之法,其中“撄宁”就是指一切烦恼不侵心,不受外界干扰的宁静自在境界。

而要达到这种境界,就应无所依附,即“无待”。这一点,《庄子·逍遥游》也有论述:“夫列子御风而行,泠然善也,旬有五日而后反。彼于致福者,未数数然也。此虽免乎行,犹有所待者也。若夫乘天地之正,而御六气之辩,以游无穷者,彼且恶乎待哉!故曰:至人无己,神人无功,圣人无名。”也就是只有不依附任何事物,方能得自在逍遥。

由此可见,禅宗的心法,或者称为禅道,正是在佛教禅修的基础上,援引道家,特别是庄子之道的思想发展而来。考虑到其中也掺杂着各种传统禅法,因此大致可以达到这样三种具体的境界:(1)专注一境;(2)无住生心;(3)任运自在。当然正如我们上述所分析的那样,只有其中的第三种境界,才是顿悟禅法的终极境界。

小乘禅法提倡的只是一种专注式静虑(FA),就是将心思关注到一个对象,一个宗教或概念符号,一个口号或其他可辨认物质或观念实体之上,同时忽略所有其他被认为是分心的印象或回忆。相对于小乘禅法,大乘禅法更多的是强调正念式静虑(OM),其特点是“公开监督”当下思想的一切,通过“以心观心”来达到“无住生心”的境地。即让感觉印象、记忆和联想通过心灵而不予理会,这意味着不对短暂心理体验万象做任何的听取、评估、思考或其他反应。至于禅宗所提倡的最上乘禅法(禅道),主要是“任运自在”顿悟之法,没有任何教条与程式,只求“无待”之心态,自信自立,随遇而安。

值得强调的是,当代认知神经科学,恰好从实证的角度,为这三类禅法所达成的心态境界给出了科学证据。也就是说,我们现在可以从脑电活动的模式中区分出这样的三种不同境界。

第一种修行类别是聚焦注意(focused attention)禅法,可以达成的境界就是专注一境,其对应心理活动的表现形式主要由皮层中增强的β/γ脑电波活动来描述。γ波是最高频率的脑电波(频率范围是30～100 Hz),代表神经元不同群体同时性发放,以执行一定的认知或运动功能。换句话讲,这种禅法可以帮助人们提高注意力,抵御精神衰老,或培养诸如慈悲的心态。因此,对各种诸如慈悲状态的集中注意能够强化积极品质的脑活动,并带来永久性心理品质的改变。

第二种修行类别是开放监视(open monitoring)禅法,或称正念(mindfulness meditation)禅法。可以达成的境界就是无住生心,其对应心理活动的表现形式主要由关联的θ脑电波活动来描述。目前在西方心理学与医学界,开放监督禅法频繁用于治疗压力、焦虑、忧郁、精神创伤与吸毒成瘾。这种修行对于个体寻求放松快节奏生活的感受,观察情感状态与思维模式以便选择更正当的行为,与生存环境更加和谐,以及加强通常的认知与洞察力是特别有效的。

第三种修行类别是自觉自我超越(automatic self-transcending)禅法,也就是坐忘式顿悟禅法。可以达成的境界就是任运自在,其对应心理活动的表现形式由增强的α波活动(频率范围是8～12 Hz)及其阻断现象所描述。自觉自我超越禅法包括旨在超越自我中心的心性活动,在其中根本没有修行者、修行活动与修行对象之间的区别。当然,这种自觉自我超越的境界,新手通过努力是达不到的。但是几乎对每个人而言,都会在某一时刻不期而遇。而且,一旦修行者顿悟到自我超越的状态,从此日用生活便可以进入任运自在的人生境界。

当然,入道多途,只要修行过程成为第二天性并开始学会"放下(破除我执)",不仅聚焦注意与开放监督禅法的高级修行者均可以达到自觉自我超越,而且顿悟禅法的具体达成途径也是丰富多样的,如随缘契悟、行脚体悟、读经明悟、棒喝开悟、机锋启悟、公案参悟、默照观悟、话头看悟,等等。但不管是何种途径,关键还在于长期修为努力,一朝顿悟达成。

总之,只要不执着于机械的打坐与僵死的教条,以道摄禅,把握明心见性的根本要旨，那么，不管我们选择什么样的禅法去修行，有一点是可以肯定的，那就是科学已经结论性地指明禅道修行能够并且正在使我们人类的大脑变得更加健康与智慧。也许这只是一个时间问题，人们迟早会将禅道修行看作一种不可或缺的情感与心灵的幸福源泉，就像我们的身体健康锻炼一样。

2012年3月21日，厦门

闲谈“一花开五叶”的本义

如果你去询问某位对禅宗稍有了解的教内外朋友，那个“一花开五叶”是什么意思？我相信大多数人的解释一定是：一花指禅宗初祖达摩，而“五叶”则是指禅宗后来演变发展形成的五个流派：沩仰、临济、曹洞、云门、法眼。如果遇到的还是比较相信神通预见能力的朋友，他（她）还会强调指出，这是达摩祖师在世时留下诗偈中，早就预见到在他身后会诞生五个禅宗流派。

事情果真如此吗？据文献考证，认为“一花开五叶”是指后来形成的五个禅宗流派，其实是对“一花开五叶”本义的误解。在早期禅宗文献中，最早出现这一说法的是在敦煌版《坛经》之中。有证据表明，其中达摩的那首传法偈实际上是由神会系门徒添加进去的，其原文是：

> 大师言：“……汝不信，吾与诵先代五祖传衣付法诵。若据第一祖达摩颂意，即不合传衣，听吾与汝颂。”颂曰：“第一祖达摩和尚颂曰：吾来大唐国，传教救迷情，一花开五叶，结果自然成。”

据此文义可知，这里是说传衣付法一代为一叶，至五代而不再传衣。那么，凭什么说这段文字是后人编造的呢？请注意，达摩来东土是在南北朝时期，上面的“颂曰”却居然口称“我来大唐国”，从这一点就不难断定，这首偈是唐时代僧人编造的，因为作为身在南北朝的达摩是不可能称自己来到的是大唐国的。也正因为这样的错误太明显了，到了《祖堂集》的编者，就进一步篡改成：

> 惠可便顶礼，亲事九年，昼夜不离左右。达摩大师乃而告曰：如来以净法眼并袈裟付嘱大迦叶，如是辗转乃至于我。我今付嘱汝，汝听吾偈曰：“吾本来此土，传教救迷情。一花开五叶，结果自然成。”

将达摩付法偈中的“我来大唐国”改成了“吾本来此土”了。在《景德传灯录》

中则是："听吾偈曰：吾本来兹土，传法救迷情。一花开五叶，结果自然成。"并被移植到宋代的《六祖大师法宝坛经》之中，更加具有欺骗性了。

从上可知，"一花开五叶"之说，应该是神会之后五代之前，禅徒们为树立南禅正统的附会之说。其含义是指代代相承的五代，根本不可能指五家宗派，因为那时还没有建立五家中任何一家宗派。而实际上后来建立的宗派也不止五家（比如唐代岩头全奯下的圣寿净严禅师就建有圣寿宗，直到清代还有传承）。

其实，这"五叶"的含义，在《祖堂集》卷二《第三十二祖弘忍和尚》中已经作了明确的说明。

> 师云："……况达摩云：'一花开五叶，结果自然成。'是印此土与汝五人。般若多罗云：'果满善提圆，花开世界起。'此两句亦印今时法衣至汝不合付与人。"行者奉教，便辞大师。

应该说的就是从惠可到惠能刚好是一脉相承的五叶。云门的《宗脉颂》："西天二十八，祖佛印相传。达摩观东土，五叶气相连。"其中的"五叶"也是这个意思。因为在云门时代，还没有法眼宗，也谈不上指五家宗派。正因为如此，有时加上达摩，也有称"六叶"的。如《祖堂集》多处有"九年少室，六叶宗师"，"六叶从何来"，"六叶芬芳，师传何叶"，"六叶不相续，花开果不成"等，指的都是祖师一代传一代的六代，不可能又指什么六个宗派吧？

其实，这种传承一代称一叶的用法在《祖堂集》还有一处，如卷五《德山和尚》："后闻龙潭则石头之二叶，乃摄衣而往焉。"也就是指石头之后天皇为一叶，天皇之后崇信为二叶。这与惠能为达摩之后五叶是一致的。

因此，最先编造的"一花开五叶，结果自然成"，其本义就是指达摩所开创的"中华禅法"这一花，经过惠可等五代传人不懈的努力，终于形成了成熟的、具有中国特色的一支佛教宗派——禅宗。后世将"一花开五叶"的"五叶"说成是五家宗派，纯属牵强附会的无稽之谈。

2012年1月9日，厦门

从量子场论看归空之境

量子场论是现代物理学试图更好地解释物理世界而建立起来的一种量子理论，从自洽性、解释能力和简单优美这三个标准来衡量，也是迄今为止对物理现象与规律解释的最好的科学理论。量子场论的观点主要包括这样一些认识：(1)就我们日常感知而言，物质的存在都是不真实的；(2)就微观的粒子而言，它们的存在又是依赖于主观观测的；(3)对于没有物质的真空(零点能)，却可以充满“生机”，依然会造成可观测的效果；(4)由于海森堡测不准原理，在量子尺度下，具有能量涨落的真空，是万物形成的根源；(5)物质没有内在的确定性，一切都是在不断生灭、此消彼长的过程之中；(6)因此，万物都是不可分割的一个整体，一个大统一能量场，总能量复归于零。

比如在物质存在性方面，物理学家格里宾就指出：“我们称之为真实的任何东西都是由不能视为真实的东西所构成。”(格里宾：《寻找薛定谔的猫》，张广才等译，海南出版社 2001 年版，第 203 页)可能这样的结论与我们的日常经验大相径庭。因此格里宾进一步说明：“有些形而上学家甚至怀疑一棵树或一间房子在没人看它时是否还真实存在，这在我们这些凡夫俗子看来简直是太可笑了。但可笑的是我们，因为，最实际和最客观的科学——物理学，在 20 世纪的发现已经不可抗拒地导致这样的结论，即在亚原子粒子诸如电子和质子的层次上，物体在未被观测时的确并不‘真实’存在。”(格里宾：《大爆炸探秘》，第 2 页)进一步，“当物理学家试图探测电子和组成原子的其他粒子的精确性质时，他们发现那‘真实’粒子的概念溜掉了。”(格里宾：《大爆炸探秘》，卢炬甫译，上海科技教育出版社 2000 年版，第 3 页)倒是那把原子束缚在一起组成桌子的看不见的电磁力才真是“实实在在”的。于是就量子场论而言，物质的确定性的的确确无法找回了，取而代之的，便是量子真空以及变化多端的能量之场。

所谓量子真空，是指一个系统最低能量状态，其方程式遵守波动力学和狭义相对论，也是一种神秘的“零点能场”显示自己的地方，这种场的能量在所有其他的场处在零点能的时候就会出现。在经典物理学的层次上，真空是指没有物质的状态。因此，它自然被作为物质能量的零点，即真空本身是没有能量的。在量子场论中，没有粒子的基态定义为真空。但实验证明，处于基态的量子场与其他场的相互作用依然会造成可观测的效果。

也许，量子场论的结论难以为我们的日常经验所接受，“但其本身隐藏了更深的真理，这些真理更接近于日常的真实性。因为量子力学给出的是：没有什么是真实的，我们不去观察它们时，则什么也不能说。”（格里宾：《寻找薛定谔的猫》，第 6 页）

这样一来，当量子场论引入时空量子化的概念时，就可以解释真空中物质粒子生生灭灭的过程。因为，当将时空量子化后，就可以将海森堡测不准原理引入到真空之中，于是真空中能量的涨落就成为可能。由于量子的不确定性，粒子可以从“无”中生出，这一点物理学家格里宾讲得很清楚：“如果说在足够短的时间之内，粒子的可用能量具有内禀的不确定性，那么我们就可以说：在极短的时间之内，粒子的存在与否也具有内禀的不确定性。假设遵守一定的规则，例如电荷守恒和粒子、反粒子数之间的平衡，那么就没有理由阻止整车的粒子‘无中生有’地出现，随后又相互复合而消失。”（格里宾：《寻找薛定谔的猫》，第 193 页）

自然，作为放之四海而皆准的科学理论，类似的原理也适用于解释真空，正如物理学家诺维科夫指出的：“根据现代理论，真空并不是绝对空，即‘完美的空无一物’。它是所谓的‘虚粒子’和‘反粒子’的海洋，这些粒子并不像真实粒子那样存在。在真空中，虚粒子和反粒子会不断地被成双成对地创造出来。但是只能存在很短的一段时间，接着就立刻消失了。……如果在真空中施加某一强场，那么某些虚粒子可能会‘积聚’足够多的能量而转变成真实粒子，这就是利用强场的能量在真空中生成真实粒子的机制。”（诺维科夫：《时间之河》，吴王杰等译，上海科学技术出版社 2001 年版，第 136 页）

于是，量子场论意义上的真空，不再是静止不变的空无，而是不断动态变化的能量场。正如戴维斯指出的：“量子真空完全不同于真空，它充满了生机；翻腾不已的虚粒子在永无止息地运动着。”（戴维斯：《宇宙的最后三分钟》，傅承启译，上海科学技术出版社 1995 年版，第 65 页）因此，有人也形象地称这种现象为“量子泡沫”，而称这样的真空为赝真空。

这便是量子场论中的生灭观，其代表的是一种全新的生成论，小到粒子的生成，大到宇宙的产生，都可以用此理论解释。有意思的是，这样的量子生灭观正也是禅宗空论所特别强调的。禅宗空论的观点主要源自佛教的般若性空观，其代表思想主要反映在《肇论》之中。特别是其中的“不真空论”（应解读为“不真—空论”）篇，更是用中观双遣双非方法来论述万物不真为“空”的思想。这里，禅宗空论也讲物质没有真实性，也讲万物为空，但却很好地处理了空无与色有的关系，能够更好地解释物理世界的本性。

比如《肇论·不真空论》说：“一切诸法，缘会而生。……故知虽今现有，有而性常自空。”而“性空者，谓诸法实相也。”等等，讲的都是万物的不真实性。不仅如此，在《肇论》中还透彻地分析了“有”与“无”的依存和转化关系。如：“诚以即物顺通，故物莫之逆。即伪即真，故性莫之易。性莫之易，故虽无而有。物莫之逆，故虽有而无。虽有而无，所谓非有。虽无而有，所谓非无。如此，则非无物也，物非真物。物非真物，故于何而可物。故经云，色之性空。非色败空，以明夫圣人之于物也。即万物之自虚，岂待宰割以求通哉。”

进一步，“说法不有亦不无，以因缘故诸法生”。这里，因缘者，可以解释为零点能之真空缘起之业力者。于是就有：

> 中观云，物以因缘故不有，缘起故不无。寻理即其然矣。所以然者，夫有若真有，有自常有，岂待缘而后有哉。譬彼真无，无自常无，岂待缘而后无也。若有不自有，待缘而后有者，故知有非真有。有非真有，虽有不可谓之有矣。不无者，夫无则湛然不动，可谓之无。万物若无，则不应起，起则非无，以明缘起故不无也。

恰巧讲的就是“无”（真空）并不是死寂的空无，而是充满活力，可以“缘起”“有”（造成可观测的效果）的“无”（真空）。因此，宗密在《禅源诸诠集都序》明确指出：

> 真空者，是不违有之空也。……妙有者，是不违空之有也。……何者？以末学人，根器渐钝，互执空有，故清辨等破定有之相令尽，彻至毕竟真空，方乃成彼缘起妙有；护法等破断灭偏空，意存妙有，妙有存故，

方乃是彼无性真空。

宇宙"零点能(场)"当作如是观。

当然,这里禅宗般若空论讲的"性空",是视而不见,并不是"物无"的无物存在。因此《肇论》进一步指出:"心无者,无心于万物。万物未尝无,此得在于神静,失在于物虚。即色者,明色不自色,故虽色而非色也。夫言色者,但当色即色。岂待色色而后为色哉。此直语色不自色,未领色之非色也。"这样,禅宗空论强调了"无"与"有"是依赖于主观观测的。于是便有宗密在《禅源诸诠集都序》的结论:"心境互依,空而似有故也。且心不孤起,托境方生,境不自生,由心故现。心空即境谢,境灭即心空。未有无境之心,曾无无心之境。如梦见物,似能见所见之殊,其实同一虚妄,都无所有。诸识诸境,亦复如是,以皆假托众缘无自性故。未曾有一法,不从因缘生,是故一切法,无不是空者。"这便是地地道道的归空之境了。

进一步,对于量子真空能量涨落的"量子泡沫",禅宗的说教也与量子场论如出一辙。中国唐代落浦(也名乐普)和尚有一首《浮沤歌》(静、筠禅僧编:《祖堂集》,张华点校,中州古籍出版社 2001 年版,第 306 页)描述道:

> 秋天雨滴庭中水,水中漂漂见沤起。前者已灭后者生,前后相续何穷已。本因雨滴水成沤,还缘风激沤归水。不知沤水性无殊,随他转变将为异。外明莹,内含虚,内外玲珑若宝珠。正在澄波看似有,及乎动著又如无。有无动静事难明,无相之中有相形。只知沤向水中出,岂知水不从沤生。权将沤体况余身,五蕴虚攒假立人。解达蕴空沤不实,方能明见本来真。

这里"浮沤"即泡沫。真空量子泡沫之性状,此歌盖言而尽。似乎描述的不是禅道,而正是量子真空的能量涨落现象。特别是,禅宗还时刻不忘对这生灭过程认识的主观依赖性的强调。师(嵩岳慧安国师)曰:"况此心流注,中间无间,见沤起灭者,乃妄想耳。从初识至动相灭时,亦只如此。何年月而可记乎?"(道元:《景德传灯录》,成都古籍书店 2000 年版,第 59 页)

其实,禅宗中这样的见解,并不是简单的类比,而是有深刻洞见的,其中所要解释的正是万物的生成问题。就这一点,中国南北朝的慧远说得更加明白:"生涂兆于无始之境,变化构于变化之场。咸生于未有而有,灭于既有而无。推而尽之，则知有无回谢于一法，相待而非原；生灭两行于一化，映空而无主。”（慧远：《大智论钞序》，见僧佑：《出三藏记集经序》，中华书局 1995 年版，第 389～390 页）因此，在佛教看来，一切法都在刹那生灭变化之中，法法都是迁流变动不居的。

物质是什么？从量子场论的观点看，物质就是能量的一种表现形式，是能量场中能量不均匀表现的反映。不管是从严格意义上还是象征意义上讲，物质都可以看作一种波，当物质波被当作“粒子”看待时，其表现就是一种“孤波”（也称孤立子）。物质作为波就必然是变动不居的，这就是量子场中粒子不停地生生灭灭的过程。因此，物理世界在本质上讲是能量场，物质可以消灭，但能量必须守恒，物质之能作用于主观之心（测量）就塌缩为物质之态，表现为物质的一种“存在”，其与能量场同显。就像大海中的水与波的关系一样，离开了水的波是不存在的，这翻腾的波浪就是“浮沤”，其是虚妄不真的。真实的是能量场，是非局域性的不可分割的一个整体，因此也可以称其为“虚空”。

“所谓场，就是它充满时空，且所有粒子都在其中做稳定的运动，就如同旋涡是一种暂时稳定的形式，人们可以把它想象为一个存在并可以给它命名。我们谈论一个旋涡时，实际上它并不存在。同样，我们可以谈论粒子，但粒子也是不存在的，粒子只是运动场中的某种运动形式的名称。……宇宙就是一个无缝的和完整的整体，我们在其中所观察到的所有形式都是我们的观察和思维方式抽象出的结果。”（格里芬：《后现代科学》，马季方译，中央编译出版社 1995 年版，第 80 页）

正因为一切都是关联的一个整体，因此就整体而言，能量是不生不灭。这不生不灭的存在，便是真空，而真空又能缘起万物。这同佛教真空缘起的观点是一致的。必须注意的是，佛教说空，并不是指物体以外的空，也不是指物体消失以后的空。佛教讲空的真正含义，是指事物的依赖关系和因果关系，是场，是境，是归空之境。

总之，对于量子场论所刻画的这一归空之境，可以用禅宗三祖僧粲的《信心铭》中一段话来做概括，那就是：“能由境灭，境逐能沉。境由能境，能由境能。欲知两段，元是一空。一空同两，齐含万象。”于是，境就是能量场，究其根本，毕竟是空，真空便是一切能量之源。

（根据周昌乐《禅悟的实证》第一章同名小节改写，2006 年版）

超越悖论的禅悟机锋

佛教从印度传入中国，经过数百年的吸收、改造，大约在隋唐之际，终于孕育出具有中国文化特色的佛教宗派——禅宗，并很快盛行于民间和知识分子之间。与经教不同，禅宗强调的是对终极本体“空性”的直接证悟实践，以达成道成肉身的境地。因此，“不立文字，教外别传，直指人心，见性成佛”，或简明地说，是“明心见性”，就成为禅宗立宗要旨。《五灯会元》记载：

> 世尊在灵山会上，拈花示众。是时众皆默然，唯迦叶尊者破颜微笑。世尊曰：“吾有正法眼藏，涅槃妙心，实相无相，微妙法门，不立文字，教外别传，付嘱摩诃迦叶。”

此段文字虽说是后来禅宗为争正统而有牵强附会之嫌，但毕竟是反映了禅宗要旨的。

从参究方法上，禅宗继承了佛教大乘中观派“离有无二边”的中道思想，形成了自己独特的一套超越逻辑思维的证悟方法，有人归纳为“双遣双非法”。禅宗中的所谓开悟，因此也是指通过内心止观双修，在否定一切概念分别和能所对立后，依靠自心证悟而产生的一种对“空性”的直觉体验。

具体来讲，双遣双非法中的“双遣”和“双非”，就是佛教经书中所提倡的“离四句”之学说。而所谓“离四句”的四句就是指“有”、“无”、“非有非无”和“亦有亦无”四句。因此，“离四句”实际上也就是要剥落一切概念分别，否定了“有”，又否定“无”，否定了“非有非无”，再否定“亦有亦无”，让概念分别无容身之地，从而显现出那个不可言说的终极本体“空性”来。这一思维方式在《五灯会元》的一则公案中说得最为明晓：

> 从谂：如何是道？
>
> 普愿：平常心是道。
>
> 从谂：还可趣向也无？

普愿：拟向即乖。

你看，一有趣向，便有拣择，就不能超越概念分别，当你追求的是完备至善的终极本体时，就当然会落入悖论之中而适得其反。禅宗强调“不立文字”（更正确地讲，应该是“不昧文字”）也正着眼于此，因为一有言语便有分别，道不可现。

在双遣双非方法的实际运用中，尽管禅师们创造出了名目繁多的接机形式，如棒喝机锋、四照用、四料简、正偏五位法、参活头，甚至默照法，但就那种双重否定式思维特点，在表达方式上却更典型地体现在由“三句”蝉联的“三关”格式上。“三关”是指“初关”、“重关”和“牢关”。“初关”破世俗有而说空，是一非；“重关”破出世空而说有，是再非；“牢关”破有又破空，是“双遣”。三句蝉联，一句破一句，实际上就是离四句的翻版。禅宗文献中这种实例很多，如“一切实非实，亦实亦非实，非实非非实”（吉藏《二谛义》卷下）；“心无形相，非离言语，非不离言语”（《大珠禅师语录》卷下）等。

实际上这就是利用矛盾对立进而超越矛盾对立以达到对终极本体“空性”的领悟。这与西方基督教对上帝的证认有异曲同工之处。尼古拉·库萨在《论隐秘的上帝》中就指出：“上帝即非被称道，亦非不被称道，亦非即被称道又不被称道。……他是唯一的本原，先于任何关于他所能形成的思想。”（N. 库萨：《论隐秘的上帝》，李秋零译，三联书店 1996 年版，第 7 页）“与其说上帝是某个事物，倒不如说他摆脱了任何概念。”（N. 库萨：《记隐秘的上帝》，第 9 页）。采用的思维方式也正是双遣双非法，并以此来摆脱任何概念分别而意指上帝。

利用矛盾对立，并进而超越矛盾的双遣双非手段确实在禅宗中能够意指终极本体的“空性”，这在禅师们的语录中也是到处可见的。这里举个公案（赜藏主：《古尊宿语录》，中华书局 1994 年版，第 5 页）以见大略：

问：和尚为甚么说即心即佛？

师：为止小儿啼。

问：啼止时如何？

师：非心非佛。

这种貌似在循环定义“空性”之中，实则是运用了双遣双非法，从而可以达到喻指“空性”的目的。有时禅师们也会利用自指性悖论及其超越来达到同样的启发目的，如(《古尊宿语录》，第 6 页)：

问：如何是西来意？

师：即今是甚么意？

言下之意便是“如何是西来意”本身就自指了“空性”本体这一“西来意”。用形式来讲，如果令 A 为“如何是西来意”，B 为“空性”，那么禅师的解答无非就是“A 即是 A→B”这一自指命题。而我们从这样的自指命题无疑是可以推得一切均为真的，也即可以得出一切无分别，这才正是禅师所要学人领悟的底蕴。

当然，如果与逻辑三段论相对应比较的话，禅宗中的“三关”式超越思辨形式也可以看作超越悖论的禅悟三段论，其格式可表述为：

所名 A，即非 A，是名 A

由于根据逻辑三段论，从矛盾命题 $P \wedge \sim P$ 可以推出任意命题 Q 为真(这一点同自指命题类似)，而这正是超越悖论的“是名 A”的本义，即“一切均为真而无分别”。不同的只是在逻辑形式系统中是不允许接纳矛盾命题的，而禅悟不然，由于宗教对完善境地的追求，因此不但容纳矛盾，而且要超越矛盾对立。

例如，唐代青原惟信禅师曾讲述过：“老僧三十年未参禅时，见山是山，见水是水。及至后来，亲见知识，有个入处。见山不是山，见水不是水。而今得个休歇处，依前见山只是山，见水只是水。”(普济：《五灯会元》，苏渊雷点校，中华书局 1984 年版，第 1135 页)对此用禅悟三段论来描述就是：

(1)见山是山，见水是水(所名 A)；

(2)见山不是山，见水不是水(即非 A)；

(3)见山只是山，见水只是水(是名 A)。

这里 A 指“山水”，参悟后可指一切事物，或就是那个“空性”本体，不再有概念分别。

其实，当你引入了我们这里的禅悟三段论，并将“是名 A”看作对“所名 A”和“即非 A”的双重否定，那么禅悟三段论就是双遣双非法，即

“是名 A”$= \sim$(所名 $A \wedge$ 即非 A)

$= \sim(A \wedge \sim A) = \sim A \vee A =$逻辑真

=无分别的真性(以禅宗观点看)

="空性"本我

也就是说不管 A 为何,经过这样双遣双非之后,得到的都是一切为真的结果,不再有任何概念分别了(不过读者要小心言语道断,对此结论本身也不可死执,否则又会落入概念分别之中了)。

这样一来,我们再回过头来看哥德尔定理,你就会发现,哥德尔定理恰好在禅悟三段论和逻辑三段论之间架起了连接的桥梁,使得从不一致性到完备性,再从完备性回到不一致性,形成了一个完美的回环。也就是说,接受矛盾命题,根据逻辑三段论可以推出一切为真,然后经禅悟三段论解释为无分别的真性后,就达到了至善的"空性",其是完备的,但正因其完备性,根据哥德尔定理获知,必须是容纳了矛盾性(不一致性),从而形成了相连的回环。而这一切与不容纳矛盾命题的逻辑系统却毫不相干。因此,我们可以说,正是靠着禅悟,我们才能够突破悖论的藩篱而可以喻指终极本体的"空性"或"上帝"。

同样,运用这种禅悟思辨方式,我们同样可以解释或超越形形色色貌似矛盾的悖论现象,只要你不执着于概念分别的逻辑一致性就行。

可能大家都知道量子物理学中有一个薛定谔之猫的思想实验。说是在一只密封的箱内,有一种放射性装置,能控制一把吊锤,其下方是装有氰化物的一只瓶子。箱内另有活猫一只,由于锤落下瓶破,猫嗅到氰化物后必死,而锤是否落下全在于放射性装置有无量子射线发射出来。现若问在某一刻箱内猫是活是死,那么按照常规逻辑猫不死即活,没有其他可能情况发生。但按照量子理论,回答却是又死又活,这就产生了一个佯谬。其实从禅悟角度看,这样的佯谬根本就是不存在的,不信请看如下公案(《古尊宿语录》,第 212 页):

> 南泉东西两堂争猫儿。泉来堂内,提起猫儿云:"道得即不斩,道不得即斩却。"大众下语,皆不契泉意。当时即斩却猫儿了。至晚间,师(从谂)从外归来问讯次,泉乃举前话了,云:"你作么生救得猫儿?"师遂将一只鞋戴在头上出去。泉云:"子若在,救得猫儿。"

可见逻辑思维的局限性，问题便出在概念分别之上，猫确实是又死又活，是不是？确实这样，如果你当真领悟了禅宗双遣双非思维方式的精髓，你就能够超越任何悖论而获得自性的感悟。你不再会被那些悖论所迷惑，你也不会死执猫死猫活之类的分别而不解。有的是，你会更加自觉地体味到如下貌似毫无逻辑的禅宗公案之禅趣（《五灯会元》，第 206 页）：

> 有僧问：柏树子还有佛性也无？
> （赵州）从谂：有。
> 又问：几时成佛？
> 答道：待虚空落地。
> 再问：虚空几时落地？
> 曰：待柏树子成佛。

以及（《古尊宿语录》，第 654 页）：

> 问：如何是自在？
> 师（神照禅师）云：不自在。
> 进云：不自在时如何？
> 师云：却自在。

如此等等。

的确，只要你摈弃逻辑分析，跳出矛盾对立，不执着文字语言，通过象征隐喻的直觉体验，你就能领悟到其中平常的微旨。正像瑞士神学家 H. 奥特在《不可言说的言说》中所指出的："对象征的体验使我们获得对不可说的真实的体验。因为正是象征之中并且通过象征，在我们之间实际产生了对语言界限彼岸的理解。……但是另一方面，恰好在象征的言说中发生了这样的事情：或缓或急，或者作为获释的、喜人的体验，或者作为引起恐惧和惊愕的邂逅，理解终于出现了，它使我们突破界限和无言——当然现在通过另一种完全不同的理解。"（H. 奥特：《不可言的言说》，林克、赵勇译，三联书店 1994 年版，第 36～37 页）

解读禅宗公案也是如此。因为禅宗中的"空性"并不是空无，而是一种开放充盈的自我本性，是不可以语言说但可以语言见的。这种自性永远是超越逻辑思维之上的，不仅须要用象征手段来言说，而且也通过悖论形式来表现。

因此，禅宗强调的既不是逻辑思维，也不是反逻辑思维，而是超逻辑思维。正如一则公案中所揭示的(《五灯会元》，第258页)："当药山坐禅时，有一僧问道：'兀兀地思量甚么？'师曰：'思量个不思量底。'曰：'不思量底如何思量？'师曰：'非思量。'"是的，禅宗主张的就是这种"非思量"境界。

最后，我们引用一则禅宗公案，但愿读者能从这不合情理的喻指中体悟到超越思维的那个自性来。

> 宣州刺史陆亘大夫问南泉："古人瓶中养一鹅，鹅渐长大，出瓶不得。如今不得毁瓶，不得损鹅，和尚作么生出得？"泉召大夫，陆应诺。泉曰："出也"。陆从此开解，即礼谢。(《五灯会元》，第217页)

读者是否开解了？

(摘自周昌乐《无心的机器》第四章，湖南科学技术出版社2000年版)

从思想实验看禅宗公案

所谓思想实验，与真实的科学实验不同，指的是一种由于现实限制无法实际完成的、用于检验一种假设或理论的思辨性实验方法，旨在对所考察问题有更加深刻的认识。虽然古代很早就有思想实验的例子，但作为一种自觉运用的系统方法，思想实验主要源自近现代的科学研究，特别是物理学的研究，并对科学理论的构建做出了巨大的贡献。

在科学研究中的思想实验方面，17 世纪就有一些最杰出的实践者，如伽利略、笛卡尔、牛顿、莱布尼兹等。到了现代科学，就量子力学和相对论的创建而言，如果没有思想实验所起的关键作用，几乎是不可想象的。甚至可以这么说，现代物理学更多的是建立在思想实验之上，而不是真实实验之上。

受到科学中思想实验方法的影响，现代哲学研究也广泛引入了思想实验方法，并得到了更好的应用与发展，甚至扩大了思想实验的运用范围，特别是在道德哲学、语言哲学和心智哲学方面更是如此。可以说，当代哲学，更甚于科学，如果没有思想实验，必将显得更加贫乏。由于哲学思想实验主要是通过假想场景来帮助我们理解事物实际工作的方式，思想实验归根到底还是一种思辨的而不是实证的方法，因此也称之为是心灵训练实验。

禅宗公案是历史上禅师们顿悟禅机实践中留下的一些典型案例，常常被后来禅僧们当作参悟禅道的范本。值得注意的是，如果稍作对比，不难发现，大多数禅宗公案，都具有思想实验的构成要素。比如，一些场景往往都是假设性的，无法实际完成的；必须采用思辨性方式来参究，当然是采用禅宗特有的双遣双非法；以及同样可以看作一种心灵训练途径，特别是参究公案往往也是为了对禅理有某种深刻的领悟。

因此，从这样的角度看，当然也可以将禅宗公案看作一种思想实验，目的就是促使禅僧们能够更加有效地把握禅道，从中顿悟禅机。为了更好地说明禅宗公案作为思想实验的具体表现情形，我们下面通过与若干思想实验的对比来加以分析。

第一个用作对比的思想实验就是著名的“空地奶牛”，其目的就是要揭示万物虚妄不实，即所谓万法唯心识的本性。因为这一本性，在禅宗中称之为道，即所谓万物之空性，因此可以对比到“不识牛迹”公案。

“空地奶牛”是由美国认识论哲学家盖蒂尔提出，其构想的“故事”情形如下。一个农民担心自己获奖的奶牛走丢了，这时送奶工到了农场，他告诉农民不要担心，因为他看到那头奶牛在附近的一块空地上。虽然农民很相信送奶工，但他还是亲自看了看，他看到了熟悉的黑白相间的形状，并因此得到奶牛在那空地上的肯定。过了一会，送奶工到那块空地上再次确认，发现那头奶牛确实存在，但它躲在树林里，而空地上只有一大张黑白相间的纸缠在树上。很明显，农民错把这张纸当成自己的奶牛了。此时问题出现了，虽然奶牛确实一直都在，但农民说自己知道奶牛在空地上时是否可靠？

简而言之，这个思想实验所要告诉我们的道理是，当人们主观相信一件事时，它就成为知识；特别是当主观上认为一件事物是真实的，那么人们就会将假象作为验证的理由，而相信虚妄的真实性。在这个实验中，农民相信奶牛在空地上，且被送奶工的证词和他自己对于空地上的黑白相间物的观察所证实。尽管如此，农民并没有真正地知道奶牛在那儿，因为他认为奶牛在那儿的推导是建立在错误的前提下的。用禅宗的观点看，这个思想实验说明的就是万法唯心识现象，人们对事物存在的肯定，归根结底是依赖于主观先验假设的。

因此，通过参究公案“不识牛迹”，我们一样可以明白万物虚妄不实，即所谓的万法心识的道理，从而能够体悟到真正起根本作用的自性。“不识牛迹”设想的情形是这样的：

> 天台山寒山子，因赵州游天台，路次相逢。山见牛迹，问州曰：“上座还识牛么？”州曰：“不识。”山指牛迹曰：“此是五百罗汉游山。”州曰：“既是罗汉，为什么却作牛去？”山曰：“苍天，苍天！”州呵呵大笑。山曰：“作什么？”州曰：“苍天，苍天！”山曰：“这厮儿宛有大人之作。”

读者是否明白其中之意？其实，这里所隐含的禅意跟“空地奶牛”别无二致，只不过参究禅宗公案，侧重的不在道理上，而是在切实的证悟之上。或许通过“空地奶牛”思想实验的理解，能够更好地体悟“不识牛迹”公案。诸位，牛迹还在心中挥之不去吗？

我们要介绍的第二个思想实验是由美国哲学家戴维森 20 世纪 80 年代提出的，被称为“沼泽人”的思想实验。该思想实验主要是为了考察心智哲学中有关个体同一性问题而构想的。从禅宗的角度看，沼泽人思想实验所要揭示的就是自我本性，因此可以对比到“阿他是谁”公案，一样旨在识取自性，即直下承当“我是谁”的问题。

沼泽人思想实验具体的场景是这样假想的。假设戴维森在沼泽里徒步旅行时，被雷电击中而亡。同时，沼泽附近另一个雷电自发地将大量分子重组，完全是随机的，形成了与戴维森死亡即刻完全一模一样的生命体，即被戴维森称之为的“沼泽人”。当然，沼泽人具有一个脑，与戴维森原有的脑在结构上是完全一样的。因此可以假定，其表现也与戴维森完全一致。“他”将接着走出沼泽，回到戴维森在伯克利的办公室，继续完成已经开写的论文，并将和蔼地与戴维森的朋友和家人交往，一如既往。那么沼泽人真的与戴维森完全同一吗？

沼泽人思想实验给我们提出了一个十分深刻的个人身份同一性问题。反过来，我们每个人到底是谁的问题也确实一直困扰着众多热爱哲学思考的人。其实，认识自我原本就是禅宗参悟最为基本的问题。比如禅宗六祖惠能提及的“不思善，不思恶，正与么时那个是明上座本来面目”、临济上堂开示提到的“五蕴身田内有无位真人，堂堂显露无丝发许间隔，何不识取！”以及公案“他是阿谁”，都涉及同样的问题。

现在专以“他是阿谁”公案参究来看，同样可以明白什么才是真我，从而突破牢笼束缚，通过自性勘验。这个公案具体是这样构建的：“东山演师祖曰：释迦、弥勒犹是他奴，且道他是阿谁？”虽然不像沼泽人那样有具体生动的情景描述，但照样提出了同样的命题。《无门关》对这个“他是阿谁”公案有颂曰：“他弓莫挽，他马莫骑；他非莫辨，他事莫知。”倘若读者有点根器，是一样可以识取自性，从而真切体悟到“我是谁”的。

最后一个用来做对比的思想实验就是道德哲学领域最为知名的电车难题思想实验，其中涉及行化本来善性的问题，显然可以与禅宗公案“檐枷带锁”相比较的。电车难题最早是由美国哲学家福特提出的，其构想的大致情形是这样的。有一个疯子把五个无辜的人绑在电车轨道上，此时一辆失控的电车正朝向他们驶来，并且片刻后就要碾压到他们。好在此时你可以拉一个拉杆，让电车开到另一条轨道上。但是不幸的是，那个疯子在那另一条轨道上也绑了一个人。现在考虑在这样的两难选择中，你是否应该拉动拉杆呢？

站在某种道德价值观上看待问题的话，显然这里面涉及一个道德评判难题。如果从“为最多人提供最大的利益”的功利主义观点看，正确的选择应该是拉动拉杆，拯救五个人只杀死一个人。但是功利主义的批判者认为，一旦拉了拉杆，你就成为一个不道德行为的同谋——你要为另一条轨道上一个人的死负部分责任，犯了故意谋杀罪。总之，无论如何，不存在完全的道德行为，这就是这个思想实验所要阐述的观念所在。

那么，面对这样的道德困境，禅宗的策略又是如何应对的呢？或许通过参究公案“檐枷带锁”，我们可以明白什么才是真正的善恶，从而超越功利性行善之心。“檐枷带锁”公案的内容是：

> 嵩山峻极禅师，僧问：“如何是修善行人？”师曰：“檐枷带锁。”曰：“如何是作恶行人？”师曰：“修禅入定。”曰：“某甲浅机，请师直指。”师曰：“汝问我恶，恶不从善；汝问我善，善不从恶。”僧良久。师曰：“会么？”曰：“不会。”师曰：“恶人无善念，善人无恶心。所以道善恶如浮云，俱无起灭处。”僧于言下大悟。

诸位读者也言下大悟了吗？诸位可以知道如何应对“电车难题”了吗？于此可见，禅宗公案“檐枷带锁”作为思想实验，比起“电车难题”更要高明深刻。

从上述的举例分析中不难看出，不但思想实验与禅宗所关注的本源问题是一致的，而且当把禅宗公案看作某种思想实验，可以更加有助于启发参究者把握禅道或禅机。不同的是，参究公案并非为了明晓什么道理，而是要通过禅理的明了，达到那不为系缚的如如之境。

因此，好的禅宗公案跟好的思想实验一样，能够为已有观念带来转折或者起码创建某种变化，从而对思考范式变革有所贡献。通过用更好的思考角度来帮助我们对这个世界的本性有全新的了解，从而使心灵得到顿悟式的脱胎换骨，所谓桶底脱落！

思想实验可以教给我们关于这个世界的崭新认识，即使我们毫无新的实证数据。禅宗公案更是如此，能够彻底改变我们对世界的认识，从而彻底改变人生的态度；而且所有这些感悟，也无须任何实证的检验，这就是禅宗公案的奇妙之处。特别是我们似乎仅仅通过参究公案，靠我们思想的反思超越，就可以把握事物的性质，从而体悟达成自在之境，这便体现了公案参究的最大意趣。

2014 年 8 月 7 日，厦门

禅观就是一种去意向性途径

所谓禅观,就是以心观心以至于无念的一种修行方法。对于禅观,就是静虑活动,强调的是坐禅看心,了见佛性的过程,以求达到缄口于是非之场,融心于色空之境。禅观的目的,当然就是修成"禅定之境"了,那种超稳定的心理状态:心不起心,色不起色,心色俱离,达到身心不起,常守真心。

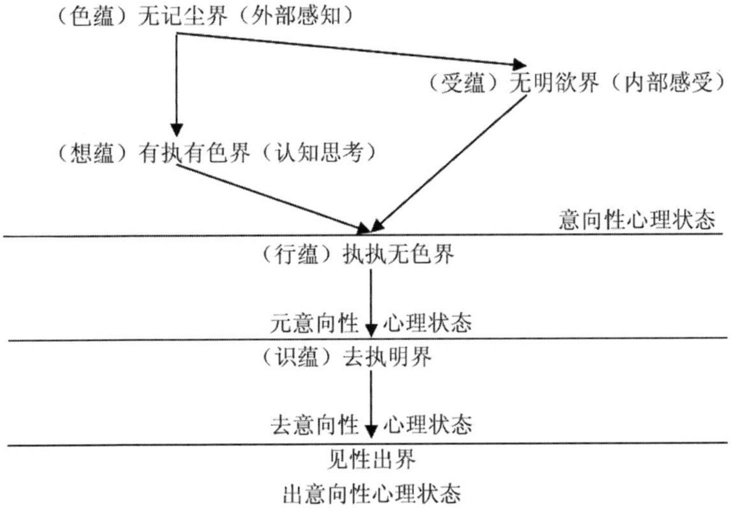

图 A　禅修境界的意向性级别的发展历程

从意向性分析的角度看,禅观的历程如图 A 所示有六个不同的境界级别,即色尘境界(简称尘界,心理处于无记状态),欲界(心理处于无明状态),有色界(心理处于有执状态),无色界(心理处于执执状态),明界(心理处于去执状态),以及达到彻悟的解脱界(所谓出界,明心见性)。其中,无记是指意向程度不明显的混沌状态,无明为意向程度较低的情欲状态,有执为意向程度较高的认知状态,执执则是指元意向性状态,去执为去意向性的心理状态，最后见性为觉悟状态。

因此，禅观的最终目的就是要通过去意向性思维机制达成出意向性的心理状态。这种心理状态在《金刚经》中讲述得最为清楚。比如《金刚经》中佛告须菩提：

> 是故须菩提，诸菩萨摩诃萨，应如是生清净心，不应住色生心，不应住声、香、味、触、法生心，应无所住，而生其心。
>
> ……
>
> 是故，须菩提，菩萨应离一切相，发阿耨多罗三藐三菩提心，不应住色生心，不应住声、香、味、触、法生心，应生无所住心。若心有住，即为非住。

这里所谓“住”，就是“著相”，就是思维具有意向对象，“应无所住，而生其心”，就是要去一切诸相，达到无任何意向对象的心理状态，也就是去意向性。

有时，也把这种去一切诸相的过程，看作与诸幻尽灭等同的过程，因为佛教一向认为一切著相皆是虚幻不实，应当远离一切幻化虚妄境地。从五蕴心理能力的意向性角度分析来看，也只有去除一切有意向性的心理活动，才能够达到这种出意向性的心理状态。当然，这是一件很难具体做到的事情。我们的思维活动往往很难摆脱思维对象的轮回，念念相续，无有了期，思考着如何去除意向对象，却进入了这“去除意向对象”的意向之中。

也就是说，只要有分别之心，就难以摆脱意向之心。比如对于“本句子是假的”的这样一个命题，如要执着真假分别，便会陷于逻辑“轮回”之悖论而不能自拔。其实，在我们的思维活动中，念想轮回、概念轮回、文字轮回，均因意向之心在起作用。除了陷入无尽无止的逻辑悖论之中，别无可能。就如《楞伽经・一切佛语心品之二》所云：“如是相不异观，前后转进，相不除灭，是名愚夫所行禅。”只有斩断思维，去除意向性，达到无住生心，方能显现本心。即所谓《圆觉经》卷下所言：“若诸菩萨唯灭诸幻，不取作用，独断烦恼，烦恼断尽，便证实相。此菩萨者，名单修禅那。”

无任何意向性的心理状态不是靠意向性思维所能显现的，因为思维（想蕴）本身就是意向性的，除了在意向对象之间“流转相生”外，别无可能。去意向性能力，是一种直觉体验，绝非事物感知、概念辨识、逻辑思维所能企及，只有随其直心，方能觉悟。简单地说，就是《维摩诘经·方便品第二》所说的："一心禅寂，摄诸乱意。以决定慧，摄诸无智。"达成无意向性之心，就体悟到《坛经·自序品第一》所说的如如之心："无上菩提，须得言下识自本心，见自本性。不生不灭，于一切时中，念念自见。万法无滞，一真一切真。万境自如如，如如之心，即是真实。若如是见，即是无上菩提之自性也。"

总之，从意向性角度看，禅观就是一种去意向性途径，通过那种超越概念分别的直觉体悟，达成无意向性之心理状态，任情自在。

（摘自周昌乐《禅宗心法的意向性分析》一文第四节，原刊《中国佛学》总第29期，中华书局2011年版，2014年8月6日稍作修订）

放下自尊,明心见性

一个人的思想境界,跟其所拥有的社会地位和知识水平,是没有直接关系的。因此,古时候所谓“上士”、“高士”或“达士”,往往并非是那些有权、有势、有名、有谋之士,因为思想境界更多体现在庄子所云的“无为名尸,无为谋府,无为事任,无为知主”(《庄子·应帝王》)之上。倒是拥有较高社会地位和知识水平的高级知识分子,其所拥有的地位和知识,反而成为达道见性的障碍。这是因为,由于有了一定的社会地位或知识水平,就难以“不耻下问”,难以放下身架去虚心请益问道了。

比如明明有了疑情,不但不能虚心下问,还要百般狡辩,自以为得意,难以自拔。殊不知,这其实就是自尊心在作怪。于是,社会地位越高,知识积累越多,如果没有明心见性的那份自信,自尊心也就越强烈,成为走出思想沉沦的严重障碍。记得《祖堂集》卷十六《古灵和尚》有一段记录古灵禅师如何启发其师父的故事,兹录如下:

> 师自少于福州大中寺出家,及至为僧,游参百丈,盘泊数年,密契玄旨。后归省侍本师,思欲发悟以报其恩,别俟方便。偶因一日为师澡浴,去垢之次,抚师背曰:“好个佛殿,而佛不圣。”其师乍闻异语,回头看之。弟子曰:“佛虽不圣,且能放光。”师深疑而不能问。
>
> 后得一日,新糊窗,其日照窗陪明。师于窗下看经次,蝇子竞头打其窗,求觅出路。弟子侍立,云:“多少世界,如许多广阔而不肯出,头撞故纸里,驴年解得出么?”师闻此语,放下经卷,问:“汝行脚来,见何人?得何事意?前后见汝发言盖不同常,汝仔细向吾说看。”弟子见问,恰称本意,为说百丈大师指授《禅门心要》:“灵光洞耀,迥脱根尘。体露真常,不拘文字。心性无染,本自圆明。离却妄缘,则如如佛。”师于言下,万机顿息,叹曰:“不可思议!吾本闻佛,将谓独一,今始返照心源,有情皆尔。”因为同流曰:“我弟子行脚,得上人法,我欲返答其恩,汝当佐

助。”众为备筵，敷法座毕，请弟子升座，略演百丈宗教。众闻所未闻，悉皆忻庆。师谓弟子曰：“吾为汝剃发之师，汝今为吾出世之师。吾今返礼汝，以答其恩耳。”弟子下座曰：“此乖世礼，事不可也。师若然者，当应面西遥礼百丈为师，即是同道不异也。”师则从之，遥礼百丈为师。

且不说古灵一片仁心难得，更难得的其实是古灵的这位师父，能够如此虚心反向弟子请教，百世稀有。倘若这位师父，自尊心放不下，何年能够悟彻？！

可惜世间大多数有知识、有身份、有地位的，总是难以放下这份自尊心，沾沾于所经营职位、权力和知识之中而自以为是，诚可惜哉！

这就是为什么高级知识分子反而难以悟道的重要原因。并非其根器不如常人，而是自尊心理束缚了心路。宋代宗杲禅师说：“参禅人，看经教及古德入道因缘。但虚却心，不用向声名句义上，求玄妙求悟入。若起此心，即障却自己正知见，永劫无有入头处。”（《指月录》，“临安府径山宗杲大慧普觉禅师语要上”）可谓一语中的。

当然，知识分子的知识太多也会形成明心见性的智障，难以悟彻。对此，宗杲指出：“士人博览群书，本以资益性识，而反以记持古人言语，蕴在胸中，作事业资谈柄。殊不知，圣人说教之意。所谓终日数他宝，自无半钱分。”（《指月录》，“临安府径山宗杲大慧普觉禅师语要上”）因此，要学会虚心放下，放下自以为是的那些破碎的知识道理，放下自视甚高的地位权威，方有可能和心入道。

“士大夫学道，利根者蹉过，钝根者难入。难入则自生退屈，蹉过则起谤无疑。若要着中，但将蹉过底，移在难入处。却将难入底，移在蹉过处。自然怗怗地，不作难入蹉过之解矣。得如此了却，好向这里全身放下。放下时，亦不得作放下道理。古德所谓，放荡长如痴兀人，他家自有通人爱。”（《指月录》，“临安府径山宗杲大慧普觉禅师语要上”）但愿宗杲的这番话，能够为诸位“士大夫学道”，指明方向。

2013年4月30日，厦门

《佛教文化》记者采访录

按：今天看到了《佛教文化》2013 年第 4 期刊登的关于采访我的文章，题目是“禅宗精神关乎大多数人的福祉”。文章写得很有文采，也通俗易懂。考虑到这篇文章与当初采访时提供的答问还有一些不同的内容。为了让读者一窥全豹，并能看到另一种答问形式的“采访录”，我把当初答问形式的“采访录”也发布出来，供大家参阅。

问：网上有很多资料说你喜欢读书，也非常会读书，而且据说你能够做到过目不忘，我想跟你求证一下是这样子的吗？你对禅宗的见识是从书里得来的吗？

答：除了读书，我没有任何喜好。确实，我非常喜欢读书，俗话说，熟能生巧，读得多了，自然就“非常会读书”了。至于“过目不忘”，那是读书专注、心无旁骛的自然结果，人人都能做到的。我对禅宗的了解，除了参师问道、叩关请益外，主要也是系统研习禅宗典籍的结果。

问：北大博士毕业之后，你去杭州教书，在那里待了 11 年，也正是在那里你才开始系统地涉足禅宗。我很好奇，从事科研工作的你，为什么会去研究禅宗呢？

答：相对而言，当时的杭州佛教算是比较兴盛，灵隐寺一带，寺庙颇多。一开始也是偶尔读了《楞伽经》，有了机缘，加上研究哥德尔定理，见有相通之处，便开始系统研习禅法。正是应了朱熹的一句话：“今日不为禅学者，只是未曾到那深处，才到深处，定走入禅去也。”也是偶然中有必然的事情。

问：杭州是个佛教兴盛的城市，你在通过读书研究佛经之外，一定也跟很多法师有过交流吧？从他们那里得到了哪些助益？

答：接触过一些法师，如早期的妙邕、妙湛，现今的诚信、智宗、静安、慧仁等，都有大受益。

问：2006 年你写了《禅悟的实证》，这是一本打通科学与禅宗的独一无二的书，你写这本书有什么机缘呢？

答：科学与禅学，从根本上讲是可以相通的，特别是整体论科学，如量子理论、混沌科学以及悖论逻辑等。我们经常讲殊途同归，两者的根本不同，也就是途径不同：科学是从理性分析角度抵达了“知止”之境；禅学则是从悟性顿了立场显现了“止知”之旨。

问：在总结你到目前为止的科研生涯时，你把《无心的机器》放在中心的位置，这是因为它很重要吗？

答：是的，尽管这部小书算不上正规的学术著作，当时也是作为通俗读物来写的，但其中的思想都成为后来主要学术著作的基本出发点。或者可以这么说，后来开展的所有学术研究，都是对这部小书中某个方面思想的系统展开。

问：你近些年来的工作，比如说语言文字研究和古琴研究，你是要把语音、文字和琴谱做成让计算机能够识别、运用的程序，我的理解对不对？

答：说得精确一点，是希望用机器来辅助人们更好地理解或研究语言文字和古琴艺术，机器只是工具，能够帮助人们更好地开展工作。

问：对禅宗的研究在你的科研地图中处于什么位置呢？

答：除了智能科学技术这个本行专业外（毕竟是我学术生涯的主业），第二个中心就是禅宗。我相信，随着时间的推移，禅宗（扩而充之是中华心法）将成为我未来科研工作的唯一中心。

问：你精通人工智能、文字、哲学、宗教、医学、语言与音乐，对于我们来讲，你是一位奇才，你自己怎样定位自己，怎样评价自己呢？

答：一介书生，游戏三昧。

问：你以一位科学家的身份，用了二十几年的时间研究禅宗，很多人听说之后都很惊讶，很好奇。在一般人看来，佛教与现代科学是不能相容的，甚至佛教会被认为是站在科学的对立面上，你是怎样看待这个问题的呢？

答：佛教博大精深，流派众多，我了解不多。就禅宗思想而言，虽不能说所有言论都能同科学保持一致，但起码其主旨和当代科学及其发展趋势是相容的。如果说有什么不相容的话，也只是与旧的还原论科学相抵牾。关于这一点，我在《禅悟的实证》一书中有过比较详细的论述。

问：我们当下的科学大多是在人的经验世界里进行研究的，而佛教的境界是超越人的经验世界的，所以很多人认为佛教是“迷信”，你在做这方面研究的时候肯定遇到过很多有这样想法的人，你如何反驳他们呢？

答：佛教在长期的发展演变过程中，特别是民间佛教，确实掺杂了不少“迷信”的说教或成分，对于这部分我们必须舍弃。关于这一点就需要如同对待国学一样，我们必须去其糟粕，存其精华，然后加以发扬光大。

问：那从你的学术研究来讲，你是怎样界定禅宗与科学的关系的呢？

答：科学追求一致性，因此必然或缺完备性；禅宗体悟完备性，因此必然或缺一致性。科学处于“知止”的此岸（知道）；禅宗达成“止知”的彼岸（悟道）。两者相辅相成，构成了体认宇宙法则互补性的两个环节。

问：孙中山先生曾经说：“佛教乃救世之仁，佛学是哲学之母，研究佛学可补科学之偏。”你也曾经表示过禅宗可以弥补理性科学的缺点，这在哪些方面体现出来呢？

答：《大学》说：“知止而后有定，定而后能静，静而后能安，安而后能虑，虑而后能得。”可见“知止”之前是理性的事，而“知止”之后则都是悟性的事。我们可以说，没有系统的逻辑训练无以理解科学，但没有透彻的心法历练则无以参悟天道。应该看到，禅宗精神更多反映在具体生活的人文关怀之中，反映在对美好生活的追求之中，反映在天道体验的终极感悟之中，反映在艺术境界的内在灵性之中。而这些，正是现代科学所缺乏的，所无法涉足的，也是根本上无法解决的问题。

问：整理资料的时候我读了你的《禅悟的实证》，但是感觉非常艰深，你在里面提到，禅宗的色空观念、生灭观念以及参悟禅道的方法（顿悟与不可说）都可以用科学来合理解释。你能向普通读者简单介绍一下吗？

答：是的。可以用当代科学思想、方法和成就来解释或佐证禅宗的思想、方法和境界。比如量子理论中的非局域性纠缠、主观测量的依赖性、海森堡测不准原理；哥德尔不完全性定理、塔斯基定理、斯柯伦定理；混沌蝴蝶效应、整体相干性、生态学思想；以及意识难问题、静虑认知科学实验、意识涌现论等，都可以用来佐证禅宗的观点、禅法的途径以及禅境的达成等的合理性、可行性和可能性。

问：在以前的采访中你说过你不太认同禅宗是宗教，更愿意称之为一种态度，而且是一种积极向上的生活态度，你能解释一下吗？

答：一般宗教总是要树立绝对的权威、教义和教规，而禅宗反对一切权威，不立文字，不拘形式，达成自在无住的如如之境，通达无碍，倡导日用即道的入世法。已经没有任何宗教的踪影，因此，倒是可以称之为“元宗教”，是对宗教的否定与超越。

问：你在讲座中提到了“科学禅”的概念，体现在生活中则是“生活禅”，这是一个什么概念呢？

答：“科学禅”可以看作与“文字禅”类似的一种新形式的方便法门，充分利用当代科学思想、方法和成果，来让学者更加容易地体悟到如如之禅境。因为在眼下科学昌明的大语境下，科学已经融入生活的方方面面，如果不能充分了解科学、掌握科学和运用科学来辅助理解禅法，并在生活中开展修行，实在是一种资源浪费。不远的将来，我可以预言，就像我们每天都要锻炼身体一样，我们每天也需要用类似于禅修的方法来“锻炼”我们的心脑。

问：这些年你致力于沟通人文与科学，用科学技术推动中国传统文化现代化，在这个过程中禅宗思想对你有哪些帮助呢？

答：最近我刚刚完成一项教育部公开视频课程“国故新知：沟通文理，启迪智慧”的申报工作，就是这方面工作的一个典型。其中，中华心法的一个核心内容，体现的就是禅宗思想的影响。其他像隐喻的研究、琴学的研究、中医的研究、意识的研究，等等，读者都会发现禅宗思想在其中的影子。

问：你提到过“禅宗让我们找回神圣感”，而信仰佛教的杨振宁教授也曾经说过“物理学研究的尽头是宗教，宗教的崇高美、灵魂美、宗教美是人类的终极美”，你能解释一下这种崇高和神圣吗？

答：你们有过物我两忘的体验吗？忽然间，并没有任何预兆，发现自己的内心完全被空寂所充满。紧接着感到一种喜悦，一种无法形容的快乐，那种与天地同一的感觉！那就是恍惚空性，就是道！一切事物都是不朽的，都是整体关联在一起，人与天地合二为一。这就是真实的神圣感。

问：历史学家汤恩比认为佛教传播到西方是20世纪最大的事件。而现在有人说，21世纪将是佛学的世纪，对此你有什么看法呢？从文化和社会两个角度来讲，你认为佛学在当下有什么价值和意义呢？

答：现在我们正处于一个以信息技术为支撑的第五文明时期。人类文化思想观念开始发生了新的转变，全球意识、生活意识、女性意识、对话意识、生态意识、跨文化意识、去权威意识、后现代意识等日益成为新时代的文化取向。许多旧的教条和信仰正在不断被抛弃，人们急切希望能够从生活压力难以释放的困境中，从思想混乱无所适从的困境中解放出来，重新获得那种从容不迫的生活体验，找回失落的精神家园，以寻找支持和提供优良生活的道德力量。此时，我们确实需要一种全新的文化思想价值体系来更替旧的不再适应的教条和信仰。在这其中，我相信，佛教中一些合理、有效的优秀文化思想基因，一定会成为新文化思想体系中的有机组成部分。当然，更适合人类幸福生活需要的文化，应该是在各种优秀文化因素的相互融合过程中应运而生，而不单单是佛教文化因素。

2013 年 8 月 19 日发布

八 诗文拾零

示零儿书:姓名详解

公元一九九九年十一月十二日晚七时四十分,零零出生在海宁人民医院。出生时零零重四斤半,长四十五厘米,是个小不零丁的女孩。大家叫你小姑娘,我却称你小朋友,把大家都逗得直乐。

应该说,你的到来给我们带来了莫大的欣慰和幸福!我们,你的爸爸和妈妈,早就热切盼望着你成为我们家庭的一员。就连你的名字也早早给取好,叫"丁零诗音",好听吗?小名就叫"零零"。此外,你妈妈还给你取了个英文名字,叫"Ruth"(汉语音译"若诗"),很有诗意吧!

"丁"当然是你妈妈的姓,孩子跟妈妈姓是天经地义的事,因为"姓"这个字的本义就是"女之生"的意思。至于"丁氏",在很久远的古代,源于"姜"姓,有"牧羊女"后代之意。

"零"字有多层意思。一种意思是指"徐徐而下的雨"。唐代有位叫杜甫的大诗人曾有诗句:"润物细无声",指的大约就是这种雨。善待万物,济贫扶困,爱人如己,当是这种零雨的精神。"零"字的另一种意思是数字零。要记住,虚怀若谷,凡事从零做起,永不自满,才是大家风范。"零"的第三种意思是"灵"。你贵为女孩,最重灵性、灵气和灵感,你自当时时维护。

"诗"则为一种文学形式,优美隽永。我国是诗的国度,诗歌源远流长,早在三千年前就有《诗》三百,流传至今。我国古代有个思想家名叫孔子,他是这样评价《诗》的:"诗三百,一言以蔽之,思无邪!"可见,诗可以培养情操,升华品格。此外,诗言志,是情动于中而形于言者,所以可以用诗歌来抒发情感。这便是"诗"的微言深义。

最后再说"音"字。如果说诗是抒情的,那么"心"上之"音"便是表"意"了,而"言为心声"。因此说"诗音"两字,其实喻指"情意"之义,是希望你成为情笃意诚的纯情女孩。

爸爸认为,给孩子取名也是大事,不能不慎。你来到这个精彩美丽的世界中，作为父母送给你的最好礼物，莫过于为你取一个好名字。愿你能珍爱你的名字，并衷心祝愿你健康成长。最后附诗一首，以纪念你的出生：

啼哭声闻添人丁，
哺育幼英润雨零。
缘情言志笔下诗，
爱意泻成心上音。

里面有你的名字，你看出来了吗？

父字

1999年11月22日

（本文部分内容于2007年2月27日被《厦门晚报》报道）

秋夜闲居赋

明月逐浪海天间，鼓乐传声山岩前。
信步禅寺归来晚，名利两忘心自闲。
花蕊吐英芳菲夜，草叶含露清凉天。
楼影错落石阶上，寓所分明山崖边。
轻启房门换装束，油然温馨流心田。
娇妻论诗情态雅，幼女学话声口甜。
静虑世俗有真意，动念佛道无神仙。
无事眼前读经卷，有心日后写圣贤。
三更困重身歪斜，一夜好梦人流连。
林鸟乱啼唤觉醒，红日一轮映窗帘。

辛巳年秋(2001 年 10 月)，厦大寓所

美国“幽深美地”国家公园游感

环顾壁立群峰险，鬼斧神工叹苍天。
依稀寻声溪流急，飞瀑多处悬岵岩。
索居异国少游历，喜有幽深美地园。
终是眷恋难抛却，人语淹没万籁间。
钟灵毓秀明心性，峰转路回见真源。
此去归国无牵挂，倚筇随处任由缘。

2011 年 8 月 21 日，美国西部

情人谷记

厦大水库，建于学校后山群岭之间。这里有层林叠翠，轻岚环绕，山鸟幽栖，野蝶乱舞，颇有自然野趣。环山嵌有一泓清水，平铺如镜，水下倏鱼深潜，水上水鸟追逐，总是生机万象。

环绕水库，设有山路，依山傍水，迂回曲折，可达椰林密处。正是此处，最宜情人幽会，故世人名之为“情人谷”。谷后灌木丛生，有山道相连，又有一大谷，不知何名，可名为“未名谷”。未名谷平坦宽阔，遍生茅草，高三尺余，虽非世外桃源，也可生隔世之感。身临其境，常有李白“别有天地非人间”之叹。我谓此为“大情人谷”，非有深情者不知也。

情人者，情投意合之恋人也。或早或晚，待天空晴朗，风清气爽，恋人们徜徉于情人之谷，择一偏僻石椅，相依而坐，或窃窃私语，任情由衷；或品察自然，洗涤心灵。此时此情，良可慰藉劳绩人生。

倘若没有恋人可携，也可约几好友，面山临水，高谈阔论，评世论事，畅叙胸中丘壑；或一人独处，默坐静虑，援禅入琴，弦和天籁，谛听心底希声。此境此界，更可升华智慧人生。

故云，不论有否情人，情人谷时而游之，不亦宜乎！是为情人谷记也。

（原刊《厦门大学报》2007 年 12 月 22 日，署名双丰）

闲谈自由

克拉默说过："没有一点点信任，自由生活就不能得到控制。……因此，信任是人类共存的原则，但没有爱，信任是不可能的。所以，爱，是我们人类世界的必要原则。……爱是我们世界上起作用的力量。没有这种力量，人类世界就不可能存在。"（克拉默：《混沌与秩序》，柯志阳、吴彤译，上海科技教育出版社 2010 年版，第 307～308 页）

对自由的态度有积极与消极两种。消极的体现在"争"字上，所谓争自由之类的口号；积极的体现在"爱"字上，即孔子所谓的"仁者爱人"。因为说到底，人是社会性的，一个人如果没有被结合进社会，那么他就不可能是自由的。自由是一种融入社会关系又能超然于社会关系的人生境界，其根基就在于对人类本身的爱。那种所谓的"争自由"争来的不可能是自由，自由是对给予的回报，而不是对索取的回报。

记得有一首歌唱得好："只要人人都献出一点爱，世界将变成美好人间。……"在这里，还要补充强调的是，自由是一种精神境界，跟身体的囚不囚禁没有多大关系。我们当下的社会之所以感到一种难以名状的不自由，并非因为我们对大众的人身有什么限制，而是我们的精神、我们的灵魂，没有驰骋的空间。我们难以摆脱"小我"的束缚，我们都被庸俗的自私自利、鄙俗的功利取向压得喘不过气来。

经常听人们说，自己不能被人理解，感到很痛苦；抱怨现在真正的爱太少，等等。但这些都是对别人的期望，很少人会关心自己对他人有多少理解，有没有真爱！就像几乎中国每个人都认为中国人太多了，但谁也不会认为多余的是自己一样，这就是一种典型的"小我"境界。自由也一样，真正的自由一定是建立在"大我"的境界上的，建立在对他人的关爱之上的。

真心希望我们大家都能放下"小我"的狭隘,让自由之花开遍全社会。真心希望像歌词里所唱的那样:"只要人人都献出一点爱,世界将变成美好人间。……"

2004 年 4 月 15 日,厦门

尽信书则不如无书

“尽信书，则不如无书”，语出《孟子·尽心章句下》，是孟子评说《尚书·周书·武成篇》时说的一番话的第一句，全语如下：

> 尽信书，则不如无书。吾于武成，取二三策而已矣。仁人无敌于天下。以至仁伐至不仁，而何其血之流杵也！

意思是说，完全相信《尚书》中所述的一切，还不如不看《尚书》。比如孟子自己读《武成》一篇，有益的也就只有二三策（策，古代写书的竹简）的内容，至于“血流漂杵”的事，以仁义之师为之，怎么可能呢？

当然，《尚书》中讲武王伐纣中的“血流漂杵”，是指商人倒戈后的自相残杀，非谓武王所为，所以也并没有损害仁义之师的形象，是孟子自己多虑了。不过，后人“不求甚解”地“断章取义”，沿革至今，便成为“对于书本的内容，不能盲目相信”的惯用语了。

其实，按孟子的原意，“尽信书，则不如无书”，起码有两层意思。一是指经典权威的书本，也不能全信，书中也有夸大不实之处，原是铺张虚构之辞，不可过于死执考据；二是指读书要善于领会其精神实质，而不必拘泥于表面文辞。而后一层意思，才是孟子真正的着眼处。

陶渊明《五柳先生传》中的“好读书不求甚解，每有会意，便欣然忘食”，讲的就是这种读书原则，也有“得鱼忘筌”的意思。所以“不求甚解”，绝非是培根所说的“有些书可供一尝，有些书可以吞下……”（弗·培根：《培根论说文集·论学问》，商务印书馆 1983 年版，第 180 页）的读书法。正如钱锺书所指出的，“书之须细析者，亦有不必求甚解之时；以辞章论，常只需带草看法，而为义理考据计，又必十目一行。一人之身，读书之阔略不拘与精细不苟，因时因事而异宜焉”（钱锺书：《管锥编》第四册《全晋文》卷一一二，中华书局 1996 年版，第 1229 页），正是符合孟子本意的。

我们常说善读书的人是善于把握书中的言外之意。我们之所以认为读书重要，也就是指书中所阐述义理的重要。正如《庄子·天道》中所说："世之所贵道者书也，书不过语，语有贵也。语之所贵者意也，意有所随。意之所随者，不可以言传也，而世因贵言传书。"而要想领悟这"书不尽言，言不尽意"(《易·系辞下》)的"言外之意"，就需要有人生的体验。只有在细读人生大书之中体会深刻，才能"意会"那些"言传"的不尽之意。

"时文不在学，只在悟。平日须体认一番，才有妙悟"(董其昌《画禅室随笔·评文》)，讲的就是这个道理。龚自珍"纸上得来终觉浅，绝知此事要躬行"，讲的也是这个道理。难怪孟子的"尽信书，则不如无书"见出在《尽心章句》中，看来是颇有深意的。"尽其心者，知其性也。知其性，则知天矣。"(《孟子·尽心章句上》)读书也如此，必有心悟方能有所得；而心悟在于生活的体验。

当然，如果拿到一本书，就满心想要"意会"、"领悟"，要本着"尽信书，则不如无书"的戒心去读，那反倒不好了。读书和做人一样，心中落拓无碍，方会有进益。所以对于"尽信书，则不如无书"，同样有"尽信此言，则不如无此言"，也为一说。

1995 年 5 月 8 日，杭州

为刘会营画集作的序言

前不久，我在汕头大学讲学，会营打来电话，说要出画集，希望我给写个序言。言语之间，我感到会营对眼下画界业内付酬索序的现状颇有顾忌，故说不如请我这个外行来写，也可以避免一些麻烦。

说老实话，对于绘画，我全然是一个外行。当然，对于绘画艺术，我还是非常仰慕钟爱的。记得早年曾经一本一本读着古今画论，试图去品味古今名画，结果终于无果而终。除了记得一些诸如传移模写、经营位置、随类赋彩、应物象形、骨法用笔、气韵生动等一些概念外，于画作的欣赏，全无提高。因此，要为会营这部画集写一个序，深感惶恐。

好在艺术应该是相通的，倘如我从自己熟悉的琴艺之研习心得，迁移到绘画作品的赏析之中，说不定也能写出一点“新意”。

艺术之要，在于得心应手。明代朱权在为《新刊太音大全集》所作的序是这样描写古琴的：“琴之为物，得天地之正音，可以感神明而合造化之妙。是以有道之士，得之于心，应之于手，发乎丝桐，律为音声，以合神明之德。犹是达人高士俯仰宇宙，含情寄意，慨古感今，释怀伸志者，皆不谓人知而为神达矣。”

我想琴艺如此，画艺想必也当如此。欧阳修不但写过：“无为道士三尺琴，中有万古无穷音。音如石上泻流水，泻之不竭由源深。弹虽在指声在意，听不以耳而以心。心意既得形骸忘，不觉天地白日愁云阴。”（《赠无为军李道士》）而且也写过：“古画画意不画形，梅诗咏物无隐情。忘形得意知者寡，不若见诗如见画。”（《盘车图》）可见无论琴画，强调注重的都是“心之意”。

其实，对于天地万物之观，无不在于要用心去观，方能有所感悟，有所明理。对此，宋代道学家邵雍就说过：“夫所以谓之观物者，非以目观之也，非观之以目而观之以心也，非观之以心而观之以理也。”自然，对于绘画也当如此看。

所以，古代画家，于绘画无不强调心意的重要。比如清代画家方薰在《山静居画论》中就强调：“笔墨之妙，画者意中之妙也，故古人作画，意在笔先。”

作画如此，赏画也当如此。只是画家描写胸中丘壑，有婉转抒发的，也有直露表白的，态度取向各有不同。会营所绘之画，在我看来，更接近后者。若用会营自己所写诗句来说，就是：“我的赤裸，/不是让你只看尽我/而是看到我全然赤裸的那颗心。”从某种意义上讲，画家不仅是用自己的心灵来创作，而且创作的画作就是自己心灵的再现。

诚然，我们的外部世界是一个结构的、立体的、多彩的物质世界。可是，我们内在的世界却是无形无影的，只有时间属性而没有空间属性的精神世界。于是描写心灵的绘画，一定要极力避免具象化、立体化、色彩化。而要尽量采取抽象、平面、写意的手法，其中高超意境的达成，靠的是直视性的内观之功力。

北宋学者沈括在《梦溪笔谈》中说的好：“书画之妙，当以神会，难可以形器求也。世之观画者，多能指摘其间形象、位置、彩色瑕疵而已，至于奥理冥造者，罕见其人。”欣赏会营的画作也当如此——神会其妙。

从具体手法上看，会营的画作是一种弗洛伊德式的告白。在他的画笔下，展现的是一个扁平式的，几乎是灰白的精神世界。在看似平面化的、灰白式的、静谧性的画面中，却蕴涵着深沉思想交织的灵魂，是“其中有真意”，只是“欲辩已忘言”的。

是的，在会营的绘画作品中，往往“绘”多于“画”，“虚”多于“实”，“灵”多于“肉”，不时会让我想到日本的浮世绘。

老实说，我是比较欣赏日本的浮世绘作品的。浮世绘的作品内容，一方面是极其世俗、庸俗、低级趣味、粗俗不堪；另一方面又往往是在最粗俗和最寻常的题材中洋溢出奇异的、令人难以忘怀的美，不断给传统主题注入了新的精神活力，质朴无华的视觉效果也时常从中流溢出灵性的光芒。

明代思想家袁宏道说过：“行世者必真，悦俗者必媚；真久必见，媚久必厌，自然之理也。”关键是要“一一从自己胸中流出，此真新奇也”（《袁中郎全集》）。应该说，会营那些略带着浮世绘风格的精美作品，其可取之处也就在于此——灵肉间的张力、虚实间的衬托和绘画间的交汇，而作品的精神就暗藏在平淡静谧的画面之中。

打破时空，打破界限，打破秩序，在混沌中产生新的生机之美。生活是不确定的，是混沌的，能够从混沌的不确定情感中创造出有序的确定性作品，这便是真正艺术家的使命。真正的艺术，在于真性情的流露，重生命而轻伦理，所以庄子的散文、屈原的楚辞、李白的诗歌、雪芹的小说……才是旷世之作。

当然，优秀的艺术作品也是艺术家读书、生活、修为历练的结果。要想企及绘画的妙高峰顶，还需要有长期读书、修为和生活的积累。清人唐岱在《绘事发微》中说："胸中具上下千古之思，腕下具纵横万里之势，立身画外，存心画中，浓墨挥毫，皆成天趣。读书之功，焉可少哉。"同是清代的沈宗骞，在《芥舟学画编》卷二《山水·立格》中说得更加透彻："夫求格之高，其道有四，一曰清心地以消俗虑；二曰善读书以明理境；三曰却早誉以几远到；四曰亲风雅以正体裁。具此四者，格不求高而自高矣。"

生活中的会营，清修脱俗，品行敦厚，心气平和，视绘画为生命存在之方式，具有大家之潜质。但愿会营能够在此基础上再接再厉，在生活、读书和修为中不断历练，而这部画集的出版，就当是其绘画生涯的一个全新起步。

2015 年 3 月 8 日，厦门寓所

科学解易吟

无思无为寂然静，恍惚空性能量场；
几道莫测动之微，阴阳变化神无方。
开物成务易无体，宇宙暴胀时空张；
世界整体非局域，粒子同谋共来往。
弥纶理简准天地，感通蕴育基因藏；
生命繁复自涌现，物竞天择众生相。
乾男坤女气交感，人杰灵秀最胜强；
形生神发仁智出，继善成性日用茫。
显仁藏用洗心密，原始返终死生忘；
安土敦仁有爱能，乐天知命无忧象。
跨越人天自相似，混沌边缘生机忙；
生生不息归太极，圣人见微能知彰。

2014 年 8 月 18 日，厦门

跋

乐易是谁

乐易是谁？

官方的资料里，他是一位跨界“大牛”。博士就读北京大学理论计算机科学专业，师从马希文教授（被誉为北大史上“十大才子”之一），1990年毕业，获理学博士学位。先后执教于大连理工大学、杭州大学、浙江大学、厦门大学，被聘为浙江大学计算机科学与技术（工学）、厦门大学人工智能基础（理学）、上海中医药大学中医诊断学（医学）、浙江大学语言学与应用语言学（文学）、厦门大学逻辑学、厦门大学国学（哲学）五个不同学科门类的博士生导师。历年培养各类研究生100多人，分属中文、外文、哲学、中医、数学、计算等6个学科。已出版9部学术专著：《视觉计算原理》、《手写汉字的机器识别》、《无心的机器》、《认知逻辑导论》、《心脑计算举要》、《禅悟的实证——禅宗思想的科学发凡》、《意义的转绎——汉语隐喻的计算释义》、《中医辨证的机器推演》、《古琴艺术的机器演绎》。这些成就既专且博，跨界自如，令人仰之弥高。

那么这些成就光环背后的他，究竟是何方神圣？请听听认识他的人怎么说，再听听他自己怎么说。

学者同行说，他是个奇人。很少参加学术会议，不参加应酬活动；研究的领域太深、太广、太怪，多年来研究什么脑科学前沿、智能机器人、量子计算机（事实证明不是怪而是超前，国务院2014年确定的十大科技发展就有以上三项）；现在的研究重点更是脱俗前瞻、闻所未闻，如机器意识、脑机融合、心法实证……

他先后在浙江大学、厦门大学、汕头大学、重庆大学开设通识课程“跨界论道——科学走进人文”，听课的本科生说，他是一位博学有趣的“大胡子”老师，是一位可爱的读书人，是厦大2014年度“我最喜爱的十大教师”之一。每次“跨界论道”的讲座都是一次“沟通文理，启迪智慧”的洗礼：大学宗旨、意义表达、物质本性、宇宙缘起、混沌现象、生命演化、神经机制、意识返观、灵魂幻象、精神作用、理性限度、心法自在、诗乐涵养、琴艺熏陶、养生原理、生活幸福、文化融合……

有缘聆听其公益讲座的社会各界人士说，他是难得的人生导师。热心公益，平易近人，普及科学，推广圣学，春风化雨，指导人生。他创办主持公益读书项目“乐易读书会”，其书目既有四书等圣学经典，更有量子物理、宇宙学、非线性科学、生命科学、脑科学等科普著作。于是，隔周的周末下午，鹭岛厦门一隅和杭州西溪深处，圣学和科学经典的解读，花开两朵，遥相呼应，交织出独特的精神风景……

家人和亲近的学生说，他总是笑容满面从不生气。物质要求极其简单而精神世界无比丰富；吃食堂饭，穿十几年的旧衣，左书右琴，自得其乐；早睡早起，精力充沛，清晨4点到7点是绝佳的工作良辰；生活技能欠奉，不会洗衣做饭，有时冬衣夏衣不分，令人不禁莞尔却又油然而生敬爱……

在大多人的眼里，他如父如兄，可亲可近，是诲人不倦的智者、仁师，如何美言欣赞都不为过。学术活动可以推辞，大中小学、公益团体的讲座却总能挤出时间；研究和授课繁忙，求教、求助的邮件却总是第一时间回复；下课后每每耐心解答围过来的种种疑问，浑然忘却曾粉碎性骨折的右脚因久站而疼痛不已；住院拒绝高干病房，在简陋的三人病房间与病友相谈为乐，伤痛未愈之际还想着要把读书会开到病房里来……

外界的美誉，他人的敬仰，于他只是积极进取、随遇而安之道的自然显发而已。

对于其多年来坚持的颇具前瞻性和带动性的艰巨科学研究，他在《无心的机器》序言中引德国哲学家 Johann Georg Hamann 之语："我啃着这块硬骨头，并将终身啃咬下去。对我来说，在这一深渊之上始终幽暗莫测。我却也总是翘首期待一位天使，为我捎来一把开启此深渊之门的钥匙。"

对于其科研中始终坚持文理交叉、将自然科学与人文学科研究相结合的"跨界"思路，他在《禅悟的实证》后记中这么解释："当然，不可否认，先哲们为我们留下了丰富的思想遗产，如何夸张其深远意义都不为过。但时代毕竟是在不断发展的，今天科学所取得的伟大成就及其所形成的新的文化格局，是先哲们所不可能了解的。这就需要我们一个又一个时代的学者，不断构建我们的文化思想。特别是在这科学与人文不断交融的新背景下，如果我们不能站在先哲们的肩上，将现代科学成就汇入先哲们的思想中来加以发展，那么这将是一种历史的失职。"

对于自己科研工作的阶段性回顾，他在《古琴艺术的机器演绎》后记中这么小结："在新的科学昌明的时代背景下，中华文化的复兴，就像宋明理学吸收佛道两家思想重注儒家经典一样，要充分吸收科学技术的合理成就，需要一个漫长的草创、发展与成熟的历史过程，任何像我这样的个人努力都是微不足道的。不过，能够在中华文化的重建复兴事业中贡献自己的一点力量，还是非常值得欣慰的。"并呼吁："在这一崇高而伟大的文化重建使命中，希望能够有更多精通中华传统文化的科学家、哲学家、人文学者加入到研究的行列之中，在这一崭新的领域能够出现划时代的大家！"

那么，你会问，这样一位跨界大家是如何炼成的？是跨界的历练滋养而成。自幼秉承国学，求学时精研科学；工作后因机缘得以亲近有道之师，于是通晓易理，深谙禅道，贯通圣学；更兼自修琴艺数年以“乐”之名而了然琴学，被聘为福州古琴研究会的名誉会长。

于是其为人师表的风范中便得以科、艺、禅融通，言传身教便总是别开生面，令人洗心开窍。“读书三境界：博览群书，融会贯通，隐于无形”；“读书须慎：初学者，往往着迷于华丽之辞藻；继之者，欣喜于一得之见解；只有知止者，能实证于具体之行为”；“真善美的终极之书：真之《哥德尔、艾舍尔、巴赫——集异璧之大成》，善之《祖堂集》，美之《红楼梦》”；“何为智慧？日知为‘智’，知识积累，是量变；彗心为‘慧’，心头一亮，是质变：‘智慧’就是日积月累，一朝顿悟”；“生活修为三句话：破除迷信知天道，调养性情致中和，关爱社会行良善”；……

如此的履历罗列，如此的言语描述，也还不尽言他。所谓“情深而文明”，“极深而研几”，却又“博学而无以成名”，他又何须以标签定义？

或许，在他自己的诗赋里，你可以领略他的至情至性、别致深趣。“缘情言志笔下诗，爱意泻成心上音”，“娇妻论诗情态雅，幼女学话声口甜”，他笔下的爱妻幼女；“长疼及短痛，肇始何茫然”，“腿殇之苦，苦于下炼狱，侧身右望长咨嗟”，他住院戏作的腿殇之苦；“索居异国少游历，喜有幽深美地园。终是眷恋难抛却，人语淹没万籁间”，他的美国国家公园游感；“岵岩留过客，彩云送飞鸿。宴坐息灵机，起步思凡庸”，“静虑世俗有真意，动念佛道无神仙。无事眼前读经卷，有心日后写圣贤”，他心中的人间禅境。

或许，在他的微博自述里，你可以一窥妙高峰顶的意味。“一个字：士；两个字：书生；三个字：读书人；四个字：博雅君子；五个字:游戏三昧者。"读他的微博和博客,也如同在听课。师者是和现实中一样的谦谦君子,听者是和现实中一样的如沐春风。因为他从没有把微博和博客当作名利场,而总是戒慎启发,辨器施教。"'微博'博什么?博'微'也,所谓辞微旨远;'博客'是何人?乃博'雅'之君子。因此,开微博,做博客,不亦难乎?不当慎乎?"

又或许,在他的"以易道为旨,以禅修为法,以圣学为用,辅以科学手段"的"乐易心法"禅境里,你可以切身体验机锋险峻、诚服圣道禅悦。万法归易,易归何处?乐者何仁,易为何智?乐者何性,易为何理?乐者何心,易为何道?乐者何人,易为何法?遇事安乐,乐安何处?一句话:乐易是谁?

乐易是谁?他是谁?他,到底是谁?不如,你到跨界课堂、读书会,或是他的文章著述里,亲自会一会他!

嘉叶

2015年7月9日